LAS ZAPATISTAS

Inmaculada Sánchez

LAS ZAPATISTAS

El asalto al poder de las mujeres del PSOE

la esfera de los libros

Primera edición: febrero de 2005

Avenida de Alfonso XIII, 1, bajos
28002 Madrid
Teléf.: 91 296 02 00 • Fax: 91 296 02 06
Pág. web: www.esferalibros.com

Diseño de cubierta: Opal Works
Fotografías de cubierta: Cover y *El Mundo*
Fotografías págs. 207-284: *El Mundo*
ISBN: 84-9734-274-7
Depósito legal: M. 850-2005
Fotocomposición: I.R.C., S.L.
Fotomecánica: Star-Color
Impresión: Anzos
Encuadernación: Martínez
Impreso en España-*Printed in Spain*

Índice

A los dos hombres de mi vida, Arturo, mi compañero, y Aitor, mi hijo, sin los que ni este libro ni tantas otras cosas hubieran sido posibles.

A mi prima Tere, desde el recuerdo.

Palabras de la autora

Éste no es un libro feminista. Ni femenino, en el sentido de estar escrito por una mujer para ser leído por mujeres. O, al menos, no lo pretende. Este libro intenta contar la historia de una lucha por el poder dentro del primer partido político de España, el PSOE. El primero en historia —acaba de cumplir 125 años— y el primero, al menos cuando estas líneas se estaban escribiendo, en respaldo electoral.

La historia del movimiento feminista en España ha ocupado ya a otros autores y otras obras de las que este libro también es deudor. Pero el ascenso de las mujeres socialistas dentro de su propia organización, sus dificultades, sus cómplices, sus enemigos y enemigas, sus batallas y, sobre todo, el más reciente periodo en el que, llegado a la presidencia del Gobierno José Luis Rodríguez Zapatero, han conseguido imponer la paridad real en sus estatutos y han marcado la agenda política del país, era un material aún virgen y necesitaba de más folios de los que puede dar de sí un reportaje periodístico. Mi primer agradecimiento, pues, a La Esfera de los Libros y a su directora, Ymelda Navajo, quien confió en que yo podía contarlo en éste mi primer libro.

Soy periodista y me he enfrentado a la historia con las herramientas de mi oficio. Lo que he visto, oído, conocido y analizado de este asalto al poder es lo que sigue en las páginas de *Las Zapatistas*.

Para realizarlo he hablado con muchas mujeres y también con bastantes hombres. Ministras, ex ministras, secretarias de Estado, directoras generales, diputadas, senadoras, cargos autonómicos, sindicalistas, presidentas de organizaciones o cargos orgánicos dentro del Partido Socialista. Enormes gracias a todas ellas. Buscaron tiempo, recuerdos e, incluso, papeles, para ayudarme a construir el relato. Algunas, y algunos, no han tenido problema en que sus nombres y lo que contaban salieran reflejados en este libro. Otras, y otros, han preferido resguardar su identidad debido al puesto que ocupan. Con todos he sido respetuosa. Si las historias tuvieran que contarse siempre con micrófono abierto, probablemente no nos enteraríamos de la mitad de lo que ocurre. También he de agradecer su tiempo y ayuda a los servicios de documentación y archivo del PSOE, del Congreso de los Diputados y de la Fundación Pablo Iglesias —gracias Belén, Cristina, Carmen.

Todos los diálogos y testimonios recogidos o bien los he presenciado o me han sido trasladados por sus protagonistas o un testigo directo. En la recreación que toda escena precisa puede haberse deslizado algún matiz que alguien no reconozca. Pido disculpas de antemano asegurando al posible crítico que la esencia de los diálogos han guiado en todo momento mi transcripción.

Al final del libro incluyo una «Guía de mujeres socialistas» que pretende servir de consulta a quien sólo le interese una parte o unas determinadas protagonistas del relato. Es también otra forma de leer lo mismo que cuento en los capítulos anteriores y de citar a dirigentes con las que, aun teniendo un protagonismo singular, apenas he podido detenerme en el transcurrir de la historia.

He pretendido que en ella estén las que representan o han representado algo en la conquista del poder femenino en el PSOE aunque soy consciente de que habrá huecos que podrán echarme en cara quienes los conozcan más de cerca. En esta guía también figuran mujeres que puede que dentro de una década no consiguieran situarse en un *ranking* parecido pero que, en este momento, por ser las primeras que acceden a un puesto concreto o por su singular cercanía al hombre que ha impuesto la democracia paritaria en su partido, José Luis Rodríguez Zapatero, merecen que el lector las conozca.

El trabajo informativo que vengo realizando en el semanario *El Siglo* durante ya más de trece años ha sido también esencial para ordenar y entender el sentido de lo que pretendía contar, así como, por supuesto, para el acceso a buena parte de los entrevistados que me han dado su confianza en base a mi recorrido como periodista, en el que nos habíamos encontrado en otras ocasiones. Gracias, por tanto, ineludibles, al director y editor de *El Siglo*, José García Abad, compañero de oficio de tanto tiempo, que me ha alentado y aconsejado en este difícil trago de convertir el caudal de información de un periodista en un libro, y a los compañeros de redacción de la revista por su trabajo informativo, que, sin duda, ha contribuido asimismo a enriquecer este libro.

Y gracias, por fin, a los culpables de todo desde el principio: a mis padres, David y Pilar, que con su callado sacrificio permitieron estudiar a sus tres hijos, sin distinción entre hombres y mujeres, en unos tiempos y unas circunstancias en las que lo más fácil hubiera sido lo contrario.

1

DE «TITIS» A «BRUJAS»

El secretario regional de una importante federación socialista se dispone a contestar a la última pregunta del periodista sobre si él, al igual que Zapatero, Chaves y Barreda, formará un gobierno paritario entre hombres y mujeres en el caso de ganar las próximas elecciones autonómicas en 2007. «Sin lugar a dudas —contesta—. Es un reflejo de la realidad social. Me parece lógico que haya tantas ministras como ministros», añade.

Nada más apagarse el casette, relaja el gesto y le confía al periodista:

«De todas maneras, a mí esto me parece encorsetar el Gobierno, pero, a ver quién no lo hace ahora.» Y se explica: «Yo es que nunca lo prometí en campaña porque es una forma de autolimitarte.» Cuando lleguen las elecciones autonómicas de 2007, sin embargo, no tendrá más remedio que hacerlo.

El episodio tiene lugar a pocos días de la formación del primer Gobierno de José Luis Rodríguez Zapatero e ilustra un ambiente que empezaba a cobrar sentido en el Partido Socialista. Veinte años antes las escenas que se desarrollaban en los despachos del poder socialista eran bien distintas. Un Felipe González ya crecido y acostumbrado a dormir en La Moncloa se tomaba la «causa femenina» con cierta coña.

«¿Has visto lo que he hecho por las "titis", Matilde?», le soltó a una de las peleonas por la cuota femenina de su partido, Matilde Fernández. El todavía joven Presidente se jactaba de que su Gobierno había ampliado el periodo de baja maternal e «informaba» a la sindicalista de UGT de la «gracia» concedida. En 2004, semejante gracia habría sido impensable. Más bien al contrario, lo que cunde entre los socialistas es otra sensación.

La euforia en las filas por el inesperado triunfo del 14 de marzo no impide que algunos dirigentes, de los que dan y quitan puestos, constaten que en esta nueva etapa algo ha cambiado sustancialmente y que no tendrán la libertad de otras épocas en el poder. A la siempre difícil tarea del reparto de cargos habrá que añadir ahora el «factor femenino», un elemento del que el nuevo líder ha hecho bandera y al que es políticamente incorrecto oponerse dentro del PSOE.

Para llegar a este punto, sin embargo, se ha librado un largo proceso dentro del Partido Socialista. Nada menos que ciento veinticinco años de historia desde que Pablo Iglesias fundara en Casa Labra el PSOE, la más larga del panorama político español, han debido pasar para que en 2004, año en que los socialistas celebraron la efemérides, por primera vez hubiese un gobierno formado por el mismo número de ministros que de ministras. No iba a ser la única novedad a apuntar en los anales del movimiento femenino en España.

A los pocos días, Manuel Chaves, que había conseguido recuperar la mayoría absoluta en Andalucía el mismo 14 de marzo en que ganara el Gobierno de la nación José Luis Rodríguez Zapatero, volvía a escribir una página inédita en la política española. Su Gobierno tenía más consejeras —ocho— que consejeros —seis.

Sólo fue el comienzo de una serie de «primeras veces» sobre las que pronto los periódicos dejaron de llamar la atención. La presidencia del Parlamento andaluz tenía nombre de mujer por primera vez, María del Mar Moreno, al igual que la Oficina de Información

Diplomática, Carmen Fontes, la Delegación del Gobierno para el Plan sobre Drogas, Carmen Moya, o la dirección general de Asuntos Religiosos, Mercedes Rico. Incluso la presidencia del Tribunal Constitucional —aunque la elección de su titular no corresponde al Gobierno, sino a sus miembros, elegidos, en segunda derivada, por jueces propuestos por los partidos políticos con mayoría en cada legislatura—llegaba a una mujer por primera vez en su historia: la progresista María Emilia Casas.

Se iniciaba así un lento goteo de hechos insólitos a los que el Parlamento tampoco era ajeno. En la recién estrenada legislatura de marzo, el Congreso de los Diputados batía récord de escaños ocupados por mujeres. Sus 125 diputadas electas representaban un hasta entonces desconocido 35,7 por ciento de representación, básicamente impulsado por el grupo socialista, que incorporaba 74, lo que suponía un 45,1 por ciento de sus parlamentarios.

Lejos quedaba aquella entrada de Carmen Alborch en el hemiciclo como nueva ministra de Felipe González en 1993 y los piropos y silbidos de admiración que su inusual traje bicolor y su larga cabellera anaranjada arrancaron entonces de unos escaños mayoritariamente masculinos para sonrojo de sus propias señorías. Este abril de 2004 más de un tercio de las butacas del hemiciclo fueron ocupadas por mujeres y buena parte de ellas, mayoritariamente socialistas, rompió la monotonía de los oscuros trajes de los diputados con nuevos colores en su vestimenta y sus cabellos. Algunos medios de comunicación constataron entonces un rotundo cambio: los rubios platinos y las mechas habituales en las diputadas del PP habían cedido el protagonismo a los rojos, anaranjados y cobrizos más habituales en las filas socialistas. Ya ningún diputado piropeó, silbó o lanzó un comentario de admiración, al menos en público, hacia el traje o el peinado de ninguna de las nuevas diputadas. El número, sin duda, arropaba a las novatas y forzaba un camino hacia la normalidad.

Otra forma diferente de ser padres

Para llegar a ella algo había empezado a cambiar muchos años antes en algunos de esos mismos escaños ocupados por diputados habituales del traje y la corbata. En 1993, un joven José Luis Rodríguez Zapatero comentaba con una compañera de escaño su reciente paternidad. El hoy presidente del Gobierno le expresaba sin ningún tipo de pudor lo encantado que estaba con la llegada de su primer retoño. «Es que me paso las horas con ella, me gusta cambiarla los pañales, bañarla...», le reconocía.

El calor de las confidencias con esta diputada, también socialista, se hallaba en el hecho de que ella misma, poco antes, había sido madre por primera vez y Rodríguez Zapatero, con su propia paternidad ya a la vista, se había interesado por la experiencia. Se trataba de Josefa Pardo, ex dirigente ugetista y fiel guerrista, además de la persona encargada de ocupar la primera secretaría de Participación de la Mujer en la comisión ejecutiva federal. Políticamente distante, en el marco de la distribución por familias del PSOE de comienzos de los noventa, del renovador Zapatero, había encontrado una relación temporal con el diputado leonés a través de esa sensibilidad maternal hasta hace bien poco, y aún hoy en muchos casos, restringida al ámbito femenino.

Este tipo de comentarios no habrían sido posibles con ningún otro de los dirigentes de la generación anterior. Incluso entre los más inclinados a aceptar las reivindicaciones de sus compañeras en el reparto del poder, el mundo doméstico o los hijos seguían siendo coto exclusivo de las mujeres a las que, por supuesto, y como un elemento más en la lucha por la liberación de la clase obrera, «había que ayudar».

Jesús Caldera, otro de los dirigentes que años más tarde serán decisivos para el asalto al poder de las mujeres dentro del partido, había madrugado más en tener descendencia. A pesar de no llevarse más de tres años con Zapatero, el hoy ministro de Trabajo ya tenía dos hijas. Sí, dos mujeres al igual que, poco tiempo después, le sucedería a su líder, y a las que luego se sumaría una tercera. José Blanco, secretario de Organización del partido, llegó más tarde y fue padre por primera vez cuando ya ocupaba su despacho de número dos en Ferraz. En su caso, su primogénito fue un niño.

La asunción de la paternidad de una forma bien distinta a como la habían vivido los dirigentes socialistas que protagonizaron Suresnes y controlaron la organización durante las décadas de los ochenta y los noventa no es un tema menor en la decidida voluntad de quienes hoy manejan el PSOE de imponer la participación femenina, a pesar de algunos de los peligros que encierra.

Un hombre muy cercano a Zapatero, que tras distintos choques con Blanco durante los primeros años en la oposición ha vuelto a recuperar su puesto al lado del «jefe» en Ferraz, José Andrés Torres Mora, también ilustra este nuevo «talante» del que tanto les gusta hablar a los nuevos socialistas y que no se queda sólo en el respeto democrático al adversario.

Torres Mora es socialista de antiguo, por familia y convicción, pero no había pasado de una discreta militancia en Málaga mientras desarrollaba su carrera docente en la universidad madrileña, aunque sí estaba introducido en los circuitos socialistas de la capital. Fue uno de los hombres fundamentales para el nacimiento de Nueva Vía, la corriente bajo cuya denominación se agruparon socialistas de la generación de Zapatero, le auparon como líder y le lanzaron a la conquista de la Secretaría General. Tras la victoria en el 35 congreso Zapatero le llamó para que dejara su plácida vida de profesor y se pusiera a trabajar a su lado como jefe de gabinete. El principal argumento con el que Torres Mora intentó resistirse fue la corta edad de su único hijo. «Yo quiero verle crecer y lo que me ofreces significa una dedicación de doce horas diarias», le vino a decir.

Con Zapatero podía hablarse en esos términos, y más su amigo José Andrés, pero el nuevo secretario general no se dejó convencer. Él también tenía dos hijas pequeñas y utilizó su «sacrificio personal» para exigir de su colaborador otro similar.

Jordi Sevilla, otro de los diputados que formó parte del germen inicial de Nueva Vía, hoy ministro de Administraciones Públicas, también tiene tres hijos de corta edad, todos ellos adoptados, y es sabido por sus conocidos que suele hacer lo imposible con sus reuniones de la tarde «para llegar a bañar a los niños», como no tiene pudor alguno en reconocer.

Aunque estos dirigentes socialistas masculinos han dado un paso de gigante respecto a sus «padres políticos» en el único tema que, de verdad e incontestablemente, marca una diferencia y un impedimento para una carrera política o profesional entre hombre y mujer, la maternidad, las mujeres españolas, y las socialistas sin duda, aún siguen presas de las múltiples dificultades que conlleva ser madre a pesar de la creciente colaboración masculina.

Dolores Carrión había sido incluida por Zapatero en la lista de su ejecutiva la noche siguiente a su inesperado triunfo sobre Bono en el 35 congreso, el 22 de julio de 2000. Carrión era una funcionaria experta en asuntos relacionados con la función pública, había asesorado en tiempos al gabinete de la Presidencia de Moncloa y, más recientemente, colaborado con Zapatero en el Congreso cuando éste era el portavoz del grupo en la comisión de Administraciones Públicas. El nuevo líder quería contar con ella y daba por sentado que aceptaría formar parte del nuevo equipo, pero no se lo había consultado.

Poco antes de las ocho de la mañana la llamaron a su casa para comunicarle la «buena noticia», pero su respuesta obligó a Zapatero a rehacer su lista en cuestión de minutos. Dijo que no, «que acababa de ser madre y no estaba dispuesta a asumir esa responsabilidad», según recoge Gonzalo López Alba en su libro *El relevo*.[1] La búsqueda de otra mujer, para mantener el objetivo de la paridad, fue resuelta con rapidez a sugerencia del vasco Rodolfo Ares, quien propuso a Leonor, *Lentxu*, Rubial. La hija del histórico Ramón

---

[1] *El relevo*, Taurus, Madrid, 2002.

Rubial, cuyo nombre no suscitaba recelos por parte de nadie ni desequilibraba las fuerzas conjugadas en la ejecutiva, fue quien ocupó su puesto. Carrión perdió una oportunidad política que difícilmente otro compañero de partido hubiera dejado pasar por el hecho de haber sido padre. Durante los cuatro años que Zapatero y su equipo trabajaron en Ferraz para arrebatar el poder al PP, Dolores Carrión continuó ejerciendo de inspectora general de Servicios en la Administración. Afortunadamente para ella, el futuro ministro de Administraciones Públicas, Jordi Sevilla, no anotó en su «debe» la negativa de la noche del Congreso y, tras la victoria, la nombró subsecretaria de su departamento.

Tiempo antes, una de las luchadoras por los derechos de las mujeres también retrasó, conscientemente, su carrera política por sus hijos. Anna Balletbó, diputada socialista catalana de larga trayectoria que ha abandonado el Palacio de la Carrera de San Jerónimo en la presente legislatura, como otras muchas pioneras de su partido, reconoce en su libro de memorias *Una mujer en la transición*[2] que no peleó por ir en las listas electorales de las Cortes Constituyentes en un puesto de salida.

Era junio de 1977. «No hacía demasiados meses que acababa de ser madre de mi hijo mayor, Eugeni, que había nacido precisamente el 27 de abril de 1976, festividad de la virgen de Monserrat, patrona de Catalunya, y que tenía poco más de un año cuando se celebraron las primeras elecciones. Además estaba embarazada de Martí, que nacería el 14 de septiembre de 1977. Pensaba igual que la amiga Nuria Gispert.» La amiga a la que hace referencia había sido propuesta por el entonces secretario general del PSUC, la organización comunista catalana, Antonio Gutiérrez Díaz, más conocido en Cataluña como «Guti», para sustituir a Dolores Calvet, que había sido diputada en las Cortes Constituyentes, entre 1977 y 1979, en la lista electoral. Nuria, vinculada entonces a grupos de cristianos de base,

---

[2] *Una mujer en la transición*, Ediciones Flor del Viento, Barcelona, 2004.

declinó la oferta. Era madre de tres niños pequeños y, «según propia confesión, no se veía viviendo media semana en Barcelona y media en Madrid». La condición maternal volvió a modificar el curso de una carrera, también en otro partido de la izquierda.

En la derecha política estos casos son más contados, aunque también puede responder al hecho de que la participación femenina no se incluye con el mismo rigor dentro de sus objetivos. Pese a la existencia de numerosas excepciones, como todas las que conlleva la singularidad humana, las mujeres de los partidos de derechas que han querido hacer carrera política han dispuesto de los apoyos económicos necesarios para compatibilizar sin traumas su dedicación. La trayectoria de Isabel Tocino, una de las ministras de Aznar, numeraria del Opus Dei y con seis hijos, sería el perfecto ejemplo.

Otras más jóvenes, sin embargo, también se han visto perjudicadas por su ciclo maternal. A Ana Mato, hoy eurodiputada y mujer de confianza del ex presidente Aznar desde que éste asumiera las riendas del partido de Manuel Fraga, uno de sus hijos se cruzó en su carrera política. Cuando tras el triunfo popular del 96 todo el mundo la situaba como ministrable, ella misma le pidió a Aznar quedarse en Génova, un terreno mucho más conocido para ella, ya que acababa de dar a luz a su tercer hijo y no deseaba la dedicación que el aterrizaje en un primer gobierno del PP requería.

Muchos años antes, en los oscuros tiempos de la represión franquista, eran los «padres políticos» del actual Partido Popular los que incluían el hurto de la maternidad como una de las condenas añadidas a las muchas presas políticas que poblaron las cárceles. Como señala María Salvo en un testimonio recogido por Ricard Vinyes en su libro *Irredentas* y rescatado recientemente por Isaías Lafuente en su espléndido libro *Agrupémonos todas*[3], la cárcel las dejó sin descendencia. «A menudo funcionarias y religiosas nos recordaban sutilmente que habíamos fracasado, que entrábamos

---

[3] *Agrupémonos todas*, Aguilar, Madrid, 2003.

jóvenes y saldríamos de allí sin posibilidad de casarnos y tener hijos porque seríamos ya mujeres maduras. Esta condena a la esterilidad fue una de las penas añadidas —colaterales se diría ahora— que las reclusas tuvieron que padecer por su condición de mujer.»

Ya en democracia, el entusiasmo paternal de Rodríguez Zapatero, siendo reseñable, tampoco alcanzó la altura de llevarle a renunciar a sus viajes semanales de León a Madrid para ocuparse de su escaño de diputado, como sí ocurrió en el caso de algunas compañeras. Las rémoras de la mujer aún siguen siendo mucho mayores que las del hombre. Y no hay más que echar un vistazo a las mujeres de las que se ha rodeado para comprobarlo.

Las dos más significadas en la creación de Nueva Vía y en el empujón que decidió a Zapatero a disputar la Secretaría General del PSOE, Trinidad Jiménez y Carme Chacón, no tienen hijos. Madrileña y divorciada, la primera; catalana y soltera, la segunda. No hay gran distancia entre Barcelona y Madrid en cuestión de liberación femenina. Entre sus ministras, de muy distintos lugares del país, los porcentajes también hablan de una restringida descendencia a cambio de una carrera política de alto nivel.

La vicepresidenta primera, María Teresa Fernández de la Vega, está soltera y no tiene hijos, al igual que la titular de Educación, María Jesús San Segundo. Tampoco tiene descendencia la ministra de Agricultura, la gallega Elena Espinosa, aunque sí está casada. El resto de sus compañeras de gabinete tienen un solo vástago. La titular de Fomento, la andaluza Magdalena Álvarez, está casada y es madre de una veinteañera, al igual que la ministra de Sanidad, Elena Salgado, también casada y con una hija, y la de Cultura y también andaluza, Carmen Calvo, casada con el director del Instituto de Estudios Sociales de Andalucía, Manuel Pérez Yruela, y padres de una joven. Cristina Narbona, pareja desde hace años del hoy presidente del Parlamento europeo José Borrell, tiene una hija de un matrimonio anterior y la de Vivienda, la extremeña María Antonia Trujillo, divorciada, vive con su hijo adolescente.

Entre los ministros varones las cifras son significativamente diferentes. El catalán José Montilla, titular de Industria, se lleva la palma con cinco hijos, dos de su primer matrimonio y unos trillizos de cuatro años de su segundo enlace con Ana Hernández. José Bono, ex presidente castellano-manchego y ministro de Defensa, comparte cuatro hijos con su esposa además de un conocido entusiasmo por la familia, cuyo más claro exponente fue la adopción, hace unos años, de su hija más pequeña.

Tanto Pedro Solbes, vicepresidente y ministro de Economía, como Miguel Ángel Moratinos, titular de Asuntos Exteriores, Jordi Sevilla, de Administraciones Públicas y Jesús Caldera, de Trabajo, tienen tres hijos cada uno. José Antonio Alonso, ministro de Interior, tiene un hijo de corta edad. El canario Juan Fernando López Aguilar, titular de Justicia, es el único que aún no se ha estrenado como padre aunque está casado.

No es de extrañar que uno de los primeros anuncios del nuevo Gobierno socialista, amén de la famosa y polémica ley integral contra la violencia doméstica, fuese la reivindicación de la baja maternal para los diputados. Fue la vicepresidenta, Fernández de la Vega, quien anunció la intención de su grupo de proponer la posibilidad de que puedan ser sustituidos en las votaciones por el siguiente en la lista aquellos diputados que se encuentren de baja por maternidad o paternidad, situación que actualmente no contempla, para sorpresa de la mayoría de los ciudadanos, el reglamento de la cámara. Desde el Partido Popular fue rápidamente calificada de disparate y de inconstitucional, pero unos meses más tarde los diputados populares se rendían a la «agenda femenina» impulsada desde el Gobierno y votaban con el resto de la cámara baja una proposición no de ley para que el Ejecutivo arbitrara los mecanismos necesarios para que esta «baja laboral» pudiese ser real para los parlamentarios. Si esta medida llegara a adoptarse supondría una auténtica revolución entre las diputadas españolas, no sólo socialistas. Rosa Peris, la actual directora del Instituto de la Mujer, vivió al final de la legislatura pasada esta absurda situación. Tuvo a su primera hija en diciembre de 2003 y, aun aprovechándose de las largas vacaciones navideñas parlamentarias, sólo cobró un mes de los tres que cualquier otra española tiene remunerados por su empresa cada vez que tiene un hijo. Algo está cambiando, sin embargo, en las jóvenes que se dedican a la política, porque unos meses más tarde, y dispuesta ya a reincorporarse a su despacho de abogados en su Valencia natal al haber quedado fuera de la candidatura del PSPV en las elecciones del 14 de marzo, cuando Jesús Caldera, ya ministro de Trabajo, la llamó para incluirla en la nueva Administración como directora del Instituto no lo dudó. Dejó a su hija de apenas cinco meses en Valencia al cuidado de su pareja, hizo la maleta y aceptó.

Más alumnas y más licenciadas

Un mes después de la toma de posesión del primer Gobierno de José Luis Rodríguez Zapatero, el Instituto Nacional de Estadística sacaba a la luz un dato que parecía querer dar respuesta a dónde habían ido a parar esos tiempos y esos esfuerzos hurtados por las mujeres españolas a la maternidad: por primera vez en España las mujeres con título universitario eran más que los hombres. Esta creciente presencia en la universidad es un largo proceso que había despegado básicamente hacía diez años. En una década, las licenciadas han pasado de representar un 6,8 por ciento de toda la población femenina al doble; ahora son el 13,9 por ciento, 7 décimas por encima de los licenciados masculinos, que representan el 13,2 por ciento de la población masculina española.

La secretaria general para Políticas de Igualdad recién nombrada por la nueva Administración socialista, Soledad Murillo, daba ese mismo día una explicación del cambio de tendencia sin ocultar su particular satisfacción: «Las mujeres son mejores alumnas y tienen menor fracaso escolar. Además, prolongan su itinerario formativo. Se ha acabado eso de que la carrera sólo es para los hijos varones. Las madres, muchas sin estudios o amas de casa, son las primeras que animan a las hijas. Ellas quieren tener autonomía y una profesión.»[4]

A pesar del dato la distribución por actividades dista mucho de presentar un panorama igualitario. El mismo INE señala que las carreras en las que hay mayor número de mujeres continúan siendo las relacionadas con la salud, los servicios sociales y el magisterio, mientras que se mantienen con mayoría masculina las ingenierías, la arquitectura o la informática, a pesar de que ha habido un sensible avance en el número de estudiantes femeninos.

Hay un área, sin embargo, en el que se ha producido una llamativa incorporación de mujeres con evidentes repercusiones en la vida política. En las facultades de Derecho, las tradicionalmente visitadas por los jóvenes que aspiran a una dedicación a la vida pública, aunque aún siguen teniendo más estudiantes masculinos que femeninos, la distancia es cada día más corta y el citado informe del INE la cifraba en apenas trece mil alumnos en todas las universidades españolas.

Pero las que se licencian no se quedan ahí. Y siguen estudiando aunque tengan que retrasar sus proyectos familiares. Si uno tiene la ocasión —pocas veces relacionada con acontecimientos venturosos y las más con percances o desgracias— de pasearse por los juzgados del país, la creciente presencia de mujeres togadas hace tiempo que dejó de ser objeto de comentarios. No es de extrañar. Según los datos del Consejo General del Poder Judicial, las jueces en ejercicio en el año 2004 son 463, es decir, el 67 por ciento del total. Sí, sí, casi el 70, por sorprendente que parezca. El esfuerzo de estas mujeres, sin embargo, echa el freno en este punto —¿será el reloj biológico que avisa de las últimas oportunidades para ser madres?, ¿será el sistema, que continúa poniendo trabas añadidas al acceso a determinados escalones del poder reservado hasta ahora a los hombres?— y

---

4 *El País*, 24 de mayo de 2004.

el número de magistradas, el siguiente nivel profesional para los jueces, desciende abruptamente hasta las 1.314 y cede a los hombres la mayoría, quedándose en un 38 por ciento de representación.

Si se sigue ascendiendo en la escala profesional, la desigualdad del reparto comienza a sonrojar pero, quizá como una de esas ironías de la historia y a pesar de la exigua presencia de mujeres en los más altos tribunales, al poco de la llegada al poder del PSOE un desacuerdo en las filas conservadoras, que tenían en la mano el nombramiento del nuevo presidente del Tribunal Constitucional, colocó a María Emilia Casas, propuesta por el sector progresista al frente de la más alta instancia judicial del país. El Constitucional hasta ahora sólo contaba con dos magistradas, y el hecho de que una de ellas se haya convertido en la presidenta no es una cuestión sólo de prestigio. La presidencia cuenta con un voto de calidad que puede deshacer los nada escasos empates entre los sectores conservador y progresista que se reparten sus puestos, además de tener atribuciones sobre la distribución de asuntos, fijación de orden del día de las reuniones o convocatorias de los plenos. María Emilia Casas, a sus cincuenta años, ya ocupa un lugar de relieve en el nuevo mapa del poder que los socialistas intentan fijar en el país.

La Administración pública, otro de los graneros para la política, también ha ido dando paso a las mujeres en los últimos tiempos, aunque en el alto funcionariado aún hayamos de seguir hablando de una aplastante mayoría masculina. Un estudio del Ministerio de Administraciones Públicas presentado en junio de 2004 mostraba una fotografía de sus empleados y señalaba un hecho relevante: las administraciones autonómicas, con una mayor proporción de empleo nuevo creado en los últimos años, tienen más trabajadoras que la Administración central. También contribuye a la diferencia un hecho relevante: las fuerzas armadas y las de seguridad del Estado, dependientes del aparato central, apenas cuentan con un insignificante número de mujeres en sus filas.

Si hablamos de fechas las cifras son llamativas. En 1977 las funcionarias constituían un escaso 27 por ciento, mientras que en 2002 ya llegaban al 48 por ciento. El Instituto de la Mujer afina más y señala, en sus últimos informes, que el mayor porcentaje de empleadas públicas se da en los niveles de formación de graduado escolar, donde llegan a representar casi el 70 por ciento del total.[5]

A pesar de todo, la función pública es el ámbito donde la mujer ha podido abrirse un hueco de mayor dignidad en su lucha por la igualdad. La empresa privada es otro mundo. El Consejo Superior de Cámaras de Comercio e Industria informaba también en junio de 2004 que sólo el 34 por ciento de las empresas españolas tenía una mujer entre sus socios, y que apenas un 8,9 por ciento habían sido creadas exclusivamente por mujeres.

Los partidos políticos tampoco han revolucionado estas cifras. El Socialista, abanderado en estos momentos de la presencia femenina en los puestos de responsabilidad, sumaba un escaso 28,40 por ciento de afiliadas al cierre del congreso de julio de 2000, en el que José Luis Rodríguez Zapatero fue elegido secretario general. Y ello a pesar de que, un año antes, el congreso en el que se despidió por sorpresa Felipe González y en el que se hizo cargo del partido Joaquín Almunia había aprobado el obligatorio reparto paritario de los puestos de dirección, donde no podía haber más de un 60 por ciento ni menos de un 40 para ninguno de los dos sexos. Hacía doce años que otro congreso federal había aprobado por mayoría la primera cuota de participación femenina en los órganos de dirección: el famoso 25 por ciento. Entonces la afiliación femenina apenas alcanzaba el 16 por ciento.

---

[5] Según se asciende en el escalafón funcionarial, el porcentaje de trabajadoras baja. En el denominado «grupo A», que incluye a todos los niveles con titulación superior, la proporción de mujeres acusa una caída espectacular desde el 52,2 por ciento, que ocupa en los niveles 22 hasta el 23,1 por ciento que representa en el más alto, el cotizado nivel 30.

La lucha de las mujeres del Partido Socialista por conseguir invertir las cifras y que sea el muestrario de jefas, directoras generales, secretarias de Estado y hasta ministras el que señale el camino a otras mujeres ha encontrado y todavía encuentra serias resistencias dentro del mismo. Se trata de una lucha por el poder. Las mujeres que ocupan puestos se los quitan a otros hombres y éstos no van a entregarlo sin pelea.

Aunque de puertas hacia fuera todo es una línea sin fisuras, la fuerza del actual *lobby* femenino del PSOE lleva tiempo generando ciertas tensiones. «Cuidado con estas brujas», llegó a alertar con sorna a un compañero de partido un ex ministro de Felipe González inmediatamente después de la noche electoral del 14 de marzo y antes de que se iniciara la catarata de nombramientos. Él mismo sabía de «desplazamientos» en las listas electorales forzados desde Ferraz para que la paridad aprobada en el congreso se cumpliese escrupulosamente. Y se temía «lo peor» ahora que se había recuperado el poder.

«Lo peor» se está cumpliendo y aún es pronto para calibrar su efecto en el tejido social español. Las españolas, según la última revisión del padrón, son el 50,76 por ciento de la población, pero sólo el Gobierno de José Luis Rodríguez Zapatero ha conseguido ser fiel reflejo de este reparto de la ciudadanía. Su particular «revolución femenina» ha animado a muchas mujeres a acercarse al partido. Después de su victoria electoral y sus nombramientos, la afiliación femenina se ha disparado y en octubre de 2004 superaba el 41 por ciento. La paridad se estaría cumpliendo, por primera vez, también en los carnés.

Nadie osa discutir en el PSOE la discriminación positiva hacia la mujer que su actual líder defiende con tanto ímpetu. Al menos mientras siga en el timón y a pesar de algunas agoreras predicciones: «Estoy estupefacto. Esto lo único que hace es limitarte, es un error del que nos arrepetiremos», asegura un destacado miembro de la Federación Socialista Madrileña en cuyo seno se ha desarrollado buena parte del proceso que ha desembocado en la actual paridad. Pero pocos le escuchan en su organización. Incluso él asistió a una fiesta entre compañeros para celebrar el «ascenso» de algunas de sus mujeres a la nueva Administración. El proceso parece irrefrenable aun cuando Zapatero dejase de controlar el partido. Las mujeres socialistas ya no lo permitirían.

2
UN PRESIDENTE «FEMENINO»

La sala de reuniones del Consejo de Ministros sostenía aquella mañana de julio una ligera tensión, inhabitual entre los todavía «frescos» ministros del nuevo Gobierno socialista. Ese día había que aprobar el anteproyecto de ley integral contra la violencia de género que el Presidente había prometido sería su primera ley si llegaba a gobernar. Y durante los días anteriores, tanto desde el PP como desde distintas instancias judiciales se había hecho llegar a la opinión pública un mensaje con cierta verosimilitud: la discriminación positiva que contenía hacia las mujeres podía ser inconstitucional. ¿Por qué un hombre que amenace a su mujer ha de ser castigado por la ley con mayor severidad que similar amenaza proferida entre hombres o, incluso, por una mujer a un hombre?

No todos los ministros tenían claro que el nivel de discriminación positivo contenido en el proyecto fuera el correcto. Hubo debate, aunque matizado por el hecho de que se suponía al Presidente del lado del texto. Hablaron varios ministros y varias ministras. Y la discusión culminó con la intervención de Rodríguez Zapatero. Aparte de sus consideraciones, una pregunta directa a los miembros varones de su equipo dejó a todos perplejos.

«A ver, vosotros, los hombres, alguno de vosotros, cuando era pequeño, ¿ha sentido miedo real porque le pegara una chica?» Se hizo el silencio. «Ésa es la diferencia, ésa es la diferencia que esta ley va a intentar paliar», añadió. Ya no hubo más discusión sobre la mesa. «Ese día sentí una de las mayores satisfacciones que he tenido desde que estoy en el Gobierno —señala ufana una de las ocho ministras—. El Presidente hizo un discurso en defensa del proyecto de ley que no hubiera hecho mejor ninguna mujer», concluye.

Este verbo femenino comenzó a convertirse en una seña de identidad del nuevo líder socialista a los pocos meses de haber sido elegido secretario general del partido. Después de convertirse en presidente del Gobierno no ha querido atenuarlo, sino todo lo contrario. Su certeza de que en él radica una de las claves de su éxito electoral lo acompaña por donde va.

Comenzó a practicarlo en los actos de la Secretaría de Igualdad a los que le invitaba Micaela Navarro. Cuando se acercó, la campaña de las elecciones de 2004 había llegado prácticamente a dominarlo.

«La historia de las mujeres es una historia de opresión y desigualdad a lo largo de los siglos. Flora Tristán, la pionera de la articulación del feminismo y el socialismo, ya escribió en 1843 que "hasta el hombre más oprimido puede oprimir a otro ser humano, a su mujer. La mujer es la proletaria del proletario".»[1] El auditorio del Palacio Municipal de Congresos de Madrid, ocupado mayoritariamente por mujeres, se deshacía en aplausos. El secretario general socialista se dirigía a las delegadas del Consejo de la Internacional Socialista de Mujeres apenas un mes antes de las elecciones generales y buena parte de ellas, incluida su presidenta, la italiana Pía Locatelli, que ya había hecho un encendido elogio de la conocida posición feminista de Zapatero a su llegada a la capital española, reconocían en el joven líder a un socialista de nueva generación que podría servir de ejemplo para otros líderes socialdemócratas.

---

[1] Tomado del discurso de Rodríguez Zapatero ante el Consejo de la Internacional Socialista de Mujeres. Madrid, 4 de febrero de 2004.

«Como saben de sobra, no soy amigo de las guerras. Máxime de las guerras ilegales. Las considero una lacra y un azote para la humanidad. Pero sólo hay dos guerras que estoy dispuesto a emprender y en las que comprometeré moral y políticamente a mi Gobierno: la guerra contra el hambre y la guerra contra el machismo criminal. Un gobierno socialista en España será implacable contra el machismo criminal, contra la violencia de género.» Muchos de los aplausos de ese día parecían destinados a la galería. Pocas de las asistentes creían que el entusiasta dirigente español tuviera oportunidad de poner en práctica aquellas promesas desde el Gobierno unas semanas después, pero como declaración de principios no estaba nada mal.

Cuatro días antes de la convocatoria electoral, Zapatero insistía. La coincidencia de la celebración, el 8 de marzo, del día Internacional de la Mujer Trabajadora le permitió volver a lanzar su mensaje al electorado femenino. «Hoy es el Día de la Mujer Trabajadora. Es 8 de marzo. Es el día de la igualdad. Pero el 14 de marzo será el día del principio del fin del machismo, de la discriminación y de la desigualdad de las mujeres en este país», dijo en el acto convocado por su partido al efecto en Cáceres.[2]

Casi tres décadas antes otro político español «encantador de mujeres», como se le reconoció en su momento, lanzaba un mensaje dirigido especialmente al electorado femenino de entonces, aunque de muy distinto signo. Adolfo Suárez, aquél que también sabía mirar a la cámara con unos ojos especialmente cautivadores, se prestó, con su familia, a un reportaje en la revista más leída por las españolas, *¡Hola!* Quería acallar los rumores sobre una supuesta separación de su mujer, Amparo Illana, y los comentarios que le relacionaban con su jefa de gabinete, Carmen Díez de Rivera. Era junio de 1977, se acercaban las primeras elecciones tras la muerte de Franco y el ya inquilino de La Moncloa, aunque por designa-

[2] Mitin de Rodríguez Zapatero. Cáceres, 8 de marzo de 2004.

ción real, se jugaba un par de semanas más tarde el puesto. Los primeros estrategas del márketing electoral de entonces consideraron imprescindible ganarse el favor femenino presentando a un ejemplar padre y esposo en un reportaje con entusiastas declaraciones a favor de la familia y fotos de felicidad hogareña con su mujer y sus hijos. A este reportaje, pionero en determinadas estrategias de campaña en nuestro país, se le atribuyó parte de la victoria conseguida por Suárez días después.

Zapatero no habla en su campaña, por supuesto, al ama de casa recién salida del oscuro túnel de la educación franquista, sino a la española que lleva años trabajando duramente y quiere que se cuente con ella. ¿Le sale natural o es una pose? Las opiniones no son unánimes, aunque para las mujeres del PSOE poco importa: es gracias a él que han pegado el acelerón y están donde están.

«Almunia era un feminista militante, Zapatero es un feminista natural.» Es la explicación que acierta a concretar una mujer con despacho en Moncloa y que ha tenido cargos en el partido desde la época de Felipe González. Las jóvenes son más entusiastas con el líder y aseguran que se reconoce en él rápidamente a un «feminista por convicción». Para Carmen Romero, mujer de Felipe González, los hombres de su partido sólo se dividen en «razonables» y «no razonables». «Felipe fue razonable, y Almunia. Y Zapatero también lo es. Pero no son más o menos feministas. Es, simplemente, una cuestión de inteligencia política, de saber valorar el potencial político de las mujeres», concluye.

A pesar de que su mujer lo incluya en el mismo saco que a Zapatero, en lo que sí hay práctica unanimidad en el PSOE es en el salto que Zapatero ha permitido dar respecto a la generación de Felipe y Guerra. González no incluyó mujeres ministras hasta su cuarto Gobierno, y nunca en un número muy destacado, a pesar del reconocido feminismo activo de Carmen Romero. En cuanto a Alfonso, «es un ser excepcional pero lo de la paridad no es lo suyo. Él, intelectualmente, considera que la mujer tiene que conseguir su puesto por valía», asegura María Teresa Fernández de la

Vega, que lleva peleando en el PSOE por la cuota femenina desde antes de que se lograra la del 25 por ciento y conoce bien el «patio masculino» de su partido.

Otras opiniones son bien distintas. «Zapatero, en realidad, se lo encontró todo hecho», afirma otra veterana de la lucha feminista dentro del PSOE. Nadie le niega, no obstante, haber sido el primero en forzar la máquina hasta el extremo de que su primer Gobierno fuera paritario y que el anteproyecto de ley contra la violencia de género constituyera una de sus primeras e innegociables medidas.

La violencia de género, primera batalla

La historia de la Ley Integral contra la Violencia de Género, sin embargo, no nace con la llegada del leonés a la Secretaría General del PSOE. La posibilidad de que una ley específica protegiera a las mujeres maltratadas era objeto de debate entre las socialistas desde finales de los ochenta, cuando la Ley del Divorcio permite, por fin, la ruptura de la pareja y las mujeres comienzan a ver un futuro de libertad a su alcance.

Distintas organizaciones feministas cercanas al PSOE, entre ellas la Federación de Mujeres Progresistas, llegan a crear una denominada «Red de Organizaciones Feministas contra la Violencia de Género» que, aunque sin personalidad jurídica, intenta agitar las aguas hacia un problema que empieza a aflorar públicamente en España. A su frente se coloca una mujer cuyas relaciones resultarán fundamentales para que la violencia conyugal se sitúe en el centro de las prioridades de la dirección del partido.

Se trata de Ángeles Álvarez, una feminista que trabajaba en la Asociación de Mujeres Divorciadas que dirige Ana María Pérez del Campo. Tras el inesperado triunfo de Zapatero en el 36 congreso, Micaela Navarro inaugura su nuevo mandato al frente de la Secretaría de Igualdad en una posición inicialmente más inestable que en el anterior, al haber sido impuesta por el presidente andaluz, lo que, según algunas opiniones, la lleva a «refugiarse» en un sector del asociacionismo femenino muy volcado en el problema de la violencia.

La llegada de otra persona a Ferraz también jugará su papel. Micaela se había quedado sin su segunda, Isabel Martínez, que tras haber apostado por Zapatero desde los inicios de Nueva Vía, al poco de ser elegido secretario general es reclamada para su gabinete. El puesto vacante es atractivo. Supone estar al lado de quien lleva todos los temas relacionados con la mujer en la nueva ejecutiva socialista. Las maniobras no se hacen esperar y la «borrellista» Elena Valenciano propone a una mujer que trabajaba con ella en la Fundación Mujeres, Purificación Causapie. Puri es muy amiga de Ángeles Álvarez y desde que ésta pasa a ocupar el antedespacho de Micaela Navarro la violencia de género comienza a conquistar la mayor parte de su tiempo.

«En su segundo mandato se dejó "secuestrar" por las asociaciones que sólo tenían el maltrato como problemática, y las mujeres también tienen otros muchos problemas», valora una diputada socialista con larga trayectoria feminista.

¿De quién fue la culpa? Micaela Navarro, al tiempo que construía desde Ferraz un auténtico *lobby* femenino, tomaba la elaboración de un proyecto de ley integral contra el maltrato como una de sus prioridades. El nuevo secretario general, con esa sensibilidad femenina de la que ya había empezado a hacer gala, acoge la idea con entusiasmo y lleva al Congreso desde la oposición el primer borrador de la misma. Obliga al PP a votarla como proposición de ley y su voto en contra le decide a convertir ese texto en una de las banderas de su próxima campaña electoral.

Ya en La Moncloa, a pesar de las muchas responsabilidades que se acumulan en su despacho, no ha querido descuidar este flanco: «José Enrique, cómo es posible que el proyecto de Ley Integral se esté tramitando ya en el Congreso y prácticamente no se esté contando con las asociaciones. Hay malestar. Tened cuidado porque vais a necesitar todo el apoyo desde el ámbito feminista. Hay que evitar críticas desde este frente.» Quien alertaba al director del Gabinete del Presidente, José Enrique Serrano, era una vieja conocida, la presidenta de la Federación de Mujeres Progresistas, Enriqueta Chicano.

Ya había tenido lugar algún encuentro en el Ministerio de Trabajo, responsable principal del proyecto, con Jesús Caldera, la vicepresidenta María Teresa Fernández de la Vega y representantes de la Red Feminista de Ángeles Álvarez como protagonistas; pero el movimiento femenino es más amplio y habían empezado a sonar las quejas.

En Moncloa el aviso no cae en saco roto. A la semana siguiente es el mismísimo Presidente quien convoca a las representantes de las asociaciones feministas más representativas del país para explicarles su determinación respecto a la ley en primera persona. «Todas salimos contentas», explica una de las presentes. «Tiene ese punto mágico que te convence», añade. Una vez más, Zapatero había sabido llevar a las mujeres a su terreno.

Sin embargo, el recorrido parlamentario de la controvertida ley obligará a retroceder un palmo al Gobierno. El Presidente quiere que ésta sea la primera ley que se vea aprobada en el Congreso durante su mandato, tal como prometió, y prefiere que sea por unanimidad. Para encontrarla, los socialistas han tenido que introducir una enmienda que incluya en el agravamiento de penas para el maltratador, además de a la mujer como objeto de la violencia, a otras «personas especialmente vulnerables que convivan con él».

Con unas pocas palabras el PSOE admitía que también podían incluirse en el paraguas protector del proyecto legislativo a los niños, ancianos o, incluso, en casos muy especiales, a los hombres. Todos los escaños del hemiciclo votaron a favor. Fue el 7 de octubre de 2004. El Presidente había logrado cumplir su primera promesa a las mujeres, aunque con un pequeño matiz que algunas asociaciones consideraban que desvirtuaba la razón última de la misma. Las mujeres del partido, sin embargo, han cerrado filas y todos los cargos femeninos defienden la modificación.

Rodeado de mujeres

«No me extraña que tenga esa visión de la problemática femenina, siempre ha estado rodeado de mujeres: su mujer, su suegra, sus hijas.» Este asomo de explicación procede de una de sus ministras que conoce bien su trabajo cuando estaba en la oposición.

Zapatero siempre ha sabido combinar ese perfil de feminista convencido con cierta imagen de marido que reconoce la autoridad de la esposa en el ámbito doméstico. «¿Por qué estudian sus hijas religión en el colegio?», le preguntaba Julia Navarro en la revista *Tiempo* al todavía líder de la oposición. «Por no darle un disgusto a mi suegra», contestaba. Unos meses antes, ante el auditorio femenino del Consejo de la Internacional Socialista de Mujeres reunido en Madrid había hecho toda una declaración de «guerra» a las clases de religión en el colegio. «Les diré a los señores obispos: la causa de la muerte violenta cada año de cien mujeres en nuestro país no es la revolución sexual. Es el machismo criminal. Y la Iglesia debe revisar su doctrina. Semejantes teorías no pueden influir en el futuro académico de los niños españoles. Por eso, derogaré la norma impuesta por el PP y Rajoy. La religión debe ser únicamente voluntaria y no debe computar académicamente.»[3]

La apelación a la suegra causó estupor. Semejante respuesta escandalizó a una parte de la progresía femenina que lo aplaudía hasta entonces, pero tuvo otro efecto valorado como «balsámico» por los estrategas del márketing electoral: lo conectó con la realidad de otras muchas españolas que, aunque trabajadoras y conven-

---

[3] Discurso de Rodríguez Zapatero ante el Consejo de la Internacional Socialista de Mujeres. Madrid, 4 de febrero de 2004.

cidas de la necesaria liberación, son especialmente sensibles a la armonía del hogar que tan bien parecía entender el líder socialista.

«¿Tú sabes por qué soy feminista? —preguntó luego inclinándose hacia mí, en un gesto que utiliza cuando quiere implicar emocionalmente al interlocutor en lo que dice—. Por mi madre. A mi madre le gustaba con locura la medicina, pero no pudo estudiar porque en aquella época las mujeres no estudiaban. ¿Tú sabes lo que es estar día a día, hora a hora, siendo consciente de que no has hecho lo que querías hacer en la vida? ¿Eres capaz de imaginarte eso? Y no es que ella se quejase. Utilizaba ese discurso de que le llenaba la familia, la casa, pero lo cierto es que tenía una pasión que no pudo desarrollar, y creo que esa frustración de mi madre ha sido la de todas las mujeres en cualquier época histórica que estudiemos.»[4]

Zapatero hacía estas declaraciones a Juan José Millás para un reportaje publicado en el *El País Semanal* que intentaba retratar su nueva vida de Presidente habiendo pasado 48 horas con él. El Presidente no podía dejar pasar la oportunidad de hablar de su feminismo e introducía el entrañable recuerdo de su madre, ya fallecida[5], para dotar de mayor credibilidad a su afirmación.

En este ambiente familiar femenino también le acompaña su ministro y amigo Jesús Caldera. «¿Sabes ya qué traes?», le preguntó a Rosa Peris a mitad de su embarazo en los pasillos del Congreso en el otoño de 2003. «Va a ser una niña», contestó ufana la futura directora del Instituto de la Mujer. «¡Fenomenal! —añadió el diputado—. No sabes qué suerte. Yo tengo tres y no las cambiaría por nada del mundo.»

---

[4] *El País Semanal*, 5 de septiembre de 2004.

[5] Rodríguez Zapatero no pudo afrontar su primer debate de Presupuestos como nuevo líder del PSOE en el otoño de 2000 precisamente por la enfermedad y el fallecimiento de su madre en León, adonde se desplazó un par de días antes del debate. Le sustituyó en el mismo Jesús Caldera. No sería, pues, hasta el año siguiente, en el Debate del Estado de la Nación, cuando se enfrentara a José María Aznar como líder socialista.

En efecto, Jesús Caldera, tiene tres hijas y a su mujer, Lola Solares, militante del PSOE, la consideran muy activa políticamente quienes conocen a la pareja. El titular de Trabajo es quien ha defendido en primera línea de batalla la Ley Integral contra el maltrato y ha enfatizado sin ambages la determinación del Gobierno con ella. «No se dará un paso atrás en la ley contra la violencia de género»[6], «el Gobierno está dispuesto a encabezar una rebelión social para acabar con la violencia doméstica»[7], son algunas de sus declaraciones al respecto.

Sonsoles, la gran desconocida

Al contrario que Lola, la mujer de Caldera, o de todas sus antecesoras en el nada fácil puesto de consorte del líder del PSOE, Carmen Romero, Milagros Candela o, incluso, Cristina Narbona —compañera del efímero candidato Borrell—, a Sonsoles Espinosa no se le conoce militancia socialista ni feminista. La mujer de Zapatero ha inaugurado un nuevo perfil de «primera dama» dentro del PSOE que pocos se atreven a describir.

Hija de militar —en eso es en lo único que parece coincidir con Carmen Romero—, Sonsoles Espinosa nació en Ávila pero se trasladó con su familia a León donde estudió y conoció a su futuro marido. «Vas por buen camino», cuenta Óscar Campillo[8] en su biografía de Zapatero que le dijeron los amigos del partido cuando se supo su noviazgo con la desconocida joven al enterarse del trabajo de su padre. Como Felipe González, su gran ídolo.

A pesar de su discreción y su decidido alejamiento de la actividad política de su marido, todos los que conocen al matrimonio

---

[6] *El Mundo*, 13 de julio de 2004.

[7] *El País*, 19 de julio de 2004.

[8] *Zapatero. Presidente a la primera*, La Esfera de los Libros, Madrid, 2001.

saben de la incuestionable influencia que tiene Sonsoles en José Luis. El secretario general socialista y presidente del Gobierno es un ferviente defensor de la familia, un poco chapado a la antigua en materia sentimental —cuentan que pidió salir a Sonsoles a través de un amigo para superar los nervios— y en quien la opinión de su idolatrada esposa resulta crucial para los asuntos claves. Su boda por la Iglesia en la ermita de Nuestra Señora de Sonsoles de Ávila, virgen a la que debe el nombre su mujer, también se debió al especial interés de su suegra, Juana Díez, una mujer muy religiosa.

Cuando, en los prolegómenos del 35 congreso, los jóvenes diputados que habían hecho piña con él para articular un proyecto alternativo al del candidato «oficial», José Bono, le acuciaban para que se definiese y dijera, de una vez, si se presentaba a secretario general, a Zapatero no le causó ninguna vergüenza reconocer que tenía que consultarlo en casa. «Por mí, ya sabéis que no hay problema. Pero todo depende de Sonsoles. Si ella dice que no... pues es que no», cuentan Luis Algorri y Julia Navarro en uno de los primeros reportajes[9] que intentaban bucear en la desconocida personalidad de la mujer del nuevo líder socialista.

Aunque pragmática como Zapatero y feroz defensora de la concordia familiar —la boda, por la Iglesia, y las niñas, a estudiar religión, por la abuela—, la esposa del líder socialista sí ha luchado siempre por mantener su independencia profesional frente a su marido.

Se licenció en Derecho en la Universidad de León, en uno de cuyos vestíbulos conoció a su futuro marido, pero su auténtica pasión ha sido siempre la música y, particularmente, el canto. Siendo estudiante ingresó, en 1982, como soprano en el coro Universitario de León, al que ha pertenecido prácticamente veinte años.

Sonsoles ha recorrido media Europa con él y no le abandonó hasta que su marido ganó la Secretaría General del PSOE y hubo

---

[9] *Tiempo*, 16 de octubre de 2000.

de trasladarse a Madrid a pesar de la habitual movilidad de un grupo que se nutre de jóvenes estudiantes de la universidad. Al tiempo, daba clases de música en el Colegio Leonés, centro privado en el que también estudiaron tanto Rodríguez Zapatero como ella aunque, en aquellos años y con un curso de diferencia, no llegaran a conocerse.

La profesora de música y soprano sufrió mucho su traslado a la capital para acompañar a su marido tras el 36 congreso, teniendo que dejar su trabajo en León. Zapatero y su familia no venían a Madrid transitoriamente. Pasara lo que pasara, el dirigente socialista ya no volvería a ser un diputado de provincias y lo demostró con una inequívoca decisión: el matrimonio puso a la venta su piso en León para comprarse otro en Madrid.

Sus más cercanos le ayudaron a elegir el sitio. Jesús Caldera llevaba años viviendo en un municipio del sureste madrileño cercano a la capital, Las Rozas, donde proliferan los chalés adosados, y allí el nuevo secretario general podría encontrar una vivienda amplia sin los desorbitados precios de la capital. El gerente del partido, Ramón Moreda, concejal y vecino también de Las Rozas, fue quien encontró una vivienda con las condiciones requeridas en el complejo Eurohogar, donde también vive más de un socialista de clase media. El sitio era perfecto: un piso de cerca de 200 metros cuadrados en una urbanización cerrada con seguridad a la puerta y a quince minutos de Madrid, justo en la carretera por la que se accede a la sede socialista sin tener que atravesar media ciudad.

A la llegada de la joven pareja muchos socialistas intentaron acercarse, aunque sólo uno pudo romper, sigilosamente, esa barrera de discreción con la que se protegían. Muy cerca de su piso vivía también Javier De Paz, antiguo líder de las Juventudes Socialistas en los años ochenta y secretario general de Comercio en los noventa, en ese momento alejado de la cúpula del partido y ejecutivo de la privada Panrico.

Javier de Paz y su mujer se ofrecieron como colchón de llegada para los Zapatero y sus hijas, y especialmente su esposa, Ana Pérez, formalizó pronto una buena amistad con Sonsoles que aún se mantiene. De Paz ha dejado ya el sector privado y ha sido nombrado por la nueva Administración presidente de la pública Mercasa.

Desde su piso en Las Rozas, donde las niñas comenzaron a acudir al colegio público más cercano, Sonsoles inició su «periodo de adaptación» que, a pesar de todo, fue breve. Al año siguiente, tras prepararse durante un curso, aprueba el examen de ingreso en el coro del Teatro Real, en el que actualmente tiene plaza de soprano suplente o «de refuerzo». Sonsoles ha realizado algún viaje con el coro antes de que Zapatero ganase las elecciones, pero estos traslados se presentan cada vez más complicados a efectos de seguridad.

La imagen de la mujer de Zapatero, a pesar de no haber concedido una sola entrevista y de haberse cuidado con esmero sus apariciones públicas, no ha dejado de ser una baza para el eficaz y pragmático Zapatero. Ya en la campaña a las generales, Sonsoles acompañó a su marido a los mítines, donde no han regateado sonrisas cómplices, manos unidas y cuidadas carantoñas. Incluso, tras el discurso final del 36 congreso, celebrado después de la victoria con un aire de incontenible euforia entre los delegados, Sonsoles y José Luis se dieron un cálido abrazo que recogieron todas las televisiones y los fotógrafos de prensa. La mujer del Presidente, además, había escogido un juvenil vestido floreado que marcaba su espectacular figura y llamó la atención a más de uno.

No se muestra, pero tampoco se oculta. Incluso, poquito a poco parece estar definiendo su perfil público. Ya ha acudido a la apertura de alguna exposición donde ha sido objetivo de los flashes y en agosto de 2004 aceptó formar parte de la Fundación Barenboim, creada por el reconocido director de orquesta que había tenido unos meses antes un encontronazo con la presidenta de la Comunidad de Madrid, Esperanza Aguirre, a cuenta de un concierto que iba a ofrecer en el Teatro Real y que pareció «muy caro» a la dirigente del PP.

Sonsoles Espinosa podría estar perfilando una imagen pública discreta, como es ella, pero colaboradora en el reencuentro de los socialistas con determinados sectores del mundo de la cultura en el que están muy interesados el partido y el Gobierno.

¿Y en el ámbito feminista? ¿Se puede entender el camino emprendido por Zapatero sin el ánimo y aprobación de su mujer, con la que parece estar tan indisolublemente unido? Pocos lo creen probable aunque, al igual que con la militancia en el PSOE, para Sonsoles eso no sea lo sustancial, sino el apoyo a la pasión política de su marido.

«Tal vez Sonsoles Espinosa sea medio Zapatero», llega a decir Óscar Campillo, director de *El Mundo de Castilla y León* y uno de los periodistas que mejor conoce a ambos. Los dos parecen tocados por alguna gracia, si no divina, sí al menos cercana a ella. Altos, guapos, con una sonrisa gemela y esa forma de transmitir que son felices que cualquier estratega electoral daría una mano por contar con ellos.

Muy pocas de las mujeres que pelean en el PSOE conocen a Sonsoles. Ya no corren los tiempos en los que las «mujeres de» determinados dirigentes eran una fuerza en sí misma. Pero no importa. Mientras «permita» que Zapatero haga lo que hace, les vale. «Hay que aprovechar al Presidente» es la consigna entre las mujeres socialistas que han visto en él la llegada de su gran momento.

3

Las pioneras

Las españolas consiguieron el derecho al voto el 1 de octubre de 1931. Y en este acontecimiento histórico no fue una mujer socialista, sino sus compañeros de partido, todos varones, quienes lograron que tan significativo avance lograra triunfar en las Cortes de la Segunda República en una apretada votación en la que su única diputada, Margarita Nelken, que se oponía a la decisión, se ausentó para no tener que votar en contra de su partido. Nelken, una de las pioneras en la reivindicación feminista en España, creía que no era el momento de conceder a la mujer el derecho al sufragio.

Remigio Cabello presidía el PSOE desde abril y Francisco Largo Caballero era su vicepresidente. Ambos dieron vía libre a sus diputados en una votación que había logrado enfrentar a las fuerzas de izquierda que apoyaban la República y en la que los votos socialistas resultarían cruciales dado el reparto de fuerzas —el PSOE, con 116 escaños representaba la minoría mayoritaria en las Cortes elegidas en junio—. El diputado socialista Manuel Cordero, como recordará años más tarde la también diputada por el Partido Radical, Clara Campoamor, principal defensora del sufragio femenino, fue de los pocos que la apoyaron hasta el final, llegando a perseguir a sus compañeros por los pasillos del Congreso para que fuesen a votar.

«Defendemos el voto de la mujer aun pensando que en los primeros tiempos puede sernos negativo, porque lo mismo hemos hecho con los trabajadores», aseguró en la tribuna de oradores el citado Cordero, quizá uno de los precursores dentro del PSOE en la defensa de la igualdad femenina. Los votos socialistas resultaron decisivos ya que en contra votaron Acción Republicana, el Partido Radical Socialista y el Partido Radical, estas dos últimas formaciones las únicas, junto al PSOE, que contaban con una mujer en sus escaños: Victoria Kent, radicalmente contraria a conceder en ese momento el voto a la mujer, y Clara Campoamor, quien defendió en solitario y frente a sus compañeros de partido el sufragio femenino. A favor votaron todos los partidos de la derecha y pequeños partidos republicanos y nacionalistas. Si Campoamor no hubiera contado con la complicidad del PSOE el derecho al voto de las mujeres, hubiera tardado más en llegar a ser una realidad en nuestro país.

No es fácil juzgar a comienzos del siglo XXI, en la España de 2004, a la diputada socialista Margarita Nelken o a Victoria Kent, primera ministra de la historia española, cuando se opusieron en aquel acalorado debate de la España que había amanecido republicana apenas unos meses antes a que las mujeres tuviesen el derecho a votar a partir de entonces. Sólo había tres diputadas en las primeras Cortes republicanas y dos de ellas argumentaban en contra de conceder el voto a la mujer debido a la sumisión de éstas a la Iglesia y a las directrices de sus maridos, por lo que consideraban que la medida pondría en peligro la misma República y su horizonte de progreso al conceder a la derecha una ventaja adicional.

Así lo explicaba Victoria Kent a sus señorías en aquel histórico debate: «Señores diputados: es significativo que una mujer como yo, que no hace más que rendir un fervoroso culto al trabajo, se levante en la tarde de hoy a decir a la Cámara, sencillamente, que creo que el voto femenino debe aplazarse.» Y continuaba: «La mujer no se lanza a las cuestiones que no ve claras y, por esto, entiendo que son necesarios algunos años de convivencia con la República (...). Cuando transcurran unos años y vea la mujer los frutos de la República (...), entonces, señores diputados, la mujer será la más ferviente, la más ardiente defensora de la República (...). Pero hoy, señores diputados, es peligroso conceder el voto a la mujer.»[1]

Margarita Nelken, hija de judíos alemanes emigrados a España, pintora, que ya a sus tempranos veinticinco años, en 1919, había marcado un hito con su informe *La condición social de la mujer en España* —primera denuncia sobre la situación laboral y social de las españolas de entonces—, es aún más clara: «No hay una sola mujer española, católica practicante, es decir, una sola mujer que se confiese, que no haya sido interrogada por su confesor acerca de sus ideas políticas y acerca de la inclinación que ha de darles y que ha de procurar dar a las de cuantos la rodean. Disimularse la verdad con el ejemplo de aquellas mujeres que, en estos últimos tiempos, han participado en España en la actividad republicana, o han simpatizado ostentosa, visiblemente con ella, es una puerilidad. Una votación no es cuestión de calidad, sino de cantidad.»[2]

Una vez perdida la votación, en contra del criterio de su propio partido, Nelken mantenía sus tesis y escribía en *El Socialista* cuáles debían ser a partir de entonces las prioridades, según recoge en su libro *Con voz y voto* la filóloga catalana Carmen Domingo: «La mujer, cuanto actúe ciudadanamente, si nosotros sabemos prepararlas, no votaría influida por los curas o frailes, sino por las necesidades económicas de la familia. Y lo que hace falta es que, desde ahora mismo, los socialistas, los jóvenes socialistas, las mujeres socialistas, nos dediquemos a explicarles la labor del voto, para edu-

---

[1] Isaías Lafuente, *op.cit.*

[2] Carmen Domingo, *Con voz y voto*, Editorial Lumen, Barcelona, 2003.

carlas en su ejercicio, planteándoles con toda claridad los problemas que pueden resolver ejercitando bien el sufragio.»[3]

El empuje de Clara Campoamor, una de las primeras licenciadas en Derecho de España, activista del feminismo y republicana antes que socialista o comunista, había ganado la batalla: «Yo, señores diputados, me siento ciudadana antes que mujer, y considero que sería un profundo error político dejar a la mujer al margen de ese derecho, a la mujer que espera y confía en vosotros, a la mujer que, como ocurrió con otras fuerzas nuevas en la Revolución Francesa, será indiscutiblemente una nueva fuerza que se incorpora al Derecho y no hay sino que empujarla a que siga su camino», había apelado ante los diputados, consciente de que la decisión se jugaba en unos cuantos votos, para concluir con un emotivo llamamiento: «No cometáis un error histórico que no tendréis bastante tiempo para llorar.»[4] Parece que logró conmover a sus señorías y, con las fuerzas de la derecha de su parte y la mayoría de los votos de los socialistas, excluidos el de Nelken y el de algún otro diputado, el resultado fue de 161 votos a favor y 121 en contra.

Sin embargo, en las siguientes elecciones generales del 19 de noviembre de 1933, tal como habían pronosticado tanto Margarita Nelken como Victoria Kent, los partidos de izquierda se hundieron, la derecha ganó y tanto Clara Campoamor como Victoria Kent perdieron sus escaños. Sólo entraron cinco diputadas, cuatro por el PSOE, entre las que seguía contándose Margarita Nelken, única mujer presente en las tres legislaturas de las Cortes republicanas, y una por el Partido Agrario, la abogada Francisca Bohígas.

Las otras tres socialistas eran la periodista Matilde de la Torre y la maestra Veneranda García Blanco, diputadas ambas por Oviedo, así como la escritora María Lejárraga, diputada por Granada y una de las significadas intelectuales socialistas de la época, cuya pro-

---

[3] Carmen Domingo, *op. cit.*

[4] Isaías Lafuente, *op. cit.*

ducción literaria, que firmaba con el nombre de su marido, Gregorio Martínez Sierra, la acompañó en su trayectoria política colaborando activamente en los movimientos feministas del momento.

A pesar del fracaso electoral, la decisión del PSOE como único partido de izquierdas con presencia en el Parlamento que, a pesar del riesgo, apostó por conceder a la mujer el derecho al voto había iniciado un camino de no retorno. En 1932 la Unión General de Trabajadores, recogiendo el guante del debate político suscitado y espoleado por las denuncias de las mujeres, entre las que el ya citado *La condición social de la mujer en España* de Nelken había supuesto todo un aldabonazo, decide en su congreso rebajar la cuota para conseguir incrementar el número de mujeres afiliadas dado que éstas cobraban menos que los hombres y, sobre todo, incluye por primera vez en su programa la reivindicación de «a igual trabajo, igual salario».

En 1936 todo cambió. Con los votos de las mismas mujeres que antes habían dado la victoria a la derechista CEDA, según los argumentos de buena parte de los partidos de izquierda, es el Frente Popular el que se alza con la victoria. Clara Campoamor, sin embargo, ya no pudo recuperarse del coste político que le supuso el fracaso del 33 y, aunque quiso entrar en Izquierda Republicana, tras haber roto definitivamente con su organización, el Partido Radical, después de la revolución asturiana de 1934 le fue denegado el ingreso. Tras el estallido de la Guerra Civil, se exilió a la ciudad suiza de Lausana, donde falleció en 1972 sin poder recibir la noticia de la muerte de Franco.

En estas nuevas Cortes dominadas por el Frente Popular, Margarita Nelken renueva su acta por el PSOE, al igual que la periodista Matilde de la Torre. El número de mujeres socialistas se completa con la maestra Julia Álvarez Resano, que se estrena como diputada por Madrid. Victoria Kent también regresa al hemiciclo y llega a él por primera vez, dentro de las filas comunistas, Dolores Ibárruri.

Las diputadas socialistas, por tanto, lograron ser mayoría, dentro de las ridículas cantidades en que se contaban los escaños femeninos, en las Cortes de la República tanto de la segunda como de la tercera legislatura. Sin embargo, la sublevación militar del 18 de julio no sólo relega como prioridad la lucha por la emancipación femenina en todos los partidos de izquierda, sino que, durante el convulso periodo de la Guerra Civil, la radicalización de las posturas y los enfrentamientos dentro de las fuerzas republicanas arrebató a las socialistas el protagonismo.

Frente a la relevancia de Federica Montseny, primera ministra de la historia española, nombrada por el Gobierno de Largo Caballero para la cartera de Sanidad, de Dolores Ibárruri, secretaria general del PCE elegida vicepresidenta de las Cortes en 1937, y quien se convirtió por su verbo y arrollador empuje en el símbolo de la resistencia contra el fascismo, la misma Victoria Kent, que fue directora general de Prisiones, o Clara Campoamor, que fue directora general de Beneficencia, sólo la diputada socialista Matilde de la Torre había alcanzado el cargo de directora general de Comercio y Política Arancelaria.

Margarita Nelken, quien se había erigido en la primera socialista en conseguir el acta de diputada y la única mujer que la conservó durante todo el periodo republicano, se fue inclinando hacia la doctrina comunista a partir de un viaje a la Unión Soviética tras el levantamiento asturiano de 1934 y tras el estallido de la guerra, en 1937, abandonó el PSOE y pasó a militar en el PCE, aunque posteriormente y ya en el exilio, en México, donde murió en 1968, también renunciara a su militancia. A pesar de todo el Partido Socialista atesora su figura como un símbolo y su retrato es el único ocupado por una mujer que recoge el libro editado por la Fundación Pablo Iglesias en julio de 2004 con motivo del 125 aniversario del partido en su recorrido fotográfico por su archivo histórico.[5]

---

[5] *125 años del Partido Socialista Obrero Español*, Fundación Pablo Iglesias, Madrid, 2004.

El protagonismo de organizaciones como la Asociación de Mujeres Antifascistas, que aunque no adscrito a ningún partido lideraba la Pasionaria, o la anarquista Mujeres Libres, nacida de la CNT-AIT, arrinconó en cierta medida el papel de las mujeres del PSOE que, no obstante, continuaron en la lucha aunque en una posición mucho más desdibujada y sin figuras preeminentes. Testimonios como el recogido por Carmen Domingo de la brigadista británica Mary Low en una de las revistas anarquistas en la que escribía vienen a confirmar este paréntesis en la historia feminista del PSOE: «En un momento en el que las mujeres del Partido Comunista ortodoxo de España (PCE), del partido comunista disidente, el Partido Obrero de Unificación Marxista (POUM), y del movimiento anarquista promovían organizaciones femeninas, las socialistas no impulsaron una iniciativa semejante.»[6]

La derrota y el destierro destrozaron una dura labor desarrollada durante años y hubieron de pasar muchos hasta que las mujeres volvieran a hacerse un hueco en el cuartel de mando del PSOE. La organización del partido en el exilio continuó en manos de dirigentes masculinos entre los que sólo un nombre femenino constituía la excepción, una excepción que llegaría a convertirse en la primera mujer miembro de la comisión ejecutiva federal: Carmen García Bloise.

Antes que ella sólo figura un nombre de mujer en la historia de los máximos órganos de decisión del PSOE: Virginia González. Era uno de los once miembros del entonces llamado Comité Nacional del Partido Socialista elegido en su décimo congreso, celebrado en Madrid en octubre de 1915 con Pablo Iglesias como presidente.

Virginia González había fundado en 1904 en Bilbao un denominado «Grupo Feminista» que contaba con ciento cincuenta afiliadas. Dos años más tarde y a partir de él se crea el Grupo Femenino Socialista de Madrid, que en 1908 ingresa en el PSOE

---

[6] Carmen Domingo, *op. cit.*

manteniendo su propia organización. El grupo de Virginia González establece entonces como condición para ingresar en él «suscribir el programa del PSOE». Entre sus objetivos figuraba «la educación socialista de la mujer, la potenciación de las asociaciones de trabajadoras y la promoción de reformas legislativas que mejorasen su condición.»[7]

Este pionero grupo, sin embargo, no logró consolidar su situación de poder dentro del aparato del entonces joven partido. Desapareció como tal en 1927, pero Virginia González ya lo había hecho del Comité Nacional. Sólo ocupó su puesto de vocal dos mandatos congresuales. En el siguiente a su elección, en 1918, cuando se creó como tal la comisión ejecutiva, Virginia González llegó a ocupar una inédita «secretaría femenina» que desapareció con ella un año después en un congreso extraordinario celebrado en diciembre de 1919. La dirigente socialista abandonó la disciplina del PSOE y se unió a la Tercera Internacional participando en la fundación del PCE, en cuyo primer Comité Central también estuvo presente. Nunca más volvió a ser elegida una mujer en la comisión ejecutiva del PSOE hasta 1972.

Del exilio llega la primera que manda

Era el duodécimo congreso en el exilio, se celebraba en Toulouse y el anquilosado grupo de dirigentes que había comandado el partido durante los años de exilio, con Rodolfo Llopis como figura más señera, se veía en la obligación de hacer un hueco a los jóvenes socialistas que asomaban la cabeza en la agitada España que se preparaba para el fin de la dictadura. Por primera vez se elegía una comisión ejecutiva dividida en dos grupos: la que representaba al partido «en el exterior» y la que lo hacía «en el interior». En este

---

[7] *125 años…, op. cit.*

segundo grupo estaban Felipe González, Alfonso Guerra, Enrique Múgica, Pablo Castellano y Nicolás Redondo, los mismos que, dos años más tarde se harían con el poder en el histórico congreso de Suresnes.

Carmen García Bloise formaba parte de los secretarios ejecutivos «del exterior». Con sus entonces treinta y cinco años sobrepasaba en edad a los jóvenes sevillanos, pero tampoco pertenecía a las generaciones que se exiliaron tras la guerra. García Bloise era hija de exiliados. Aunque nació en Madrid durante el conflicto, su padre huyó a Francia nada más acabada la contienda y ella, con su madre, se reunieron con él unos años más tarde.

Ingresó en las Juventudes Socialistas, como algo natural en su familia, con quince años, y su activismo y capacidad de organización la llevaron a ser secretaria sindical de la UGT en París e, incluso, a formar parte del equipo político de François Mitterrand en la campaña electoral francesa de 1964.

Esta mujer, que había roto con casi sesenta años de historia al hacerse un sitio en la ejecutiva socialista que se preparaba para la muerte de Franco, no es, sin embargo, una activa feminista, al menos en el sentido en el que se entendía en la España de los setenta. Su puesto es el de dirigente «puente» entre el PSOE del exilio y el del interior, y su papel le llega, en parte, empujada por la labor que su padre había desarrollado en el mantenimiento de la organización en Francia.

Su edad, su capacidad para el diálogo y su visión le permiten establecer contactos con los dirigentes «del interior» y, aunque en el congreso de Suresnes no hay una sola mujer entre los jóvenes socialistas que conquistan el poder, el primer congreso del PSOE celebrado en Madrid en diciembre de 1976 reconoce su labor y la incluye en la cúpula.

Su primer cargo en la ejecutiva, como secretaria administrativa, tiene escasa relevancia, pero la autoridad de su nombre en los momentos de conflictos internos volvió a verse reconocida al ser elegida miembro de la comisión gestora provocada por la dimisión de Felipe González como secretario general en el congreso del 79, aquel en el que quien iba camino de convertirse en un hito en la historia del partido quiso que la palabra «marxismo» desapareciera de sus estatutos.

García Bloise condujo al PSOE, con otros cuatro históricos dirigentes (José Federico de Carvajal, Ramón Rubial, José Prat y Antonio García Duarte), al congreso extraordinario del 79 en el que los delegados entregaron, sin fisuras aunque no sin dolor, todo el mando interno a Felipe González. Se abandonó el marxismo y se abrió paso a un mapa de poder que la pareja González-Guerra protagonizaría durante décadas.

García Bloise, cuya disciplina organizativa labrada durante los años de exilio se entendía perfectamente con el control del aparato que exigía Alfonso Guerra, fue designada secretaria de Organización, puesto clave que desempeñó durante cinco años, hasta 1984, y que ninguna otra socialista ha vuelto a ocupar hasta el momento a pesar de sus indudables conquistas.

Tras la victoria de 1982 y la llegada al poder, la influencia de esta dirigente reconocida por todos comenzó a palidecer aunque siempre hubo un sitio para ella en la comisión ejecutiva, hasta que no pudo superar un doble trasplante de hígado que le fue practicado en 1994 y falleció. La última imagen suya para muchos socialistas fue su presencia en el 33 congreso, celebrado ese mismo año, cuando recién sometida a su primer trasplante no quiso dejar de acudir y lo hizo protegida por una mascarilla para evitarse contagios e infecciones.

Con todo el simbolismo que atesora la figura de Carmen García Bloise, sin embargo, no supuso un escalón sustancial en la llegada al poder de las mujeres del PSOE. Fueron otras, nacidas políticamente en la transición, quienes dieron los pasos fundamentales y, para darlos, como tantas otras veces ha ocurrido en la historia del Partido Socialista, tuvieron que convivir, aun con no pocas tensiones, las dos conciencias de los socialistas: la surgida de la reivindicación de la clase obrera donde está su origen como partido y la empujada por las élites burguesas más liberales, en el sentido que hoy le gusta emplear a su actual líder, José Luis Rodríguez Zapatero: el de la búsqueda de las libertades ciudadanas.

La obrera y la intelectual

Dos mujeres, aunque no solas, coincidieron en esos años en el empeño en este joven PSOE alumbrado a partir de Suresnes, cuyos nombres nos remiten sin duda a los dos caminos citados: Matilde Fernández y Carlota Bustelo. La primera, hija de porteros, aguerrida dirigente sindical y política, llegó a ministra con Felipe González y aún hoy sigue en la política activa como diputada autonómica en la Comunidad de Madrid. La segunda, miembro de una de las familias más prolíficas en lo político de la transición española —prima del ex presidente Leopoldo Calvo-Sotelo y hermana del ex ministro Carlos Bustelo—, educada en Madrid y París, licenciada en Políticas y Económicas, y radical feminista. Con el PSOE fue diputada, primera directora del Instituto de la Mujer y subsecretaria del Ministerio de Asuntos Sociales con Matilde Fernández de ministra, pero hace años que se retiró de la política y una seria enfermedad la mantiene apartada desde hace cinco de toda actividad pública. A ambas deben mucho las mujeres socialistas y las mujeres, en general, de este país.

Carmen Romero, esposa de Felipe González, sindicalista, diputada y una de las que vivió aquellas primeras batallas considera la alianza de estos dos mundos la base del éxito para la llegada al poder de las mujeres socialistas. «Fue de radical importancia la coincidencia de estrategias entre las mujeres sindicalistas, el grupo de vanguardia dentro del socialismo y las de los movimientos feministas que desconfiaban de los partidos», explica. «El PSOE demostró una gran habilidad al incorporar estos movimientos a sus filas», añade hoy, ya lejos de las tareas parlamentarias.

Las primeras incursiones femeninas durante la transición en la estructura de poder del PSOE se dieron a través de estructuras paralelas. Desde que Virginia González ocupara durante escasamente un año la denominada «Secretaría Femenina» del partido a comienzos de siglo, nunca había vuelto a haber áreas de responsabilidad dentro del aparato dedicadas en exclusiva a la mujer y sus problemas. Pero en la España de los setenta bullía el debate político y reivindicativo y, aún recluido a las todavía minoritarias facultades universitarias o a las organizaciones políticas que acababan de renacer tras la muerte del dictador, la imagen de una nueva mujer que sustituyera a la ignorante y servil ama de casa que el franquismo promocionara comenzaba a abrirse paso.

El PSOE, en su afán por conectar con los grupos que formaban esa sociedad franquista que pretendía cambiar, permitió que se crearan unos denominados «grupos federales» que, incluso en años recientes y aún hoy, le han servido para establecer vínculos con sectores sociales sin comprometer su estructura organizativa ni modificarla. Uno de ellos fue Mujer y Socialismo.

A falta de una Secretaría de la Mujer (no volvió a constituirse como tal hasta el 32 congreso, en 1990), las socialistas, que tenían claro que era el momento no sólo de la liberación de la clase obrera, sino también de la mujer española, cuya posición como tal había retrocedido decenios respecto a lo que en su día se intentó en la Segunda República y era ya una realidad en algunos países de Europa, militaron activamente en estos grupos y en otros creados con similar objetivo.

En 1976, cuando todavía no se había cumplido un año de la muerte de Franco, un grupo de mujeres progresistas alumbraron el Frente de Liberación de la Mujer, cuya «madre intelectual» fue Carlota Bustelo, quien ya en el primer congreso del PSOE celebrado en Madrid ese mismo año había presentado una ponencia reivindicando la liberación femenina como uno de los objetivos que debía asumir el partido. Destacada activista del mismo fue también Carmen Mestre, quien llegará durante los gobiernos socialistas a la Secretaría General de Comunicaciones y a presidir la Cruz Roja.

Antes de estos cargos fue la joven Mestre quien enseñó a algunos de los representantes más significados de la derecha española que con los socialistas algo iba a cambiar en cuanto a las mujeres. Felipe González tardaría aún mucho en nombrar una ministra, pero su primer titular de Industria y Energía, Carlos Solchaga, se atrevió a colocar a Carmen Mestre al frente de la Dirección General de la Energía. Desde su despacho tenía que poner firmes a los grandes empresarios que manejaban el sector energético del país. Su ministro la había lanzado contra lo más rancio y reaccionario del sector económico nacional donde los Oriol, conocida familia vinculada al Opus, eran los más conocidos. En los despachos de las eléctricas se ponían de los nervios cada vez que tenían que acudir a una reunión con la «jovencita socialista». Para despreciarla, entre ellos la llamaban «Caperucita Roja», apelativo con el que pronto fue conocida en el sector.

Mestre, hija de padre catalán y madre vasca, aunque nacida en Bilbao, estudió y desarrollo su inicial actividad política en la Barcelona de finales de los sesenta, donde el feminismo tuvo, también, un temprano desarrollo. Así, tras militar un tiempo en el Movimiento Comunista, conectó con Carlota Bustelo y las mujeres que crearon el Frente de Liberación de la Mujer y apenas un par de años después ingresó en el PSOE.

Mucho más dispuesta a la pelea organizativa y a navegar por las procelosas aguas del aparato del partido que Bustelo, Mestre entró en la ejecutiva federal en 1981, en el transcurso del 29 congreso, y tras él pasó a ser la delegada federal de Mujer y Socialismo, por lo que se la puede considerar la primera sucesora de Virginia González dentro del PSOE. También, tras su llegada al cuartel de mando socialista se convirtió en la primera española en ocupar una vicepresidencia de la Internacional Socialista de Mujeres, todo un símbolo del apoyo que el movimiento feminista exterior quería dar a las españolas recién liberadas de cuarenta años de dictadura.

Carmen Mestre, tras ocupar distintos cargos en la Administración socialista, se vio forzada a dimitir como presidenta de Cruz Roja después de una polémica permuta de edificios realizada durante su mandato, al que se sumaron otras denuncias sobre cambios en el destino de ayudas exteriores o uso de tarjetas de crédito que el PP, entonces en la oposición, utilizó como ariete contra el Gobierno. Mientras Matilde Fernández fue ministra de Asuntos Sociales, bajo cuyo paraguas se situaba la Cruz Roja, Mestre fue defendida del acoso del PP, pero con la llegada de Cristina Alberdi al departamento, en 1993, ésta anunció una auditoría y el amparo gubernamental fue mucho más débil. Antes de un año del cambio de Gobierno que nombró ministra a Alberdi, Mestre dimitió y retornó a la actividad privada y a Cataluña, donde actualmente trabaja alejada de todo activismo político.

Mestre supuso un paso adelante en la incorporación de las mujeres al inmóvil aparato del PSOE. Junto a la indiscutida Carmen García Bloise, sólo se había hecho hueco, en el año 79, durante el congreso extraordinario del retorno de Felipe González como secretario general, María Izquierdo, diputada entonces por Granada, que asumió la Secretaría de Política Autonómica dada su implicación en el nacimiento de la autonomía andaluza, de cuya Junta fue una de sus primeras consejeras. Nombrada secretaria de Estado para las Comunidades Autónomas en el Ministerio de Administración Territorial del primer Gobierno socialista, posteriormente ha seguido su carrera política como diputada en el Congreso de Madrid y, más recientemente, como eurodiputada en Estrasburgo, hasta las últimas elecciones europeas de 2004. Estuvo en la ejecutiva socialista, con García Bloise y Mestre, hasta 1984, año en que tuvo lugar el 30 congreso del PSOE, cuyo mandato resultó crucial para conseguir, en el siguiente, la primera gran victoria de las mujeres socialistas: el logro de la cuota de participación femenina obligatoria del 25 por ciento en todos los órganos del partido. En ese congreso Mestre e Izquierdo cedieron sus puestos en la ejecutiva a Elena Flores, que asumió la Secretaría de Relaciones Internacionales, y a Matilde Fernández, que entró como vocal, adscrita a Organización pero con un encargo claro: ocuparse del área de la mujer.

La cuota como objetivo

La tarea se presentaba titánica. El PSOE había ganado las elecciones hacía ya dos años y en su primer Gobierno no figuraba una sola mujer. Había sido la UCD, en el 81, durante el último Ejecutivo presidido por Leopoldo Calvo-Sotelo, quien había hecho ministra a Soledad Becerril. De Cultura, sí, una cartera nada comprometida, pero que le hacía un hueco de relieve para la posteridad al convertirla en la segunda ministra de la historia española tras Federica Montseny.

Felipe González no contó con ninguna mujer para su primer gabinete. Ni para su segundo. Ni para su tercero. Sólo en su cuarto Gobierno, nombrado en julio de 1988, hubo no una sino dos ministras: Matilde Fernández y Rosa Conde. Y sólo después de que en enero de ese mismo año el 31 congreso socialista aprobara la cuota obligatoria del 25 por ciento para las mujeres. En aquel Consejo de Ministros compuesto por dieciocho miembros, las dos mujeres representaban menos del 12 por ciento pero, sin duda, su inclusión venía forzada por la decisión congresual aprobada unos meses antes.

Para llegar a ella no pocos fueron los caminos ni pocas las caminantes. «El objetivo era conseguir la cuota, como ya habían conseguido algunas compañeras de otros partidos socialistas en Europa y, para ello, creamos una especie de "red de aliadas", entre las que había desde periodistas que pudieran hacerse eco en sus medios de nuestras reivindicaciones, hasta feministas de distintos ámbitos», explica Matilde Fernández. «Y, por supuesto, recurríamos a "las mujeres de" para que influyesen en sus maridos», añade.

Mientras por razones de organización se intentaba que el resto de federaciones territoriales también dedicasen a alguno de los miembros de su ejecutiva en exclusiva al área de la mujer, lo importante era crear agitación, debate, y que la reivindicación de la cuota llegase madura al siguiente congreso.

Carlota Bustelo había sido nombrada primera directora del Instituto de la Mujer, recién creado en octubre de 1983, que hasta entonces era sólo una subdirección general dentro del Ministerio de Cultura que dirigía Javier Solana. «Carlota es la que más nos enseñó a todas», reconoce otra de las socialistas que empujaron en esos años a favor de la liberación femenina, María Enriqueta Vázquez Albertina, más conocida en el PSOE por *Mariqueta*, concejala del municipio madrileño de Villalba durante veinte años y miembro de esa generación de ediles que dio la vuelta a muchas ciudades y pueblos creando, a través de los primeros ayuntamientos democráticos, esos servicios y esas condiciones que el Gobierno de la nación aún ni se había planteado.

Esas primeras concejalas, que crearon los primeros centros de planificación familiar en la España de principios de los ochenta con cargo al presupuesto municipal, se reunían, sobre todo las de Madrid, donde la efervescencia política era mucho más llamativa, para coordinar acciones y apoyarse mutuamente. «Bebíamos de las fuentes de las feministas, que estaban todas en la universidad, y oíamos a Carlota», añade esta mujer que sigue militando en lo que ella llama «la izquierda de mi partido», el sector guerrista-acostista del Partido Socialista de Madrid (PSM) y que estudió la carrera de Historia por la noche mientras trabajaba de enfermera y nacían sus dos hijos.

En estos primeros tiempos de agitación feminista y socialista se superponen los foros teóricos con la actividad más práctica, y así, una joven Elena Arnedo, ex mujer del ex ministro Miguel Boyer y hasta hace bien poco concejala en el Ayuntamiento de Madrid, todavía entonces estudiante de ginecología, al tiempo que asistía a las reuniones del Frente de Liberación de la Mujer había puesto en marcha en 1974 el primer centro de planificación familiar de España en un clandestino piso de Madrid.

Ya en 1977 fue el PSOE el que se implicó después de que Carlota Bustelo y Elena Arnedo le pidiesen apoyo para abrir otro algo más grande y mejor dotado. Con la mediación de Carmen García Bloise, el partido puso el dinero y Arnedo y su equipo, formado básicamente por mujeres, bautizaron el centro con el nombre de Pablo Iglesias. Éste fue el ejemplo seguido por muchos de los ayuntamientos elegidos en las primeras municipales democráticas de 1979. Las concejalas, las responsables de los centros de planificación, las «mujeres de» dirigentes socialistas hablaban, discutían y buscaban la forma de organizarse para que el partido se comprometiese con la liberación femenina y forzase sus estructuras para que la mujer participase en las decisiones.

El papel de Carlota Bustelo en esta agitación fue sustancial. Para Elena Valenciano, actual eurodiputada en Estrasburgo y una de las que trabajó a su lado en los primeros ochenta, no hay duda de que es «la precursora del feminismo socialista». «Ella estaba por delante de lo que se hacía en el partido porque traía los aires de fuera», añade. No en vano Carlota Bustelo había residido en Francia entre 1960 y 1964, donde obtuvo el certificado de estudios del Instituto de Estudios Politécnicos de París y fue profesora de español en el Liceo Femenino de Metz, en Lorena. Tras regresar a España se licenció en Ciencias Políticas y Económicas por la universidad Complutense de Madrid en los años de mayor efervescencia política.

Su caso, y el de tantas alumnas de esa universidad de finales del franquismo, no dejaba de ser una excepción. La afiliación femenina al PSOE en 1984, al término del 30 congreso federal, apenas superaba el 11,50 por ciento, muy lejos todavía del 25 por ciento de representatividad exigida por las feministas del PSOE.[8]

[8] La afiliación femenina había ido subiendo lentamente pero sin retrocesos. En 1985 ya suponía el 12,5 por ciento del total y, en vísperas del 31 congreso de 1988, donde debía debatirse el tema de la cuota del 25 por ciento, llegó a alcanzar el 16,20 por ciento.

«La cuota iba a ser el catalizador fundamental para que la afiliación femenina creciese», argumentaban sus defensoras. «Si ni siquiera representan ese 25 por ciento de afiliación, ¿cómo reclaman cargos en ese porcentaje?», señalaban sus contrarios.

Ejemplo para todos fue el 3 congreso de los socialistas catalanes de junio de 1982. En Cataluña, donde el Partido Socialista se había nutrido con buena parte de los hijos díscolos de una burguesía mucho más desarrollada que en cualquier otro lugar de España, el feminismo y sus ideas circulaban con mayor normalidad entre sus dirigentes. Ello no quería decir que el debate estuviese superado pero, como en tantas otras ocasiones a lo largo de la historia española, éste se estaba infiltrando en el país desde Europa pasando antes por Cataluña.

El congreso se celebró en Castelldefels, con Leopoldo Calvo-Sotelo ocupando el Gobierno de la nación y Pujol el de la Generalitat catalana. Los socialistas catalanes, en la oposición, se enfrentaban pues en esas fechas a problemas mucho más acuciantes que la participación de la mujer en el partido, a pesar de lo cual las promotoras de una modesta cuota femenina del 12 por ciento —entre ellas Anna Balletbó, Marina Bru, Rosario Ros, Trini Sánchez Pacheco o Anna Castells, con el beneplácito de uno de los pesos pesados del PSC de entonces, Raimon Obiols— no se dieron por vencidas. Habían logrado que llegara en forma de enmienda para su discusión a la ponencia de estatutos, pero pocos le daban alguna posibilidad de salir adelante. Incluso la única mujer cabeza de delegación, África Llorente —esposa de Agustín Marina, alcalde de la ciudad anfitriona del congreso—, se había manifestado abiertamente en contra en los prolegómenos del cónclave.

Quienes vivieron aquellos momentos no saben si fue por convencimiento o por dejar a las mujeres que se explicaran ante el plenario, el caso es que la enmienda superó el 25 por ciento de votos necesarios para pasar de la comisión al pleno: todos los delegados tendrían que oír y votar la cuota. Fue la periodista Anna Castells, en esos años presentadora de TVE en el circuito catalán, quien defendió la propuesta. Y para sorpresa de no pocos, entre ellos el poderoso secretario de Organización, Josep Maria Sala, la enmienda salió triunfadora por un ajustado pero suficiente 52,3 por ciento de los votos.

«Estoy convencida de que el voto de muchas delegaciones fue debido en buena parte a la estrategia acordada y que desarrollaba el servicio de orden. Habíamos acordado pedir que se votase la enmienda añadiendo que estábamos convencidas de que no saldría aprobada pero que constituiría un primer paso en la toma de conciencia de cara al siguiente congreso», afirma Anna Balletbó.[9] «Muchos votaron para quedar bien pensando que la enmienda perdería», añade.

Aquello fue un comienzo. Las iniciativas para llegar al congreso federal de enero del 88 con el tema de la cuota lo más digerido posible se sucedieron. En 1986, Elena Valenciano, que había sido coordinadora de Relaciones Internacionales de la Juventudes Socialistas, funda en 1986 la asociación Mujeres Jóvenes. «Que las jóvenes se implicaran era básico. El feminismo en España parecía cosa de señoras mayores con estudios universitarios y había que romper ese esquema», señala Valenciano.

Desde Ferraz, la sede central del PSOE en Madrid, la labor de Matilde Fernández es fundamental. No sólo trabajó para tener una interlocutora en cada una de las federaciones territoriales. Además, antes del congreso, repartió un «*dossier* de argumentación para las cuotas de representación» al objeto de que ninguna de las defensoras de la cuota pudiera verse callada por falta de artillería contra los opuestos a ella. En este completo documento Fernández incluía desde los antecedentes históricos y la situación en ese momento de los demás partidos socialistas europeos hasta las recomendaciones a favor de la participación femenina de organismos internacionales

---

[9] Anna Balletbó, *op. cit.*

como el Consejo de Europa, la ONU o la Internacional Socialista, pasando por todos los precedentes que podía citar dentro del PSOE y hasta la definición de lo que se puede entender por una «acción positiva.»[10]

Matilde Fernández no se olvidó de su propio partido y también quiso proporcionar a las delegadas al congreso una encuesta incluida en un informe sobre afiliados realizada por José Félix Tezanos para la ejecutiva federal en 1986. Según sus datos, «cuando al conjunto de los afiliados se les preguntó si creían que se debería hacer algo para que las mujeres participaran más en puestos de responsabilidad en el partido, una aplastante mayoría del 87,5 por ciento respondió afirmativamente»;[11] incluso «un 67,2 por ciento de los encuestados se manifestaron de acuerdo con el sistema de cuotas». Podía parecer, pues, que iba a ser una batalla fácil de ganar, pero esa encuesta no era más que un muestrario de buenas intenciones.

La dirigente socialista, aunque sabía de su limitada eficacia, la incluyó en el argumentario. Conocedora de las rémoras del aparato de su partido, pretendía al menos poner a los delegados, siempre vulnerables a las consignas de la dirección, frente a las opiniones de la militancia y, como poco, generar en ellos la duda de hasta qué punto los vientos de la calle no circulaban a favor de la mujer.

---

[10] En aquel momento, buena parte de los partidos socialistas europeos contemplaban una cuota obligatoria de representación femenina. Los de Noruega y Suecia, siempre por delante en esta materia, tenían aprobada una cuota del 40 por ciento, entonces inalcanzable para las socialistas españolas. Los austriacos, alemanes y holandeses manejaban una cuota del 25 por ciento, mientras que en Francia e Italia el porcentaje se reducía al 20 por ciento. Incluso en el Partido Socialista Portugués estaba ya aprobada una cuota del 15 por ciento.

[11] *Dossier* de argumentación para las cuotas de representación. Secretaría de Participación de la Mujer. PSOE, noviembre de 1987.

Margarita Nelken —en el centro de la foto junto a sus hijos, Magdalena y Santiago— fue la primera diputada que tuvo el PSOE y la única mujer que conservó su escaño en las tres legislaturas de la Segunda República. (*El Mundo*.)

Carmen García Bloise fue la primera mujer con mando en el aparato socialista. Su sentido de la organización y la disciplina, aprendido en el exilio, se acopló perfectamente en el equipo formado por Alfonso Guerra y Txiqui Benegas. (Carlos Miralles/*El Mundo*.)

Carlota Bustelo, pionera del movimiento feminista en la España de la transición, empujó a las dirigentes socialistas a reivindicar su poder. Fue la primera directora del Instituto de la Mujer. (Larry Mangino/*El Mundo*.)

El primer Gobierno socialista de 1982 no contaba con una sola ministra. Ni el segundo, ni el tercero. Habrían de pasar años hasta que Felipe González llamase a una mujer a formar parte de su gabinete. (*El Mundo*.)

La labor de la esposa de González, Carmen Romero —segunda por la izquierda—, y otras veteranas como Josefa Pardo o Carmen García Bloise —primera y segunda por la derecha— resultó esencial para conseguir aprobar la cuota obligatoria del 25 por ciento reservada a las mujeres en los cargos internos. Se logró en enero de 1988. (Ángel Casaña/*El Mundo*.)

Tras la aprobación de la cuota del 25 por ciento,
González hacía hueco en su Gobierno, por primera
vez, a dos mujeres: Matilde Fernández
—a la derecha—, titular de Asuntos Sociales,
y Rosa Conde, ministra portavoz. (EFE.)

Las siguientes ministras del PSOE
—todas ellas sin carné del partido—
nada tenían que ver con sus antecesoras.
Brillantes profesionales como Ángeles Amador,
Carmen Alborch o Cristina Alberdi
tomaban el relevo. La titular de Cultura
—en el centro de la foto— llamó la atención
en su primera aparición pública por su original
traje, su falda por encima de la rodilla
y su anaranjada melena. (*El Mundo*.)

Las nuevas ministras llegaban en 1993, al final del recorrido del PSOE en el poder. El guerrismo retrocedía frente a la renovación y las mujeres del Gobierno poco tenían que ver con el aparato del partido. (Fernando Quintela/*El Mundo*.)

Trinidad Jiménez, una de las mujeres de mayor confianza política de José Luis Rodríguez Zapatero, cambió radicalmente la imagen de las dirigentes socialistas. Su melena y su fotogenia fueron criticadas desde dentro del partido. Esta foto, con «chupa de cuero», fue retirada de sus carteles electorales como candidata a la alcaldía de Madrid, ya que se juzgó demasiado «osada». (*El Mundo*.)

Café y pastas en Moncloa

Pero por muchos informes y *dossiers* que se repartieran, la cuota sólo podría llegar si se lograba poner de su lado a los principales dirigentes masculinos del partido. O, mejor dicho, si se convencía a Felipe. Esto lo sabían todas las que venían trabajando por ella y conocían cómo se movía en esos momentos el PSOE. Desde Ferraz se podía intentar mover a delegados, a la comisión ejecutiva, pero Felipe González, a quien todos mirarían en el momento de aprobar cualquier asunto delicado, llevaba ya cinco años en La Moncloa, gobernaba con mayoría absoluta, y era preciso contar no sólo con un tenue beneplácito sino con su decidido apoyo.

González, como tantos otros dirigentes masculinos, asistían a los movimientos de sus compañeras con fingido asentimiento y todavía no se había pronunciado ni pública ni privadamente a favor de la reivindicación de la cuota. «Nadie dice que no, todos parece que te apoyan, pero a la hora de la verdad no sabes qué va a pasar», era la frase repetida entre delegadas y que llegaba a Ferraz con honda preocupación.

Había que ponerse en marcha. Por todos los medios, los oficiales y los extraoficiales. Así, se busca un encuentro particular con Felipe González a pocas semanas del congreso. Carmen Romero, la esposa de González, se había visto forzada a retirarse a un segundo plano al convertirse en «segunda dama», pero mantenía viva su militancia tanto en UGT como en el PSOE y, sobre todo, su claro compromiso con el avance femenino.

Matilde Fernández y otras significadas mujeres a favor de la cuota hablan con Carmen y le piden que busque el hueco en la agenda del Presidente, que es preciso hablar con él antes del congreso. Carmen Romero lo encuentra y con la excusa de la visita a España de la presidenta de la Internacional Socialista de Mujeres, la sueca Anita Grabin, un selecto grupo de mujeres socialistas acude a Moncloa a tomar un café con el presidente del Gobierno después de la comida. Y a hablar.

Allí estaban, por supuesto, Matilde Fernández y Carlota Bustelo, pero también Carmen Mestre, Elena Flores y la dirigente responsable del área de la Mujer de UGT, Josefa Pardo, quien se convertiría unos años más tarde en la primera secretaria de Participación de la Mujer de la ejecutiva federal, así como Carmen Martínez Ten, esposa de Ludolfo Paramio, uno de los reconocidos intelectuales del PSOE y futura sucesora de Carlota Bustelo al frente del Instituto de la Mujer, y una entonces desconocida María Teresa Fernández de la Vega, la hoy primera vicepresidenta del Gobierno de la historia de España, que entonces ya trabajaba desde una discreta pero eficaz posición en su puesto como directora general de Servicios en el Ministerio de Justicia con Fernando Ledesma.

Todas ellas tomaron café y pastas aquella tarde en Moncloa, pero Felipe seguía sin pronunciarse. «Nos escuchaba, se divertía, yo creo que se reía con la dinámica de que buscáramos su aprobación», comenta hoy una de las presentes en el encuentro.

Sus últimas palabras fueron «vamos a ver qué dice el partido». ¡Cómo si él no supiera que el partido diría lo que dijera él! Las que acudieron a aquel café monclovita salieron, sin embargo, con un cierto convencimiento de que lo tenían de su parte. «Tanto Carmen Romero como yo estábamos convencidas de que nos iba a apoyar», confiesa Matilde Fernández.

Pero incluso la hoy ex ministra no podía fiarse sólo de una intuición y únicamente tuvo la certeza de que la cuota se aprobaría tras una reunión extraordinaria de la ejecutiva federal convocada tan sólo un día antes del inicio de la asamblea congresual.

«¡Hasta dónde vamos a llegar!»

José María Benegas, *Txiqui*, entonces secretario de Organización, había convocado a una reunión extraordinaria a la ejecutiva federal en Ferraz. Había que aclarar algunas cuestiones aún abiertas de cara al congreso, entre ellas la de la cuota femenina. Eran los tiempos en que nada escapaba al aparato socialista, controlado por Alfonso Guerra, se votaba por delegación, no por delegado, y por tanto cada territorio debía tener claros todos los puntos. Este congreso, el segundo convocado después de la victoria del 82, llegaba después de las elecciones generales del 86, y de las municipales y autonómicas del 85. Ya había tenido lugar el referéndum de la OTAN, tras el que se había producido el primer divorcio del Partido Socialista con el ámbito progresista de la sociedad española que lo había votado masivamente hacía apenas seis años. Se fraguaba el segundo —en 1989 tendría lugar la huelga general del 14 de diciembre apoyada masivamente por la sociedad española y convocada tanto por CC.OO. como por UGT— y el congreso, por tanto, debía dar señales de reencuentro con la ciudadanía.

Benegas abrió el turno de palabra y, tras abordar otros asuntos, llegó el momento de la cuota. «Las delegaciones, entre las que no hay una opinión unánime, quieren saber qué opinión tiene la ejecutiva federal al respecto», dijo, y pasó la palabra a cada uno de los miembros de la misma.

Como solía ocurrir en la mayoría de las reuniones, hablaron todos, por turno, dejando a Felipe para el último. Matilde Fernández intervino la primera defendiendo con ímpetu la propuesta. Las intervenciones posteriores oscilaron entre la aprobación y la duda. Uno de los pocos que apoyó sin fisuras la iniciativa fue Manuel Chaves, entonces secretario de Economía, dando muestras de un feminismo poco conocido entre los dirigentes masculinos del PSOE de entonces.

Alfonso Guerra, si bien no se oponía, discutía la oportunidad de la medida. Emulando sin saberlo —¿o sabiéndolo?— los argumentos de Margarita Nelken o Victoria Kent ante las Cortes de la Segunda República, dudaba de que la preparación de las mujeres en la España del momento permitiera al PSOE conseguir la calidad de dirigentes que necesitaba un partido que empezaba a recuperar al país de los años negros de la dictadura, pero en los que aún funcionaban muchos de los poderes que la habían sostenido y contra los que era preciso seguir luchando. «Realmente esta organización todavía es frágil, hay que calibrar mucho si nos vamos a debilitar con esta medida», argumentó.

Más explícito y mucho menos políticamente correcta resultó la opinión de Enrique Múgica, secretario de Política Institucional. Al futuro Ministro de Justicia, que se puso del lado de quienes dudaban de la oportunidad de la medida para el PSOE, le traicionó su rudo carácter vasco, según quienes le conocen, y llegó a exclamar ante el asombro de todos un «¡Hasta dónde vamos a llegar!», en referencia a la cuota femenina. No sería la única vez. Años después, cuando fue nombrado ministro de Justicia, realizó otro comentario, esta vez público, que le costó una interpelación de la entonces diputada del PP Loyola de Palacio además de la indignación de las parlamentarias socialistas. Fue tras el solemne acto de inauguración del año judicial. En presencia de Cristina Alberdi, que se incorporaba entonces al Consejo General del Poder Judicial, un corrillo de jueces comentó que, por primera vez, había varias mujeres en él. Múgica dijo jocoso: «¿Sabéis si han hecho más cocinas en el nuevo edificio?» La frase fue recogida por la prensa y proporcionó al PP un inesperado argumento de ataque al Gobierno. Tras su queja aquella tarde de enero de 1988, el resto de miembros de la ejecutiva esperaba otra opinión mucho más relevante.

El silencio se hizo cuando le llegó el turno al secretario general. González se dejó ya de ambigüedades y dijo solemnemente: «Yo apoyo a Matilde. Esto hay que sacarlo adelante aunque acarree algún problema.» No hizo falta más. Txiqui Benegas y Alfonso Guerra se pusieron manos a la obra desde el momento en que concluyó la reunión para que todo el partido supiera que la cuota había que aprobarla.

Llegó el congreso y en los pasillos y vestíbulos del Palacio de Congresos del Paseo de la Castellana de Madrid reinaba la euforia entre las mujeres socialistas. Buena parte de las delegadas habían acudido con una chapita colgada en la ropa con un enorme número 25. Entre ellas estaba Carmen Romero, quien vivió aquel congreso como un triunfo casi personal.

Algo de cierto había. Antes de levantar aquella crucial reunión de la ejecutiva la tarde anterior al inicio del congreso, Felipe quiso relajar la tensión creada tras la discusión respecto a la cuota y les dijo a sus compañeros como último argumento para darla el sí: «¡A ver, si no, quién vuelve a casa y le dice a Carmen que no lo hemos aprobado!» La mayoría le rió la gracia.

Fue un hombre, sin embargo, quien defendió la enmienda a los estatutos ante el plenario de delegados. Jesús Sanjurjo, más conocido en el PSOE como Suso, secretario general de la federación asturiana, formaba parte de la comisión de estatutos y él, un convencido de la cuota, quiso argumentar su conveniencia. Tras su sentida intervención varias mujeres, entre ellas la propia Carmen Romero y la presidenta de la Internacional Socialista de Mujeres que asistía como invitada, le tiraron desde las gradas rosas rojas de agradecimiento. Fue un momento emotivo que quedó plasmado en todos los periódicos del día siguiente. La votación no dejó espacios para la duda: de los 861 delegados, de los cuales sólo el 7 por ciento eran mujeres, únicamente 16 votaron en contra y 47 se abstuvieron.

El texto incorporado a los estatutos decía así: «Con el fin de contribuir activamente a la igualdad de las mujeres ante su participación política, el PSOE adopta el sistema de cuotas de representación de mujeres en un porcentaje no inferior al 25 por ciento en cada uno de sus ámbitos. La comisión ejecutiva federal y cada comisión ejecutiva debe procurar que este porcentaje de afiliación de mujeres, como mínimo, se mantenga en sus órganos de dirección y decisión.» Éste era el texto inicialmente previsto, pero el ambiente «femenino» que nutrió aquel cónclave animó a que, además, se añadiera otra intención, incorporada en la comisión de estatutos: «De igual manera se procurará mantener esta cuota, como mínimo, en la elaboración de las listas de los candidatos a las elecciones legislativas, autonómicas y locales, que el partido presente.» Este párrafo anunciaba el siguiente camino a recorrer, el de las listas electorales.

En la comisión ejecutiva federal elegida entonces se cumplió por primera vez ese 25 por ciento y entraron seis mujeres aunque sólo dos con responsabilidades ejecutivas: Ana Miranda, socialista vasca aupada por Benegas para la Secretaría de Comunicación, y Elena Flores, que se mantenía en la Secretaría de Internacional. Como vocales repetían Matilde Fernández y Carmen García Bloise, y entraban la histórica andaluza Carmen Hermosín, más conocida en las filas socialistas como Carmeli, y la catalana Dolors Renau, entonces directora general de Protección Jurídica de Menores, a quien competerá, a partir de ahora, el área de la mujer. La dirección socialista no quiso provocar más tensiones con el tema de las mujeres y optó por lo fácil: ¿que había que incluir mujeres hasta un 25 por ciento?, pues se amplía el número de los miembros de la ejecutiva. Y así se hizo. La comisión amplió su número de 17 a 23, justo en seis, casualmente la misma cantidad de mujeres incorporadas a la misma.

Felipe González dedicó un único párrafo de las veinte páginas de su discurso de clausura al histórico hecho. Intentaba animar a cumplir con lo acordado, en un tácito reconocimiento de que iba a ser difícil, pero además afirmaba que en ese sendero se encontraba el futuro: «Las decisiones políticas son para ser cumplidas. Pero tiene menos importancia hablar de los estatutos que de la decisión política y el mensaje que transmite. La mitad de nuestros conciudadanos son mujeres. Por tanto, la evolución es como es; no nos cambia la historia en un día, pero habría que pensar que en un momento determinado la mitad de las responsabilidades razonablemente tendrían que estar en manos de mujeres.»[12] Hubo aplausos. Nadie discutía ya nada. Tendrían que llegar los congresos regionales poco después para que los delegados presentes se dieran cuenta de lo que habían aprobado.

---

[12] Resoluciones del 31 congreso del PSOE, 1988.

Cuando tuvo lugar aquella votación, José Luis Rodríguez Zapatero era ya diputado nacional. Llevaba en su escaño casi dos años, era el parlamentario más joven de la cámara y en el congreso provincial que seguiría al federal unos meses después sería elegido por primera vez secretario general del PSOE de León. Pocos sospechaban entonces que sería él quien pusiera en manos de esa «mitad» de la población de la que hablaba González la mitad del poder del partido y de su primer Gobierno.

4

Renovadoras contra guerristas. Pelea entre mujeres

En el mes de abril de 1988, tres meses después de la aprobación de la cuota femenina del 25 por ciento en el PSOE, la revista *Cambio 16*, semanario de referencia para la izquierda en aquellos años, publicó un suplemento especial titulado «Españolas 88. Cada vez mejores.»[1] Ilustraban la portada las imágenes dibujadas de la actriz Victoria Abril, la cantante Marta Sánchez, la deportista Blanca Fernández Ochoa y las socialistas Carlota Bustelo y Ana Miranda. En las páginas interiores del mismo, el reportaje titulado «Las reinas del cotarro» citaba expresamente a Ana Miranda y Matilde Fernández como ejemplos del avance femenino en nuestro país, junto a escritoras como Rosa Montero y Soledad Puértolas, la diseñadora Sybilla, la fotógrafa de la movida madrileña Ouka Lele, o cantantes como Ana Torroja —la líder de Mecano— y la rockera Luz Casal.

El efecto de la decisión socialista había tenido mucho más relieve público del que el propio líder del partido, Felipe González, había querido reconocer en el escueto párrafo que le dedicó en su

---

[1] *Cambio 16*, número 855, 18 de abril de 1988.

discurso. De hecho, una encuesta realizada por el Instituto Demoscopia para el diario *El País* dos días después del cierre del congreso afirmaba tajantemente que para la mayoría de los españoles el principal acuerdo de la reunión del PSOE había sido la reserva del 25 por ciento de cargos para mujeres en su dirección. También una mayoría pedía cambios en el Gobierno.[2]

Las protagonistas de la victoria aprovecharon el clima para continuar su ofensiva. La misma Carmen Romero, discreta hasta el límite en otras cuestiones de gobierno, concedió una entrevista al semanario *El Globo* que la ya desaparecida revista titulaba «Me gustaría que hubiera ministras». La esposa de González respondía con firmeza pero también con cautela a la pregunta de si desearía ver mujeres en el Consejo de Ministros que presidía su marido: «Yo quisiera, pero no estoy en su mente. Me gustaría, sería bueno, pero no tengo una respuesta sobre si habrá o no mujeres, no soy él.»[3] La respuesta la dio el propio González seis meses después con un cambio de Gobierno en el que incluyó a Matilde Fernández y Rosa Conde.

Carlota Bustelo, que había llegado a renunciar a figurar en las listas electorales del PSOE de 1979 después de haber sido diputada en las Cortes Constituyentes, como protesta por la ridícula presencia de mujeres en las mismas, ahora prodigaba sus artículos en prensa felicitándose por el logro de la cuota. Si en el 79 llegó a declarar «todo el trabajo que he llevado a cabo por el tema de la mujer (...) no ha servido para nada. No nos han dado más que sonrisas y no estoy dispuesta a ser utilizada como un botón de muestra, como una prueba de que el PSOE se interesa por el problema de la mujer cuando, en realidad, no es así»[4], ahora, tras el congreso, reconocía que «la aprobación (...) de la cuota del 25 por

---

[2] *El País*, 26 de enero de 1988.

[3] *El Globo*, 29 de enero de 1988.

[4] *El País*, 23 de enero de 1979.

ciento ha servido ya para que, entre los socialistas al menos, el feminismo no sea considerado una ideología y una crítica exclusiva de mujeres, sino un proyecto a incluir en nuestros objetivos de futuro a través de una reflexión que debemos hacer desde luego las mujeres, pero también los hombres.»[5]

Sin embargo, el futuro inmediato no iba a ser tan sencillo como algunas feministas del PSOE se prometían. Habían conquistado una parcela de poder, sí, pero ni todas las mujeres del partido compartían la misma estrategia para el logro de la igualdad ni la organización se encaminaba a sus mejores momentos.

La propia Bustelo se desligó definitivamente del PSOE en 1990 cuando dimitió de la Subsecretaría de Asuntos Sociales alegando formalmente «cansancio». La realidad es que, en dos años de convivencia con la ministra Matilde Fernández, sus conocidas diferencias no habían conseguido limarse, sino todo lo contrario. «Las que éramos socialistas y feministas nos entendíamos, pero las que sólo eran feministas...», intenta explicar una guerrista que admira tanto a la ex ministra como a la ex directora del Instituto de la Mujer. Esta brecha, que se había soldado en la pelea por la cuota, no ha hecho, sin embargo, más que reaparecer por etapas en la vida interna de los socialistas.

No sólo era eso. Bustelo defendía una ley de plazos que dejara en manos de la mujer la decisión de abortar y otras reivindicaciones que su partido, desde que ocupara el Gobierno, había guardado en el cajón a la espera de momentos más propicios. La feminista más conocida del PSOE se retiró de la escena política nacional y centró sus esfuerzos en el ámbito internacional, donde ejerció como miembro del Comité para la No Discriminación de la Mujer de Naciones Unidas, aunque mantuvo durante un tiempo su puesto en España como consejera del Consejo Económico y Social a propuesta del Gobierno socialista. Hace ya más de cinco años su retirada fue total.

---

[5] *Cambio 16*, 18 de abril de 1988.

Una durísima depresión la mantiene alejada de los focos y cuidada por los suyos. Sólo reapareció brevemente en marzo de 2003 para recibir un reconocimiento especial del nuevo secretario general del partido, José Luis Rodríguez Zapatero, quien ha hecho del feminismo una de las señas de identidad de su liderazgo. Zapatero quiso entregarle personalmente el premio especial del jurado de los premios Rosa Manzano, que cada año concede la Secretaría de Igualdad de la comisión ejecutiva del partido a quienes se destacan en la defensa de los derechos de la mujer. Zapatero ensalzó su papel como pionera. Bustelo agradeció quedamente el premio. Los medios de comunicación apenas se hicieron eco del acto.

Los mineros no dejan hueco a una mujer

En 1988, recién aprobada la cuota, aún quedaba mucho por hacer. La entrada en el Gobierno de Matilde Fernández dejó en Ferraz a Dolors Renau prácticamente sola para luchar por conseguir que el 25 por ciento se reflejara en el resto de la organización. Antes de ello Fernández ya había comprobado que la batalla aún no había concluido. Ejemplo claro fue el congreso de la federación asturiana, a la que ella acudió como miembro de la ejecutiva federal y por su antigua relación con el SOMA-UGT, el sindicato minero que tradicionalmente ha dominado al partido en Asturias, durante sus años como secretaria general de la Federación de Industrias Químicas y Energía ugetista.

El cónclave era en el hotel Reconquista de Oviedo. Aparte de la ya pactada retirada de su líder histórico, Suso Sanjurjo, que llevaba más de trece años en el cargo, por Luis Martínez Noval, su vicesecretario entonces, debía designar a los cuatro miembros que le correspondían para engrosar el comité federal del partido. Uno de ellos, según lo recién aprobado en Madrid, con los votos de sus delegados y la defensa de su propio secretario general, debía ser una mujer.

Sanjurjo, que daba por cerrado el congreso una vez definida la nueva ejecutiva regional, se fue a dormir la noche del sábado. Su nombre, dados sus muchos años de liderazgo incontestado, figuraba, a modo de reconocimiento general, entre los cuatro que serían designados para representar a la federación en el comité federal. Sólo restaba designar a los otros tres. Cuando volvió a primera hora del domingo para asistir a la clausura, le comunicaron la noticia: se había bloqueado la lista de los cuatro del comité federal porque entre los propuestos no figuraba ninguna mujer. No es que no existiese esa dirigente que pudiera representar a los socialistas asturianos en el máximo órgano entre congresos del PSOE. Tenía nombre y apellidos: Luzdivina García Arias, miembro de la ejecutiva regional y entonces eurodiputada en Estrasburgo. Una dirigente con peso y reconocimiento. Pero había otros tres nombres masculinos que, sumados al de Sanjurjo, hacían los cuatro, ya propuestos, que nadie quería mover.

Sanjurjo intentó ejercer su autoridad moral, ya que la efectiva acababa de ser entregada, y pidió un voluntario que renunciase; pero todas las caras miraron hacia el suelo. Así las cosas, tomó una decisión inmediata y fue él quien anunció su renuncia. Nadie se lo impidió. Suso Sanjurjo ya no volvió a asistir al comité federal del PSOE; sólo acudió como delegado al siguiente congreso federal y, desde hace doce años, reside en Madrid donde trabaja para el sector privado. «Los sectores que, precisamente, el leninismo definía como la "vanguardia obrera" son los más conservadores», señala hoy con cierta ironía Sanjurjo al recordar el grueso de la militancia de su federación, de origen mayoritariamente minero o trabajadores industriales de la metalurgia, mientras no quiere recordar los nombres de los tres compañeros que permitieron su renuncia antes que ceder ellos su puesto a una mujer.

«Entonces comprendí el sufrimiento que iba a conllevar aplicar la cuota porque los hombres que aceptaban irse para hacer el hueco necesario eran los mejores», asegura también hoy Matilde Fernández.

Pocos meses después, Felipe González la cumplía sólo a medias al nombrar ministras a ella y a Rosa Conde, un 12 por ciento de los dieciocho ministros. Curiosamente ambas habían protagonizado un debate en televisión previo al congreso sobre el tema de la cuota en el que la entonces directora del Centro de Investigaciones Sociológicas discrepaba de su compañera y defendía la valía personal de cada mujer como único medio de promoción. Tras el 31 congreso, sin embargo, ya nadie la discutía al menos públicamente.

Los maridos hacen sombra y, también, alguna esposa

En esa primera elección de ministras por parte de Felipe González se especuló, en su día, con Elena Arnedo como posible titular de Sanidad, pero a ella, al igual que a Carmen Romero, la perjudicó en su carrera su marido, según cuentan quienes las conocen. Miguel Boyer había sido el todopoderoso ministro de Economía del primer Gobierno del PSOE y, tras las tensiones creadas con Alfonso Guerra y la crisis a que dio lugar su actuación, González no quiso incluir a su mujer en un nuevo gobierno. Todo lo contrario de lo que le ocurrió a Rosa Conde, cuyo marido, Álvaro Espina, también inició su carrera política cuando el PSOE conquistó el poder a través de la UGT. Era secretario general de Empleo y Relaciones Laborales con Manuel Chaves como titular de Trabajo cuando Rosa Conde fue nombrada ministra. En la siguiente crisis Felipe González quiso dar una oportunidad a su marido, pero en esta ocasión las «armas de mujer» ganaron la partida.

Marzo de 1991. Felipe había llamado a Rosa para comunicarle que tenía decidida la crisis e iba a dejar de ser ministra porque quería contar con su marido y no era sostenible que los dos fueran miembros del gabinete. Rosa Conde rompió a llorar. «No me hagas esto», le imploró. Quienes conocen la escena afirman que González se sintió doblegado como nunca ante uno de sus ministros y, sin recursos para hacer remitir la congoja de su todavía ministra, le prometió mantenerla en el cargo.

Espina hubo de conformarse con el ascenso a secretario de Estado de Industria mientras su esposa repetía como miembro del gabinete. En el siguiente Gobierno, el del 93, ninguno de los dos mantuvo su cargo pero Rosa Conde continuó figurando entre las diputadas de peso del grupo socialista y sólo recientemente, con la llegada de Rodríguez Zapatero al liderazgo del partido, se ha visto desplazada de la cotizada lista electoral de Madrid en los últimos comicios. El nuevo líder, en compensación, la ha promovido como directora general de la Fundación Carolina, una entidad semiestatal dedicada a promocionar a las empresas españolas en Latinoamérica. Espina hace tiempo que dejó de tener algún cargo de relieve en el PSOE.

Con dos mujeres en el Gobierno y la cuota aprobada en el congreso, Dolors Renau debería haber tenido un mandato más fructífero que sus antecesoras. Sin embargo, varios elementos se aliaron en contra. No es sólo que su carácter catalán chirriara bastante con el forjado en el San Sebastián de los años setenta de Txiqui Benegas, entonces secretario de Organización y mandamás de los despachos de Ferraz; es que el aparato estaba entonces férreamente controlado por el guerrismo y la psicóloga catalana, que había sido diputada nacional entre el 82 y el 86 y en ese momento ejercía de directora general de Protección al Menor, no encajaba en la maquinaria que se movía a inspiración del vicepresidente.

Fue entonces cuando los que controlaban el aparato empezaron a darse cuenta de la relevancia que la insignificante área de la Mujer podía tener para la vida interna del partido. La práctica totalidad de secretarías, que podrían equivaler a los ministerios de un gobierno, tenían al principal objeto de su tarea y a sus interlocutores fuera de la organización. Los responsables de Economía, Relaciones Internacionales, Movimientos Sociales o Cultura, por ejemplo, debían hablar con empresarios, líderes extranjeros, dirigentes vecinales o directores de cine y formular sus propuestas para que el partido estuviera conectado con la sociedad. Pero la responsable del área de la Mujer no sólo debía establecer relaciones con el movimiento feminista, los sindicatos o todos los ámbitos donde debía actuarse en favor de la igualdad, sino mantener un estrecho contacto con el resto de responsables de la mujer en los distintos territorios realizando un trabajo horizontal que podía chocar, en ocasiones, con Organización. Especialmente cuando la misión era conseguir que determinados cargos recayeran en mujeres o que éstas supieran hacer presión sobre sus dirigentes para conseguir más poder.

Eso lo aprendieron rápidamente Alfonso Guerra y sus fieles, y en el siguiente congreso, en el que la Secretaría de la Mujer adquiriría categoría de miembro de la Permanente, es decir, de «ministro con cartera», con más colaboradores y medios a su disposición, su titular no podía ser cualquiera sino una de las suyas, Josefa Pardo, dirigente de UGT y amiga personal de Matilde Fernández, con quien había coincidido en la ejecutiva de la federación de Químicas del sindicato y a quien había sucedido como secretaria general.

El perfil de Renau, además, era más intelectual que de *apparatchik* y no supo caminar con la debida cintura por los despachos de la sede central del partido. Esta barcelonesa se licenció en psicología y pedagogía en su ciudad natal pero también fue a estudiar a París, donde obtuvo el diploma de psicopedagogía especial por su universidad.

El Congreso de los Diputados reconoció esa visión más allá de nuestras fronteras cuando la designó para el Parlamento europeo en los años en los que todavía no había elecciones europeas en España. En Estrasburgo estuvo un año y, tras entrar en la comisión ejecutiva federal del partido, volvió a repetir de diputada en las elecciones del 89, legislatura durante la cual luchó infructuosamente por la ampliación de la ley de despenalización del aborto que había aprobado su propio partido años antes. Concluido el mandato en Ferraz y en la Carrera de San Jerónimo retornó a la política catalana y, sobre todo, al ámbito internacional donde recogió menos sinsabores llegando a ser elegida presidenta de la Internacional Socialista de Mujeres.

«Dolors tenía un perfil muy intelectual, de escribir y teorizar. Eso es necesario, pero puede llegar a ser excluyente», asegura una de las mujeres que ha ocupado sitio en la ejecutiva federal socialista. ¿Volvíamos a encontrar el abismo entre Matilde Fernández y Carlota Bustelo? En parte sí, aunque en el caso de Renau venía explicado también por el ambiente catalán del que procedía. Anna Balletbó ilustra en sus ya citadas memorias el entorno en el que crecía y se alimentaba el feminismo de las catalanas de izquierdas en los años setenta: «Mireia Bofill era ya una conocida feminista coautora, junto con otras mujeres, del libro *La mujer en España*, el primero de esta temática publicado en nuestro país y editado en 1967 por Ediciones de Cultura Popular, editorial próxima al PSUC, de la que era director Manuel Vázquez Montalbán, casado con otra de las coautoras, Anna Sallés. La ingeniera Laura Tremosa, era popular en los ambientes intelectuales de la Barcelona de la época por ser de las pocas mujeres en haber cursado los estudios de una carrera tradicionalmente tan masculina. En su chalé de la parte alta de la ciudad se celebraban semanalmente reuniones de debate sobre temas relacionados con el feminismo, y allí leíamos y discutíamos libros feministas: *La mística de la feminidad*, de Betty Friedan, *La unión obrera*, de Flora Tristán, *La mujer*, de August Bebel, además de las obras de Simone de Beauvoir y los textos reivindicativos de Gisèle Halimi.»[6] Difícilmente podría encontrarse en un ambiente tan selecto a socialistas como las guerristas Mariqueta Vázquez o Matilde Fernández.

«Dolors hizo un buen papel no muy bien entendido dentro del partido», explica la histórica Carmen Hermosín, quien llegó a ocupar la Secretaría de Participación de la Mujer de la ejecutiva federal durante unos tres meses años más tarde. «Todo lo que pretendía hacer no lo lograba porque no tuvo las complicidades nece-

---

[6] Anna Balletbó, *op. cit.*

sarias», añade desde su actual despacho de presidenta de la Comisión de Interior del Congreso.

No es de extrañar. Estas feministas ilustradas chocaban con otra mayoría de dirigentes que, aunque posteriormente incorporadas a la lucha por la igualdad, no tienen problema alguno en reconocer que no llegaron al PSOE por un impulso feminista. «Yo entré en el partido, que entonces era clandestino, para luchar contra la dictadura, nunca había militado en otras asociaciones de mujeres y mi opción no era feminista», reconoce la misma Hermosín.

Carmen Granado, actual senadora por Cáceres y otra de las históricas del PSOE, también señala algo parecido: «Yo creí que no hacía falta trabajar por las mujeres. Creí, de verdad, que yo no estaba discriminada. El feminismo lo he sentido como un objetivo político posterior.»

La primera elección de mujeres que hizo Felipe González para su Gobierno parecía venir a mostrar a la sociedad esos dos tipos de dirigentes femeninas que convivían en el PSOE, quizá para que un abanico más amplio de las españolas de entonces se vieran en su espejo. Matilde Fernández, psicóloga industrial y sindicalista, y Rosa Conde, profesora universitaria y socióloga.

Sin embargo, en todas fue fructificando el discurso feminista tras el congreso de la cuota a pesar de que su nivel de compromiso fuera desigual. Carmen Hermosín ilustra su paulatina conversión con un cariñoso comentario que solía hacer sobre ella Alfonso Guerra y que la incomodaba cada vez más. «Alfonso me consideraba bajo su protección y siempre hablaba bien de mí. Solía decir: "Carmeli es estupenda, es cojonuda", pero añadía "sólo le faltaría para ser perfecta ser un tío".»

Las guerristas se hacen con el poder

En este clima terminó el mandato de Dolors Renau y llegaron los socialistas a su 32 congreso, celebrado en 1990. En él no se amplió ni mejoró la cuota femenina y sólo aumentó en una, pasando de seis a siete las mujeres miembros de la ejecutiva. Sin embargo, se dio un paso de gigante al convertir lo que hasta ese momento había sido una vocalía adscrita a la Secretaría de Organización en la Secretaría de Participación de la Mujer. Elena Flores repetía al frente de la Secretaría de Relaciones Internacionales y Josefa Pardo, Pepa, asumía la tarea en el área de la mujer con mayores galones que sus antecesoras.

Para empezar formaría parte de la comisión permanente de la Ejecutiva, que se reunía mucho más a menudo que todos los miembros de la misma y llevaba el día a día de la organización. Para seguir contaba a partir de entonces con despacho, secretaria, una coordinadora —a designar personalmente como número dos— y dos técnicos facilitados por el partido. Para terminar, lo más importante: a partir de ese momento formaba parte de la comisión federal de listas, la que daba el visto bueno final a las candidaturas presentadas por todas las federaciones territoriales del partido. No es de extrañar que el guerrismo no dejase escapar la nueva secretaría. Se trataba de «poder», con mayúsculas. Como vocales volvían a repetir Matilde Fernández, que seguía de ministra de Asuntos Sociales, Carmen Hermosín y Carmen García Bloise, y entraban Josefa Frau y Marisol Pérez. Ningún problema fuera de control para el aparato.

La llegada de Pepa Pardo a Ferraz trajo, además, un giro en la orientación estratégica de la secretaría. «El discurso feminista no puede ser teórico sin que la mujer tenga un trabajo. Pardo reorientó el discurso del "libérate" repetido por Renau y las feministas más aireadas en los medios de comunicación por el más sindicalizado de "antes, hay que incorporar a la mujer al empleo"», aunque sea por horas. «Primero era necesario dar a las mujeres las herramientas para la liberación y sólo luego soltarles el discurso», defiende hoy Pepa Pardo desde su trabajo en la Fundación Pablo Iglesias. Corría noviembre de 1990. En septiembre había dimitido del Ministerio de Asuntos Sociales Carlota Bustelo y las clásicas feministas de la élite socialista parecían replegarse ante la ocupación del poder llevado a cabo por parte del guerrismo y sus mujeres.

Pero el abismo entre guerristas y renovadores comenzaba a ampliarse y el PSOE iniciaba su cuesta abajo. José María Aznar acababa de ser designado por Manuel Fraga como su sucesor en el refundado Partido Popular del congreso sevillano de 1989. El líder sin carisma y con bigote aterrizaba en la calle Génova de Madrid con escasos aplausos por parte de sus compañeros de partido. En tres años, sin embargo, les haría acariciar la ilusión de derrotar al PSOE y se embarcaría en una operación de acoso y derribo del Gobierno de Felipe González en la que una nueva generación de mujeres, con una cuidada estrategia de imagen —no hay más que recordar las piernas y el estilo de una Celia Villalobos prodigándose en televisión—, tendrían un papel estelar.

Mientras se fraguaba el desastre, Pepa Pardo creó su propia red de apoyos en el aparato del partido. Dirigentes claves en ella fueron la concejala de Francisco Vázquez en A Coruña, Carmen Marón, o la andaluza Ángeles Aparicio e, incluso, la catalana Françesca Martín, secretaria de la Mujer del PSC y que, a pesar de su confianza con Narcís Serra y la distancia que la separaba de las guerristas, supo tejer una complicidad con Ferraz difícil de reeditar. Martín, fallecida en 2003, es una de las pocas dirigentes catalanas reconocidas con cariño por el guerrismo.

Quizá en ello jugó la visión de Pardo sobre la forma de conseguir ese «trabajo» para la mujer que le permitiría recibir el discurso feminista con los brazos más abiertos. La ex sindicalista puso en marcha un mecanismo de política «micro», podíamos decirle, alejada de las grandes decisiones legislativas y más pegada al terreno en el que los pactos con los ayuntamientos eran fundamentales. El activo municipalismo del PSC coincidió, entonces, con esa búsqueda de compromiso con los alcaldes que se puso en marcha desde Ferraz.

Pepa Pardo consiguió incluir en el programa electoral del partido un Plan para la Igualdad que consistía básicamente en que determinados ayuntamientos, con apoyo financiero del Estado a través del INEM, se comprometieran a priorizar en el empleo creado a las mujeres. Entre los veinticuatro municipios que suscribieron el plan piloto se encontraban algunos de los más emblemáticos, con alcaldes guerristas como Pedro Castro, de Getafe, o el citado Vázquez, en A Coruña. Se trataba de que, si una gran empresa pretendía instalarse en el municipio con las habituales subvenciones de suelo e impuestos, el municipio le reclamara a cambio la contratación de un porcentaje de mujeres. Para ello, previamente, había que formarlas en los puestos que la compañía requiriese a través del INEM y con sus fondos. La idea no era mala y llegó a funcionar en muchos de los municipios citados, pero las cifras de colocaciones femeninas resultaban ínfimas comparadas con el volumen del problema.

El Ministerio de Trabajo también había asumido el nuevo discurso. No en vano su titular en aquellos años era otro reconocido guerrista, Luis Martínez Noval, secretario general de la Federación de Asturias —sí, aquel cuya falta de autoridad en el congreso regional que debía elegir a una mujer entre sus cuatro representantes al comité federal obligó a Suso Sanjurjo a renunciar a su puesto para hacer el hueco a Luzdivina García—. El ministro tuvo una intervención en el Congreso de los Diputados que vino a dotar de argumentos el mensaje laboral que irradiaba la Secretaría de la Mujer de Ferraz.

Martínez Noval, en una panorámica explicación del presente y el futuro de la economía española, vino a decir que el incremento de la productividad que precisaba nuestra actividad económica tenía que venir dado, básicamente, por el incremento de la población activa, y ésta sólo podía llegar de la mano de un mayor número de mujeres trabajando, como ocurría en los países de nuestro entorno. «Pepa tuvo a su favor todo el esplendor del poderío guerrista», se queja una compañera de partido que participó posteriormente en las peleas de la renovación frente al guerrismo.

«En la comisión de listas no se dan besos»

Con todo, el papel más relevante de la ex dirigente sindical al frente de la Secretaría de Participación de la Mujer estuvo en la comisión federal de listas. Nunca antes una mujer se había sentado en tan delicado órgano, y esta vez lo hacía con el apoyo y beneplácito del vicesecretario general que, además, acababa de abandonar el cargo de vicepresidente en Moncloa por el escándalo de su hermano Juan y se preparaba desde sus cuarteles en Ferraz a hacer frente a los envalentonados «renovadores».

A pesar de la coincidencia de trinchera dentro de las peleas internas con los responsables de Organización, los comienzos de Pepa Pardo como miembro de la comisión de listas no fueron sencillos. En los sitios en los que había algún tema por resolver, sus dirigentes eran convocados a Ferraz a una reunión en una larga mesa. En un extremo se sentaban el secretario de Organización, Txiqui Benegas, el de Política Institucional, el ex ministro Abel Caballero, y ella.

Para percibir la tensión que no pocas veces presidía estas reuniones, Pepa Pardo recuerda la llegada de unos compañeros a los que conocía y el brusco comentario de Benegas al par de besos con que ella los recibió. «Mientras estemos en la comisión de listas no se dan besos», dijo. La sindicalista se dio entonces perfecta cuenta de dónde estaba.

Semejante rudeza se complementaba con una confianza política que permitió la inclusión de no pocas mujeres en las listas electorales posteriores. Benegas podía dar el visto bueno a una candidatura pero siempre añadía: «Vale, pero esto, hasta que no lo veáis con Pepa, nada», soltando sobre ella la responsabilidad y el trago de exigir la cuota recomendada en los estatutos. «Es que, compañera, en mi pueblo no hay mujeres», era la argumentación más usual. «¿Y cómo os reproducís?», contestaba invariablemente la secretaria de Participación de la Mujer para desconcertar al dirigente local. «Hombre, lo que quiero decir es que no las hay preparadas», añadían entonces los dirigentes locales en un último intento por quitarse el problema de encima. Pepa Pardo hubiera necesitado a Clara Campoamor y sus ardorosas diatribas a favor de los derechos políticos de las españolas, estuvieran o no preparadas para recibirlos, en la mayor parte de sus reuniones del proceso de elaboración de listas. Sin embargo, el poder con el que la había «investido» previamente Benegas le bastaba para despachar a los compañeros más reacios con un «pues las buscáis y volvéis».

Este lento y arduo proceso convivía con un cada vez más convulso PSOE. En el largo asalto a Ferraz emprendido por los denominados «renovadores», las mujeres protagonizaron un papel nada desdeñable aunque escasamente conocido. Dado que la Secretaría de Participación de la Mujer estaba firmemente ocupada por las fieles a Guerra, las renovadoras buscaron otras vías colaterales desde las que romper el fortín. El asedio era un reconocimiento tácito de que las mujeres, como tales, ya tenían una parcela de poder dentro del partido y ésta se convirtió en un botín a conquistar. No hubo solidaridad femenina ni feminista una vez desatadas las hostilidades entre el guerrismo y la renovación. Las mujeres pelearon igual que los hombres. Y las guerristas cayeron igual que cayó Alfonso Guerra.

El *lobby* renovador de «las mujeres de...»

El bastión de las renovadoras fue la Federación de Mujeres Progresistas. Esta organización, fundada en 1987 por un grupo de socialistas, tuvo como primera presidenta a María Sainz, médico de profesión y fundadora, también, de la Asociación en Defensa de la Salud Pública. Casi recién alumbrada, el congreso del PSOE la permitió al año siguiente convertirse en el principal referente externo de sus militantes femeninas.

Entre las resoluciones, además de la mítica cuota, se intentaba recuperar la comunión con la sociedad evaporada tras los años de

Gobierno, y se marcaba el objetivo de impulsar cuatro grandes organizaciones sectoriales. El quinto capítulo de la ponencia marco dedicado a «El papel del partido. Partido y Sociedad» señalaba el objetivo: «Establecer en nuestra organización instancias de trabajo sectorializadas y abrir vías más operativas y concretas para la adhesión al PSOE de asociaciones y colectivos específicos, de forma que se produzca una mayor proximidad especializada a ciertos ámbitos concretos de referencia política, de importancia creciente. En tal sentido, habrá que impulsar, entre otras, cuatros grandes organizaciones sectoriales: una organización de mujeres progresistas, una organización ecologista, una organización de intelectuales por el socialismo y un movimiento por la paz.»[7]

Es bajo este paraguas que nace y crece la federación que hoy preside Enriqueta Chicano, funcionaria del Tribunal de Cuentas que tuvo distintos cargos en la Administración socialista, entre ellos el de asesora del gabinete de Javier Moscoso cuando éste era ministro de la Presidencia, en el primer Gobierno del PSOE, o más recientemente, en 1993, directora general de Relaciones con el Senado.

Tanto la Federación de Mujeres Progresistas como el Instituto de la Mujer, primero en manos de Carlota Bustelo y desde 1988 con Carmen Martínez Ten como directora hasta 1994, habían escapado al control de las mujeres del aparato —«las guerristas no hemos tenido nunca asociaciones, nos bastaba con el partido», asegura hoy una de ellas—. Y fue a partir de estos enclaves que comenzó a hacerse fuerte lo que las guerristas llamaban despreciativamente «el *lobby* de famosas» y las «mujeres de», en referencia a las esposas de dirigentes, como la citada Martínez Ten, mujer de Ludolfo Paramio y segunda presidenta de la federación, o Milagros Candela, mujer de Joaquín Almunia, que nutrieron sus huestes.

Este proceso, como el mismo «divorcio» entre Felipe González y Alfonso Guerra, no se produce de golpe ni tiene unos perfiles

[7] Resoluciones del 31 congreso del PSOE. Madrid, 1988.

perfectamente definidos. Es paulatino y desdibujado, y presenta numerosos frentes ya que mientras que a las mujeres «del partido», las que tenían el poder en Ferraz y las federaciones, se las podía ubicar en un compacto grupo, las que peleaban por quitarlas el mando presentan muy distintos orígenes e, incluso, intereses.

Es en estos años confusos en los que Cristina Alberdi, hermana de Inés, abogada la primera, socióloga la segunda, ambas conocidas defensoras de los derechos de la mujer en los años de la transición, especialmente Cristina, consigue situarse en la antesala de los despachos de poder del PSOE.

Cristina Alberdi había sido nombrada a propuesta del PSOE en 1985 miembro del Consejo General del Poder Judicial, convirtiéndose en la primera mujer que accedía a él. Perteneciente a una familia conservadora y católica de trece hermanos, educada en Las Ursulinas de Loreto en Madrid y luego en Londres, responde al perfil que tanto irritaba a las guerristas y que algunas identificaban con Carlota Bustelo.

Entre Alberdi y Bustelo, sin embargo, había una enorme distancia, como la historia vendría a demostrar años después. La jurista no había apostado por el PSOE desde el principio, como sí hizo Bustelo, y había centrado su actividad en los años de la transición como abogada feminista —entre otras iniciativas, había fundado el Colectivo Jurídico Feminista—, dentro de una trayectoria exclusivamente «femenina» de la que siempre ha hecho gala. Es desde estas posiciones desde las que ve la oportunidad y se acerca al partido en el poder.

«Durante mi etapa de vocal del Consejo General del Poder Judicial se había intensificado mi relación con el PSOE, partido que gobernaba y que, a pesar de ciertas desilusiones, era con el que me identificaba más»[8], reconoce ella misma en su libro de memorias

---

[8] Cristina Alberdi, *El poder es cosa de hombres*, La Esfera de los Libros, Madrid, 2001.

políticas *El poder es cosa de hombres*, editado en 2001 cuando todavía era diputada por el PSOE, formaba parte de la ejecutiva de la Federación Socialista de Madrid y no había iniciado la aproximación al PP que la llevaría a dimitir después de que se le abriera un expediente disciplinario por sus críticas al Gobierno y al partido.

Llegan las primeras independientes

En marzo de 1994, después de que unos meses antes Felipe González «hubiera entendido el mensaje», tal como dijo la noche electoral en la que el PP estuvo a punto de ganar, el PSOE convoca su 33 congreso, el último que celebraría en el poder hasta el de 2004. El nuevo Gobierno de González había prescindido de sus dos clásicas ministras e incorporado a tres nuevas, desconocidas para el gran público y completamente alejadas del aparato del partido: la valenciana Carmen Alborch, hasta entonces directora del Instituto Valenciano de Arte Moderno (IVAM) y sin carné de afiliada al partido, Ángeles Amador, también independiente y con un perfil técnico que venía de la Subsecretaría del Ministerio de Sanidad, y Cristina Alberdi, la aguerrida jurista defensora de las mujeres, que pasaba a suceder a Matilde Fernández al frente del departamento de Asuntos Sociales.

Se inauguraba así una vía de incorporación de mujeres al partido que luego veremos ha tenido continuidad en Rodríguez Zapatero para desesperación de otras dirigentes que desconfían de las «ilustres» recién llegadas. Carmen Alborch fue fichada por el gobierno valenciano de Joan Lerma desde su puesto de decana de la Facultad de Derecho de la Universidad de Valencia, donde era catedrática de Derecho Mercantil —catedrática, sí, ¿les suena algo de eso en el Gobierno de Zapatero?—. De ahí pasó al IVAM, donde estaba cuando la llamó González. Amador tenía otra trayectoria: era abogada y entró en contacto por primera vez con la Administración socialista al nombrarla subsecretaria el entonces ministro de Sanidad, Julián García Vargas. Vargas justificó su elección señalando que se trataba de una gran conocedora del funcionamiento administrativo y que, para ese cargo, se requería una sólida formación jurídica. Ambas mujeres estaban sólidamente formadas, con un compromiso ético progresista, pero no habían militado ni luchado en el partido en los años difíciles.

Este reproche remite a un debate aún no resuelto dentro del PSOE, que también alcanza a sus dirigentes masculinos. En el caso de las mujeres, sin embargo, al menos hasta que las nuevas generaciones de universitarias que ya superan al número de alumnos varones se incorporen a la vida laboral y social, presenta un perfil mucho más complejo. ¿Hay que incluir mujeres en los puestos de responsabilidad aunque estén menos preparadas? ¿Hay que ir a buscarlas lejos de la organización? ¿Será su compromiso político el suficiente para capear temporales o se convertirán en tecnócratas fácilmente manejadas por los dirigentes masculinos que son los que, en definitiva, siguen controlando el timón? Felipe González no daba respuesta a estas preguntas, como tampoco las daba a los divididos renovadores, sedientos de una señal suya para lanzarse contra el aparato, pero sus nombramientos iban marcando el camino.

Que el guerrismo iba a perder la Secretaría de Participación de la Mujer y la influencia que de ella se derivaba en ese congreso estaba cantado. Lo que no estaba tan claro era quién iba a hacerse con el puesto. El debate a favor de la participación de la mujer había ido ganando peso en la sociedad española en esos años, pero en el PSOE las tensiones internas impiden dar grandes pasos y sólo se aprueba un tímido avance respecto a la cuota del 25 por ciento. En vez de aumentarla directamente, se la liga a la subida del número de afiliadas aunque con una pequeña prima: «Cuando la afiliación de mujeres sea mayor al 25 por ciento, la cuota será de cinco puntos por encima del porcentaje de afiliación en el ámbito correspondiente.»[9] La afiliación femenina, en el censo computado para ese congreso, llegaba sólo al 23,30 por ciento. El debate de fondo se volvía a posponer y los delegados se aprestaban a la batalla de los nombres.

Alberdi, cuyo camino ascendente en el PSOE no había hecho más que iniciarse, aspiraba, a pesar de su muy reciente abrazo a las filas socialistas, a suceder a Pepa Pardo dada su condición de feminista reconocida y de ministra, lo que parecía concederla el apoyo de Felipe González. Sin embargo, la potente federación andaluza, la primera en delegados, comandados por Manuel Chaves quien, desde hacía cuatro años, presidía la Junta de Andalucía, busca una salida para que las maniobras de Alberdi no prosperen. La nueva Secretaría de la Mujer tenía que ser andaluza, no sólo de nacimiento, como Cristina Alberdi, natural de Sevilla, sino de la confianza de Chaves. Desde entonces, Andalucía se ha resistido a soltar este triunfo y, salvo un periodo en el que el gobierno andaluz requirió a la secretaria elegida y cedió el puesto, las sucesivas titulares de esta cartera, incluido el último congreso con Zapatero ya en La Moncloa, han sido propuestas por el presidente andaluz.

Aunque se barajaron otros nombres, como el de Ana María Ruiz Tagle, esposa de Rafael Escuredo, primer presidente de la Junta, o la diputada Ana Arnaiz, Chaves prefirió jugar fuerte y proponer un nombre femenino de los de mayor peso: el de la histórica Carmen Hermosín, en esos momentos secretaria general del PSOE sevillano. Hermosín acepta, a pesar de que no se considera una feminista militante, pero unos meses más tarde el PSOE vuelve a ganar las elecciones andaluzas y Chaves quiere contar con ella para su gobierno. La nombra consejera de Gobernación y su despacho en Ferraz le resulta incompatible en dedicación. El presidente andaluz, que era ya uno de los significados «generales» de la

---

[9] «La participación de las mujeres en el PSOE y en las administraciones públicas», Secretaría de Igualdad, octubre de 2001.

renovación, negocia con Felipe el recambio y es una mujer de la confianza de José Bono, el «traidor» al guerrismo, quien pasa a ocupar la Secretaría.

Se trata de Clementina Díez de Baldeón, mujer de José María Barreda, actual presidente de Castilla-La Mancha y entonces presidente de las Cortes autonómicas de Toledo, además de miembro del núcleo duro de Bono. La afrenta al aparato no podía haber sido más clara. Quien hasta ese congreso no había sido más que una militante de base, aunque claramente ubicada por su matrimonio con uno de los fieles a Bono, asumía el departamento dirigido hasta entonces por una guerrista. El trámite no precisó otro congreso, ya que Díez de Baldeón había entrado en la ejecutiva como vocal. El comité federal rubricó la decisión pactada y Carmeli y Clementina intercambiaron sus puestos dentro de la comisión ejecutiva pasando la andaluza a ser simplemente vocal.

No fue ésta la única cesión que hubo de realizar el guerrismo en ese fatídico 33 congreso. La crucial Secretaría de Organización pasaba, por primera vez, a manos de un extraño al guerrismo, el valenciano Ciprià Ciscar. Se iniciaban los peores años del PSOE.

Entre 1993 y 1996 el PP de José María Aznar y los escándalos de corrupción y relacionados con la guerra sucia acosarían sin tregua a los socialistas, que ya en las municipales y autonómicas del 95 perdieron muchos de sus gobiernos como antesala del abandono de La Moncloa.

La historia del asalto al poder por parte de las mujeres dentro del PSOE sucumbe al arrollador empuje de los populares de Aznar. Él y sus mujeres, las que en los debates televisivos convocados por Jesús Hermida en Antena 3 hicieron tanto daño al PSOE al presentar una imagen atractiva, moderna y preparada, serán los protagonistas en estos años. Celia Villalobos, Luisa Fernanda Rudí o Loyola de Palacio fueron las estrellas y para hacerles frente las socialistas aún habrían de pasar su travesía del desierto de la mano de un feminista convencido aunque poco reconocido: Joaquín Almunia.

5

ALMUNIA, UN DISCRETO FEMINISTA

«Yo creo que Almunia ha sido el secretario general que más ayudó a la causa de las mujeres.» Lo dice una socialista nada sospechosa de especial inclinación hacia él, Elena Valenciano, actual eurodiputada y una de las que apoyó a José Borrell frente a Almunia en las primarias convocadas tras la marcha de Felipe González. No es la única que ha visto en la trayectoria del hoy comisario europeo de Asuntos Económicos un inequívoco compromiso con la liberación femenina. «Siempre ha sido más feminista que Felipe, por generación, ya que él es más joven... y por matrimonio», asegura con cierta guasa María Teresa Fernández de la Vega, quien ha convivido con todos los líderes del PSOE desde la transición hasta convertirse en vicepresidenta con José Luis Rodríguez Zapatero. No es que De la Vega minusvalore el compromiso feminista de Carmen Romero, pero quienes conocen a ésta y a Milagros Candela, la esposa de Almunia, saben de sus diferentes talantes.

Mila, como se la conoce en el partido, una reconocida bióloga especializada en genética de plantas, es actualmente profesora titular de la Universidad Complutense de Madrid, carrera profesional que ha compatibilizado con una activa militancia en el PSOE y la UGT. Al igual que Carmen Romero, también profesora aunque de enseñanza secundaria y «de letras» —es licenciada en Filosofía—, está afiliada a la Federación de Trabajadores de la Enseñanza de UGT y, a pesar de no haber llegado a diputada nacional como la esposa de González, sí ha militado activamente en la Federación Socialista Madrileña, donde ha sido miembro de su Comité Regional.

Será porque la convulsa vida de la FSM, habitual escenario de encontronazos entre guerristas y renovadores, no permite posiciones más templadas, o por su vivo carácter —«yo creo que Joaquín mira más por las mujeres con tal de no oírla», afirma maledicente una guerrista que chocó con ella—, el caso es que la que ejerció durante tres años de esposa del secretario general del partido se erigió en esta etapa en una de las protagonistas del desalojo del poder de las mujeres del aparato.

El final de trayecto del PSOE en La Moncloa acompañó las escaramuzas. En las elecciones generales de 1996 la derrota, por más «dulce» que Felipe González la quisiera ver, desalojó de ministerios, centros administrativos, empresas públicas y todo tipo de despachos con membrete oficial a los socialistas, que llevaban ocupándolos más de trece años. El «bajonazo», como diría ahora una de las jóvenes que con Zapatero han reconquistado alguno de esos mismos despachos, fue difícil de encajar.

El mismo González asumió que era necesaria una catarsis y, para incredulidad de sus compañeros, la mayoría de los cuales seguía venerándolo como líder a pesar del fracaso en las urnas, al año siguiente, en el inicio del 34 congreso federal, les tenía preparada una sorpresa.

El auditorio del plenario estaba abarrotado de cientos de delegados, alicaídos y aún desconcertados por la todavía reciente derrota, que esperaban las palabras de su líder para saber qué les había pasado, y la muestra de una señal sobre por dónde había que continuar. Sin embargo, lo que al final del discurso del preceptivo informe del secretario general escucharon les dejó perplejos: «No voy a presentarme a la reelección como secretario general». No pocos de los muchos periodistas que seguían con expectación el primer congreso del PSOE tras su pérdida del poder hubieron de preguntarse entre ellos si habían oído bien. No había habido previamente ningún indicio de que pudiera ocurrir aquello. En el PSOE no se solían hacer así las cosas, sin previo aviso ni negociación sobre el nombre del sucesor.

Otro de los aturdidos fue Alfonso Guerra, aunque muchos supusieron que quizá fuera el único que sabía la bomba que iba a soltar Felipe en el congreso. Se vio forzado a irse también. Los dos protagonistas de la década de gloria del PSOE, y también responsables de su agonía de los últimos años, se marchaban juntos. Ahora el partido debía demostrar que tenía dirigentes suficientes para afrontar una sustitución de semejante calado.

Aquel congreso fue de infarto. El joven José María Aznar disfrutó desde el Palacio de La Moncloa del espectáculo que, después de apresuradas y tensas negociaciones entre los barones territoriales —los únicos con autoridad para llenar el vacío dejado por González y Guerra—, alumbró el nombre de Joaquín Almunia, susurrado por Felipe, como nuevo secretario general. La Vicesecretaría que había pertenecido durante tantos años a Alfonso se suprimía del organigrama. Los pactos no daban para más.

La paridad se cuela en los estatutos

¿Y las mujeres? La convulsión por el cambio de líder fue tal que pasó prácticamente desapercibido un hito trascendental en la historia de su conquista del poder. Los delegados de aquel congreso aprobaron la democracia paritaria mediante la cual «ninguno de los dos sexos puede tener una representación menor del 40 por ciento ni mayor del 60 por ciento, logrando un equilibrio en la representación».[1]

[1] Resoluciones del 34 congreso del PSOE. Madrid, 1997.

Desde el famoso congreso de la cuota del 25 por ciento, hacía ya casi diez años, los socialistas apenas se habían movido de ahí. Sólo en su anterior asamblea habían forzado que esa cuota de representación subiera en una proporción de cinco puntos por encima del crecimiento real si la afiliación femenina superaba esa cuarta parte de los militantes a la que ni siquiera llegaba en esos momentos. Y ahora, sin más pasos previos, se llegaba, tal cual, a la paridad. Un salto de gigante.

La debilidad del antaño invulnerable aparato socialista, que llevaba tiempo goteando, parece haber sido la llave para que se «colase» semejante resolución. Las mujeres con fuerza en Ferraz habían aprovechado esos flancos menos rígidos y, con el apoyo de Ciprià Ciscar, secretario de Organización desde el 94 y cuya mujer, Teresa Blat Gimeno, también ejercía de feminista activa —entonces era vicepresidenta de CELEM, la Coordinadora Española para el Lobby Europeo de Mujeres, en representación de la Federación de Mujeres Progresistas—, consiguieron llevar la propuesta al congreso con la mayoría de las federaciones básicamente de acuerdo.

También había jugado su papel el daño que la exhibición de mujeres del PP había utilizado Aznar en su acoso al PSOE. «Cuando salían en televisión la Villalobos, la Rudí o Teófila Martínez parecía que nos estaban diciendo que en el PSOE no había mujeres como aquéllas. Era necesario responder de alguna manera. Y no con el tradicional esquema del feminismo "bigotudo" de mujeres de izquierda poco agraciadas», recuerda una socialista con despacho en Ferraz en aquellos años.

Visto el hueco, Cristina Alberdi volvió a intentarlo en este congreso y jugó todas sus bazas para conseguir, por fin, su ansiado puesto en la ejecutiva federal y, en concreto, en la Secretaría de Participación de la Mujer. Su paso por el último Gobierno de Felipe González le había proporcionado las relaciones y las herramientas para intentar el definitivo asalto. Alberdi sabía de la pérdida de influencia de las guerristas —básicamente, sólo Juan Carlos Rodríguez Ibarra o Francisco Vázquez, quien finalmente entró en la ejecutiva federal, tuvieron capacidad de maniobra en las negociaciones de la madrugada del sábado desde las posiciones guerristas— y llevaba tiempo preparándose el terreno. Había establecido unos buenos contactos con la Federación de Mujeres Progresistas, que tras la etapa de Carmen Martínez Ten estaba presidida entonces por Patrocinio de las Heras, concejala del Ayuntamiento de Madrid, y donde sabía que se encontraba ahora el núcleo de mujeres socialistas con más influencia.

«Rosa Conde, Carmen Alborch, Ana María Ruiz Tagle y yo mantuvimos un almuerzo con el secretario de Organización, Cipriá Ciscar, a instancias de éste, para organizar una estrategia común en torno a la democracia paritaria»[2], afirma la propia Alberdi. «Creíamos que era necesario situarnos en posiciones objetivas de poder. Y sobre todo en cargos orgánicos dentro del partido. Cipriá estaba empeñado en que en las próximas elecciones autonómicas y municipales mujeres de peso fuéramos candidatas a la alcaldía de grandes capitales, Madrid entre ellas. Ya entonces se barajaba la idea de que Carmen Alborch se presentara en Valencia y yo en Madrid. También quería que ocupáramos puestos relevantes en la Ejecutiva que saliera del congreso federal del PSOE que se celebraría unos meses después»[3], añade.

La ya ex ministra acariciaba el proyecto de convertirse en la nueva líder del feminismo socialista —y, en un futuro, incluso, en candidata a alcaldesa de Madrid— para el que creía contar con el apoyo de las renovadoras, buena parte de las cuales, además, eran esposas de los dirigentes que ahora pitaban en Ferraz. Sin embargo, el circuito de Cristina Alberdi se movía en el reducido escenario de Madrid y el PSOE es fruto de muchos equilibrios entre sus federaciones y sus dirigentes territoriales, como bien sabe todo el que pretenda tocar algo de poder en su estructura.

---

[2] Cristina Alberdi, *op. cit.*

[3] Cristina Alberdi, *op.cit.*

A la una de la madrugada del domingo 22 de junio, cuando no había hecho más que iniciarse la larga partida entre los barones socialistas que alumbraría la ejecutiva que dirigiría Almunia, Cristina Alberdi era ya felicitada por sus fieles en los pasillos del Palacio Municipal de Congresos como próximo miembro de la ejecutiva. Sin embargo, aún quedaban no pocos encajes que ajustar y la autoridad de la federación andaluza iba a frustrar el entusiasmo de estas prematuras felicitaciones.

También había quien manejaba el nombre de Patrocinio de las Heras, presidenta de la Federación de Mujeres Progresistas, pero en ese momento la excesiva vinculación de la mujer de Almunia con ella jugó en su contra. Parecía «demasiado» entregar la Secretaría de la Mujer al control del *lobby* de *Mila*. Una carambola de última hora sería la que alumbraría el nombre definitivo.

Micaela Navarro, de concejal de pueblo a líder feminista

Chaves había conseguido dos puestos entre las secretarías con cartera, aparte de figurar él mismo, Carmen Hermosín y Consuelo Rumí entre los vocales. Una era para uno de sus más cercanos, Alfonso Perales, que asumía una de las áreas de peso, la Secretaría de Política Municipal; la otra iba a ser la de Bienestar Social, para la que consultó con su hombre de confianza, Gaspar Zarrías, el nombre de la candidata ya que, tras el acuerdo sobre la paridad, debía ser una mujer.

El consejero andaluz no tuvo dudas: una jienense, como él, fichada para el partido desde el movimiento vecinal. Una mujer joven, disciplinada y activa. Y sin el peso de antiguas reyertas internas dentro de la organización.

Micaela Navarro, que vivía entonces su primer congreso federal como delegada —apenas hacía un año había dejado su puesto de concejal en Andújar para acudir al Senado—, estaba sentada en las escaleras del exterior del Palacio de Congresos tomando el fresco del junio madrileño con otros delegados de Jaén. Eran ya las cuatro de la madrugada, pero tenían claro que no se iban a ir al hotel hasta que no hubiera «fumata blanca» con la ejecutiva. Este congreso no era para irse a dormir.

Fue entonces cuando apareció corriendo otro compañero de la delegación andaluza preguntando por ella. «Que Gaspar te está buscando, que te quiere ver ahora mismo», le dijo. Una incrédula Micaela se pensó, en principio, objeto de una broma. «Te juro por mis muertos que te está buscando», tuvo que asegurarle el delegado para que la acompañara.

Una vez en los despachos donde se estaban fraguando los pactos, la Secretaría de Bienestar Social «se movió» hacia una «mujer de Bono». El presidente manchego no debió considerar de suficiente relieve el área de la mujer, que ya había sido «suya» los tres años anteriores, y forzó el cambio. Clementina Díez de Baldeón, por tanto, dejaba libre la Secretaría de Participación de la Mujer para la andaluza. Y Micaela Navarro la asumió con la misma ilusión.

Esa noche de negociaciones también incorporó a la ejecutiva federal a un joven José Luis Rodríguez Zapatero, treinta y siete años, diputado desde 1986 y secretario general del PSOE de León. Nadie recuerda haberle oído hasta ese momento ninguna intervención pública a favor de la liberación femenina o de la participación de las mujeres en el partido. El futuro líder socialista estaba aún por descubrir.

Con la llegada de Micaela Navarro a la Secretaría de Participación de la Mujer, Ferraz da un golpe a los *lobbies* femeninos que hasta el momento habían pugnado por el poder. La nueva responsable llega de un pequeño pueblo andaluz y con escasa historia en su carné de militante. «Manolo Chaves y Gaspar Zarrías son los que siempre me han apoyado», reconoce la hoy consejera de Igualdad y Bienestar Social de la Junta de Andalucía. Pero para llegar a ellos antes había recorrido un camino que no tiene su origen precisamente en el PSOE.

Esta puericultora dio rienda suelta a sus inquietudes sociales el día en que la junta directiva de la Asociación de Vecinos La Atalaya, del barrio El Polígono de Andújar, donde ella había nacido y vivía con su familia y sus dos hijas, dimitió harta de no ver un horizonte de solución a los muchos problemas que se sucedían. Una vecina de su misma escalera y ella se animaron mutuamente a presentarse para tomar las riendas de la asociación. Ambas eran madres jóvenes —sus hijas menores tenían tres años— y esta solidaridad maternal las llevó de la mano.

Ahí se inició todo. Micaela pronto destacó por su empuje y tuvo varios encuentros, y encontronazos con el alcalde del municipio, el socialista Ángel Menéndez. El partido pronto le echó el ojo.

«Aunque mi familia era de izquierdas, ninguno de ellos ni yo militaba en ningún partido, quizá por un sentido de la disciplina y la libertad de expresión», afirma Micaela Navarro, recién retornada a Andalucía para formar parte del gobierno de Chaves. Pero los mecanismos de captación del PSOE de Jaén, uno de los que atesora mayor tradición e historia entre los socialistas andaluces, ya se habían puesto en marcha.

Fue uno de los socialistas de su barrio que había asistido al nacimiento de Navarro como líder vecinal, quien la invitó a ingresar en el partido. Era febrero de 1991, el PSOE no estaba en su mejor momento pero Navarro dio un paso adelante. En mayo se celebraban las elecciones municipales y el PSOE local, que tenía nueve concejales, la incluyó en sus listas en el puesto número 12 sin esperanzas de que saliera elegida. «Venga, mujer, si no vas a salir, es para que tu nombre, que es conocido, apoye la lista.» Fue así como la convencieron. Las urnas, sin embargo, concedieron a los socialistas doce puestos en el consistorio y Micaela Navarro se convirtió, aunque por los pelos, en concejala socialista. Su carrera política ya no tenía vuelta atrás.

Lejos de quedar apartada, la novata edil asumió la Concejalía de la Mujer recién creada a la que, posteriormente, se sumaron las responsabilidades de Asuntos Sociales. Dos años más tarde entró en la ejecutiva provincial como responsable, también del área de la mujer, y en las elecciones municipales del 95 ocupaba la cuarta posición en la lista electoral. Por aquel entonces ya conocía a Zarrías y, a través de él, a Chaves. En el 96 fue propuesta para el Senado y dejó su ayuntamiento para dedicarse, por primera vez, a la política nacional.

Sólo un año después tuvo que instalarse en Madrid para ocupar el despacho de Ferraz que los equilibrios del complicado 34 congreso habían puesto en sus manos. Era la primera vez que abandonaba su Andújar natal. Allí dejó a sus hijas, ya mayores —«en política hay que saber estar con la maleta preparada, pero no por eso arrastrar a toda tu familia», se explica—, y se dispuso a afrontar la tarea como siempre lo había hecho, con dedicación y lealtad a quienes la habían apoyado.

No llegó sola, sin embargo. Los secretarios de área pueden designar libremente a un coordinador y Micaela Navarro se trajo a Isabel Martínez, periodista encargada de prensa del Ayuntamiento de Andújar, además de amiga personal. Ambas aterrizaron en la planta tercera de Ferraz donde debían hacer equipo con la secretaria, Pilar Pérez, y tres «funcionarias» de la casa: Paloma Fragua, Marta Pereira y Carmen Toledano, *la Tole*, toda una institución en el departamento. Esta maestra y licenciada en historia lleva veintidós años trabajando en el PSOE, la mayor parte de los cuales lo ha hecho en el Departamento de la Mujer, por lo que ha compartido tarea desde con Matilde Fernández hasta con Pepa Pardo y Clementina Díez de Baldeón, además de ser miembro de la directiva de la Federación de Mujeres Progresistas.

En 2003 dio el salto a la política activa y se presentó a concejala por el PSOE en el municipio donde vive, Galapagar. Como los socialistas perdieron la alcaldía, que tenían mediante un pacto a tres bandas con la IU local y el Foro Verde, puede seguir compatibilizando el trabajo en Ferraz con su labor de concejala en la oposición, y la última titular del cargo, la también andaluza María Isabel Montaño, puede seguir contando con su experiencia.

Navarro y Martínez, que enseguida alquilaron un piso para compartir cerca de la sede del partido, llegaban en un difícil momento. Las esperaban las primarias, la designación de Borrell como candidato, la bicefalia, las maniobras internas para provocar su desestabilización, su dimisión, la asunción del liderazgo de nuevo por Almunia, su pacto con Izquierda Unida…

Con ese escenario no se presentaba muy sencillo avanzar en el camino señalado por el 34 congreso: consolidar la democracia paritaria y conseguir que las mujeres del partido sean lo suficientemente fuertes para reclamar, además de la cantidad, de candidatas a diputadas, senadoras o concejalas, ya aprobada, la calidad, esto es, que sus lugares en las listas electorales revertieran en una proporción similar entre los electos. Pero para eso había que enhebrar de nuevo la complicidad de las socialistas, hecha trizas en los últimos tiempos, y hacerse con la autoridad necesaria de la que una reciente senadora desconocida en Madrid parecía carecer.

Además, ya no se estaba en el Gobierno y herramientas como el Instituto de la Mujer, el Ministerio de Trabajo o Asuntos Sociales escapaban al control del partido. Fueron años aciagos durante los cuales, sin embargo, Micaela Navarro, con escaso ruido, fue poniendo las bases de lo que, cuatro años más tarde, alumbraría la «nueva era feminista», inaugurada por Rodríguez Zapatero. La clave para que estos cimientos pudieran levantarse estuvo en una labor de *aggiornamiento* o engrase de los distintos grupos y *lobbies* femeninos que funcionaban separados e, incluso, enfrentados. Sólo alguien que no hubiera pertenecido a ninguno de ellos podía hacerlo.

Inició, como primera medida, una línea de envío de información a todos los territorios para que aquello que políticamente tuviera que ver con la mujer contase con una respuesta orgánica conjunta. Incluyó a diputadas, senadoras y todos los cargos que estuvieran en manos de mujeres. Micaela necesitaba que la conocieran y empezaran a escucharla.

Al tiempo, se inició en todo tipo de reuniones, tertulias y grupos que funcionaban en Madrid con las mujeres como protagonistas.

Tanto la Federación de Mujeres Progresistas que presidía Patrocinio de las Heras, como la Coordinadora Española para el Lobby Europeo de Mujeres (CELEM) que dirigía Ana María Ruiz Tagle, como la más veterana Asociación de Reflexión Feminista (ARAF), a cuyas tertulias en el café Hispano habían acudido desde Carlota Bustelo hasta *Mila* Candela o Carmen Alborch y María Teresa Fernández de la Vega, o la Asociación de Mujeres Separadas y Divorciadas que lidera desde hace décadas Ana María Pérez del Campo; hasta el área de la mujer de la Confederación de Asociaciones de Vecinos, Consumidores y Usuarios de España (CAVE), donde Micaela Navarro veía reflejados sus orígenes. Todas recibieron su visita o su llamada en sus primeros meses en Ferraz. «Incluso a las que no teníamos asociación, guerristas la mayoría, también nos recibía», reconoce una concejala madrileña militante del sector acostista de la FSM.

En los escaños también se preparan

Pero para recoger esos frutos había que esperar aún. En ese momento el pulso vital de un PSOE en la oposición estaba más en el grupo parlamentario que en la sede federal, y Micaela todavía no era diputada. Otra mujer, sin embargo, hará el trabajo en los escaños. También se trata de otra socialista que, aunque por edad y trayectoria podría haber estado involucrada en las peleas internas, llegaba «limpia» de rencillas y dispuesta a batallar por encontrar hueco para las mujeres en este nuevo PSOE pos-Felipe que aún nadie sabía cómo iba a construirse.

Hablamos de María Teresa Fernández de la Vega, cuya labor como secretaria de Estado de Justicia en el último Gobierno de Felipe González la había mantenido relativamente alejada de los tiras y aflojas entre el guerrismo y la renovación, y a la que también su condición de magistrada le había permitido separarse de determinadas convulsiones internas al impedirle tener carné de afiliada y participar en la vida orgánica del partido.

De la Vega había encabezado, por primera vez, una candidatura socialista al Congreso en las elecciones del 96, la de Jaén, dado su puesto en el Gobierno y, tras la derrota, ocupó su escaño a la espera de los acontecimientos. Hasta el congreso en que Felipe González se despidió ocupó la vicepresidencia de la comisión de Justicia e Interior, puesto habitual de reconocimiento para celebridades o antiguos ministros, pero que ofrece escaso juego político. Sin embargo, todo cambió con la llegada de Joaquín Almunia a la Secretaría General. El nuevo líder, que la conocía bien desde el primer Gobierno del PSOE cuando él era ministro de Trabajo y ella jefa de gabinete del ministro de Justicia, Fernando Ledesma, y confiaba en su famosa capacidad de trabajo, la aupó al equipo de dirección del grupo y la nombró secretaria general adjunta.

Cuando Borrell ganó las primarias y se hizo con la dirección del grupo, la ascendió a secretaria general, el segundo puesto tras el portavoz, donde ya no se movió después de que el hoy presidente del Parlamento europeo dimitiera y dejara toda la responsabilidad de la resurrección del PSOE en manos de Almunia.

En el Senado, otras parlamentarias del PSOE se resistían a que el aluvión de la derrota se llevara con él la solidaridad femenina que, en otros tiempos, se había vivido en el partido. La senadora extremeña Carmen Granados, presidenta en esta legislatura de la comisión de peticiones, convirtió su despacho en centro de reuniones de algunas otras compañeras, como la desaparecida Françesca Martín o Rosario Ballester, senadora por Huelva. No había muchos contactos con Ferraz ni con el grupo en el Congreso, pero estas veteranas dirigentes quedaban a comer al menos una vez al mes en unos encuentros en los que se hizo famoso el restaurante mexicano Entre Suspiro y Suspiro, sito cerca de la Cámara Alta, aunque no porque su nombre rememorara el estado de ánimo de los socialistas en la oposición sino, según aseguran las convocadas, por el gusto de su comida. Ni Granados, ni Martín ni Ballester mantuvieron sus escaños en las siguientes elecciones, requeridas para otras tareas por sus federaciones de origen, en las que, además, el PP superó en número de senadoras al PSOE por primera vez. El nuevo *lobby* femenino que asaltará la sala de máquinas del partido en poco más de cuatro años tenía a sus madrinas en otros despachos.

Tanto Micaela Navarro como María Teresa Fernández de la Vega resultarán claves para el futuro de las socialistas tras la llegada de Rodríguez Zapatero al poder. En esta legislatura, hasta las elecciones de 2000 y la dimisión de Almunia, no podrán dar grandes pasos dado el caos en que se mueve el partido, pero las posiciones que habrán conquistado resultarán tan firmes que el nuevo líder se encontrará con un escenario y unas herramientas inmejorables para erigir su bandera feminista. «Y si no lo tenía claro antes, para eso estaba ahí Micaela», apuntala una senadora que no pretende saber si fue antes el huevo o la gallina.

En medio de la agitada travesía del desierto de los socialistas, los esfuerzos de Almunia por airear las estructuras de poder del partido y dejar espacio a nuevos dirigentes apenas se fijaron en la retina de la opinión pública, pero desbrozaron buena parte del camino que luego abrió la puerta a Zapatero y su joven equipo. El ex secretario general llegó a renovar nada menos que el 85 por ciento de las listas electorales a las municipales que siguieron al fracaso en las generales, las de 1999.

También el 70 por ciento de los números uno en las capitales de provincia eran nuevos. En cuanto a la cuota femenina, Almunia no tuvo que ser llamado al orden. A pesar de la habitual resistencia de las organizaciones locales, el 45 por ciento de todas las candidaturas eran mujeres. «La complicidad de Joaquín y Ciprià para que se cumpliese la cuota fue fundamental», corrobora Micaela Navarro, quien desde su despacho de Ferraz y como miembro de la comisión federal de listas revisó todo el proceso.

En cuanto a las candidaturas para las generales de 2000, Almunia no sólo obligó a cumplir escrupulosamente la paridad 40-60, sino que la ubicación de las mujeres en las listas hizo que en el nuevo grupo parlamentario el 37,60 por ciento fueran diputadas.

Se quedó a menos de tres puntos del 40 que hubiera formalizado una paridad real. Tras esa cifra estaban mujeres tan relevantes para los acontecimientos posteriores como Carme Chacón, Leire Pajín o Amparo Valcarce.

Los puntos que le faltaron para ganar a Aznar y salvar la cara ante su partido, sin embargo, fueron bastantes más. El PP consiguió una inesperada mayoría absoluta y Joaquín Almunia presentaba su dimisión irrevocable la misma noche electoral. En ese momento se iniciaba un intenso periodo en el que las mujeres del PSOE estaban a punto de escalar los últimos peldaños de la escalera.

6

Llega Zapatero:

el *lobby* se instala en Ferraz

José Luis Rodríguez Zapatero no dedicó una sola frase de la larga intervención en que confirmó que se postulaba como candidato a la Secretaría General del PSOE a las mujeres. Ni a su situación como colectivo desfavorecido en la sociedad española, ni a su presencia en la estructura orgánica del partido. Era el 25 de junio del año 2000. En el Hostal San Marcos de León el líder de aquel grupo autodenominado Nueva Vía, que había nacido apenas un par de meses antes, había convocado a la prensa para desvelar la gran incógnita en torno a los movimientos de su grupo y a sus intenciones personales de cara al 35 congreso del PSOE, convocado para tres semanas después.

En una rueda de prensa multitudinaria confirmó su candidatura. «Desde la lealtad, desde la convicción y la pasión por mis ideales, con humildad pero con resolución, estoy dispuesto a entregar lo mejor de mí mismo para dirigir al PSOE en una nueva etapa.»[1] Habló de que a la hora de tomar la decisión había pensado en la memoria de Pablo Iglesias, de Prieto, de Besteiro, de Ramón

---

[1] Discurso de postulación como candidato. León, 25 de junio de 2000.

Rubial, de Felipe González… y que en el estímulo y motivación de la misma estaba construir una sociedad que, entre otras cosas, no fuera racista ni xenófoba. «Me estimula dar respuestas oportunas para que nuestro país se ponga prioritariamente al servicio de la formación y de una nueva vida laboral digna para los más jóvenes. Me compromete trabajar para que los padres de hoy puedan dedicar tiempo a la educación de sus hijos y el cuidado de sus mayores. Me apasiona trabajar para que la cultura y los creadores sean los referentes básicos de nuestra sociedad y desplacen a quienes sólo piensan en los movimientos de capitales y en actitudes efímeras y superficiales»[2], señaló.

Inmigrantes, jóvenes, niños, ancianos, artistas… Habló de casi todos, y de la necesidad de un nuevo proyecto para España, de mejorar la educación, la justicia y la democracia. Y de ilusionar a su partido con él. Allí estaban ya buena parte de las señas de identidad del futuro líder, pero ni una línea que pudiera considerarse un atisbo de la batalla feminista que, una vez en el poder, lo ha identificado. Sólo hubo una referencia a una mujer en su intervención cuando disertó sobre la necesidad de mejorar la educación y dignificar el papel social del maestro. «Por todo ello, María Zambrano nos ha explicado el papel señero que el Partido Socialista aportó a nuestra cultura, ya que introdujo en España un sentimiento de disciplina y una preparación por la eficacia.»[3]

Un mes más tarde, ante los casi mil delegados de su partido, cuando se jugaba su voto, ya introdujo en su discurso como candidato unas líneas reivindicando mejoras para la mujer: «Tiene que haber un proceso sin duda de mayor igualdad entre géneros en España. Hemos avanzado mucho, pero queda mucho terreno por avanzar en el ámbito político, en el ámbito social, en el ámbito cul-

---

[2] Discurso de postulación como candidato. León, 25 de junio de 2000.

[3] Discurso de postulación como candidato. León, 25 de junio de 2000.

tural, en el ámbito científico.»[4] Pronunció, además, expresamente la palabra clave y pidió «más paridad, más participación». E hizo suya una vieja reclamación de todas las socialistas: «Y desde luego creo que es irrenunciable el cuarto supuesto de interrupción voluntaria del embarazo para este Partido.» Tres frases en un discurso de más de media hora. Ya era algo.

Sin embargo, el papel real de las mujeres en su alumbramiento como candidato a secretario general del PSOE había sido fundamental. Mucho más que en cualquier otra operación de asalto a alguna estructura de poder del partido, al margen de las puramente relacionadas con la Secretaría de Participación de la Mujer.

De hecho, fue una mujer la que antes que él dio a conocer al público el germen del proyecto de Nueva Vía, cuando aún no tenía ese nombre, y la que influyó decisivamente para que este grupo se formara con él como jefe: Trinidad Jiménez. Incluso uno de los que participaron en los primeros encuentros del grupo, Xavier Roig, periodista catalán y asesor primero de Maragall y luego de Almunia en sus respectivas campañas electorales, apellidó «Operación Trinidad» uno de los documentos que manejaron sobre la estrategia a seguir de cara al congreso.

Trini, Chacón, Rumí y Leire: las primeras mujeres de Nueva Vía

«Zapatero eso no lo va a olvidar nunca», explica un alto cargo de Moncloa con acceso al Presidente. El 17 de marzo, una desconocida Trinidad Jiménez publicaba en el diario *El País* un artículo titulado «La renovación necesaria» en el que llamaba a un recambio de personas, estrategias y proyectos dentro del PSOE: «La

[4] Discurso como candidato en el 35 congreso. Madrid, 25 de julio de 2000.

nueva sociedad española reclama nuevas formas de hacer política»[5], decía en lo que llegó a considerarse posteriormente el primer manifiesto de Nueva Vía.

Trinidad Jiménez trabajaba en Ferraz, no llegaba a los cuarenta años y era la sobrina del jefe de la Fiscalía Anticorrupción, Carlos Jiménez Villarejo. Su padre, José, también había sido magistrado del Tribunal Supremo y su familia estaba llena de juristas. Había estado casada con un diplomático con el que había viajado por muchos países, además de haber vivido dos años en Guinea Ecuatorial antes de separarse, y ya en Madrid, incorporarse al PSOE donde trabajaba con Raimon Obiols en la Secretaría de Relaciones Internacionales. Total, otra «ilustrada», como las descalificaban las guerristas. O, mejor dicho, una «pija», como rápidamente fue conocida en los circuitos del feminismo socialista después del congreso, cuando se dio a conocer su atractiva imagen con esa larga melena que tanto ha dado que hablar posteriormente.

Jiménez fue una de las reclutadoras del grupo y en su pequeño apartamento tuvo lugar el famoso desayuno con *croissants* en el que Zapatero, Sevilla, Caldera y el también diputado catalán Germá Bel, además de la propia Trini y su compañera en el departamento de Internacional de Ferraz, María Irigoyen, urdieron formar un grupo de reflexión y acción para el próximo congreso del partido. Fue el 4 de abril de 2000.

Trini nunca había tenido cargo orgánico en el PSOE aunque estaba afiliada, primero a las Juventudes y luego al partido, desde 1983, pero tenía una importante baza a su favor. No eran los contactos que pudo haber hecho cuando, desde el extranjero, trabajó para el Ministerio de Asuntos Exteriores como coordinadora del Gabinete del Secretario General de la Comisión Nacional para el V Centenario del Descubrimiento de América, ni gracias a algún

---

[5] *El País*, 17 de marzo de 2000.

otro puesto que consiguiera a través de algunos programas de cooperación, no. Su as se llamaba nada menos que Felipe González.

Para Trinidad Jiménez, el fracaso electoral del PSOE en 1996 le abrió unas puertas inesperadas. El ex presidente González centró su actividad, tras abandonar La Moncloa, en el ámbito internacional y en la presidencia de la Comisión Progreso Global, de la Internacional Socialista. Jiménez es designada en 1997 para asesorarle y conectó inmejorablemente con él. Se inició entonces una relación que posteriormente sería fundamental para que el líder de Nueva Vía tuviera acceso a Felipe González, algo que para alguien que cuidaba tanto sus pasos como José Luis Rodríguez Zapatero se revelaba crucial. Su encuentro político parecía, pues, predestinado, pero requirió de un par de «celestinas».

Aunque lo conocía de vista dado que formaba parte de la ejecutiva federal, Trinidad Jiménez no había intercambiado con él una palabra. Fue Carlos Solchaga, el ex ministro, quien los presentó. Unos días después de la publicación del artículo en *El País* se reunía el comité federal. Solchaga y Trini charlaban en la cafetería de Ferraz cuando apareció el leonés. «¿Conoces a Zapatero?» Y empezaron a hablar. Fue su primera conversación. Otro ex ministro terminaría de unir los destinos de Trinidad y el futuro líder socialista. Joaquín Almunia, preguntado por la entonces simple funcionaria del partido sobre el proyecto de renovación sobre el que había elucubrado en el famoso artículo, le dijo: «Uno de los imprescindibles con los que debes hablar es Rodríguez Zapatero.» Nueva Vía comenzaba a andar.

Jiménez no jugó entonces, ni después, papel alguno en la construcción de un nuevo trampolín para las mujeres del PSOE, pero su indiscutido lugar al lado de Zapatero le confiere una categoría especial que nadie duda. A pesar de que su actual puesto como concejala de la oposición en el Ayuntamiento de Madrid no le permite muchas posibilidades de lucimiento político —sobre todo teniendo a Alberto Ruiz-Gallardón en la alcaldía—, el secretario general ha vuelto a contar con ella en la formación de la última comisión ejecutiva federal, devolviéndole la responsabilidad de las Relaciones Internacionales, movimiento que apunta a un posible retorno a la política nacional.

A pesar de la distancia que separa a la actual concejala madrileña de las mujeres del aparato socialista, en sus primeros pasos para componer el germen de Nueva Vía reclutó un nombre femenino con una relevancia singular: Isabel Martínez. Esta periodista, bien conectada con el aparato del partido en Andalucía —su marido ha sido jefe de prensa de Gaspar Zarrías—, vino de Jaén con Micaela Navarro para ser su número dos en la Secretaría de Participación de la Mujer, pero su relación con ella era más profunda, ya que compartían piso en Madrid además de las muchas horas de trabajo en Ferraz. Martínez acudió a la llamada de Trini, al igual que algún otro «funcionario» del partido, y estuvo presente en algunas de las primeras reuniones.

A pesar de la inicial reserva de Micaela Navarro con Zapatero, después de que éste ganara el congreso, las buenas relaciones de su segunda con el nuevo líder y su equipo facilitarán el pronto entendimiento entre ambos. Otras mujeres, también relevantes para los pasos posteriores, hicieron su aparición en las cercanías de Zapatero mientras se fraguaba su candidatura. Así, Carme Chacón, con menos de treinta años y que se acababa de estrenar como diputada, pronto sustituyó a Germá Bel en el círculo de cercanos que el futuro líder se estaba edificando dentro de la categoría de «catalanes». Chacón era primera teniente de alcalde del Ayuntamiento de Esplugues de Llobregat, localidad del Baix Llobregat, una de las federaciones con más peso del PSC. De ella procede José Montilla, actual ministro, primer secretario del partido y mentor político de la propia Chacón, a instancias del que había llegado al Congreso de los Diputados. A pesar de su juventud, su peso político en la organización que lidera Pasqual Maragall era más que suficiente como para servir de puente con una de las organizaciones territoriales que, posteriormente, resultó cardinal para su triunfo en el 35 congreso.

Chacón, sin embargo, no conectó con Zapatero básicamente por su peso en la organización catalana. De hecho, hace tiempo que en el partido del ministro Montilla dicen de ella que es «más de Zapatero que del PSC». Por una parte, su juventud aportaba al proyecto el elemento intergeneracional que el diputado leonés quería incluir. Por otra, su solvente preparación —también es profesora de Derecho Constitucional en la universidad catalana— ponía la guinda a una seducción que fue mutua desde su primer encuentro, según han reconocido ambos.

El leonés tenía una mujer más a su lado, aunque, como les gusta decir a las socialistas que en su día se oponían a la cuota, llegada al grupo de los futuros dirigentes por impulso propio y no fruto de una búsqueda de nombres femeninos. Eso aparecería en el cuaderno de Zapatero un poco más tarde.

Dos mujeres más hay que citar en lugar destacado de la ofensiva de Nueva Vía. Una con sitio de referencia, dada su procedencia andaluza, donde Zapatero fue el enemigo a batir durante el congreso: Consuelo Rumí; la otra, con hueco singular en el *lobby* de mujeres que nació con el nuevo líder: Leire Pajín. Ambas son hoy secretarias de Estado.

Su llegada a las cercanías del Presidente fue bien distinta. Tanto como lo es su visión de la estrategia de apoyo a las mujeres.

Rumí fue una de los pocos socialistas andaluces que se separó de la disciplina de su federación y apoyó a Zapatero en lugar de a Bono. La hoy secretaria de Estado para la Inmigración y Emigración tiene una dilatada trayectoria sindical a sus espaldas antes de entrar en política. De hecho conoce a Rodríguez Zapatero cuando ella se traslada a Madrid al ser elegida miembro de la ejecutiva estatal de la Federación de Enseñanza de la UGT, de la que hasta entonces había sido secretaria general en su Almería natal, donde trabajaba como maestra. Al ser el leonés diputado en la comisión de Administraciones Públicas, Rumí había compartido con él alguna reunión para hablar de la problemática de los trabajadores públicos de la enseñanza.

Luego coincidirían en la ejecutiva federal como vocales del equipo gestado por los barones en horas de negociación nocturna en el congreso que salió elegido Almunia secretario general tras la inesperada marcha de Felipe González. La andaluza no había tenido ningún cargo en el partido hasta ese momento, aunque militaba desde 1980 y acudía al congreso como invitada. Precisamente Rumí llegó al Palacio de Congresos después de que Felipe hubiera dicho que no se presentaba a la reelección. Volvía de Praga en un avión que se retrasó de otra reunión de sindicatos de enseñanza a la que había acudido en razón de su cargo en UGT.

La hoy secretaria de Estado tenía tan lejano formar parte del equipo que asumiría la dirección que el mismo sábado volvió a Andalucía, a un pueblecito de Jaén, por un asunto familiar. A las cinco de la madrugada del domingo un delegado de Almería la llamaba después de haber tenido que utilizar a la Guardia Civil para localizarla —los móviles aún no se habían instalado en la vida cotidiana de Consuelo Rumí—. Los equilibrios de la ejecutiva precisaban de una andaluza relacionada con movimientos sociales y educación. Ella era la candidata, si no rechazaba la oferta. Tras hablar con su secretario general en UGT, Consuelo dio el sí y se puso en marcha de nuevo hacia Madrid. También durante el 35 congreso en el que resultó elegido Zapatero hubo que buscar de madrugada a Consuelo Rumí para comunicarle que el secretario general la quería en su equipo.

Durante su convivencia como miembros de la ejecutiva de Almunia no habían construido una gran relación, pero en cuanto Zapatero vio claro su proyecto habló con ella. Rumí coincidía en la necesidad de un revulsivo para el PSOE. «Tuve claro que él era ese aire fresco que el partido precisaba. Tenía justo el talante y la tranquilidad necesarios para afrontar los problemas», señala. La almeriense era clave para lograr abrir alguna brecha en la poderosa federación andaluza y tras su coincidencia comenzó a moverse para lograrle apoyos.

La experiencia que consiguió durante la etapa de Almunia, ya que estuvo adscrita a la Secretaría de Organización, con Ciprià

Ciscar, la ayudó a manejarse en la difícil labor de abrir huecos en el aparato andaluz, aparentemente unido junto a Chaves con Bono. Fueron pocos, ciertamente, pero significativos. Con ella lucharon Pepe Asenjo y Antonio Cuevas, mientras Micaela Navarro se mantuvo fiel al presidente andaluz, a quien debía el despacho que ocupaba en Ferraz en ese momento.

Leire Pajín, con sus veintitrés años recién cumplidos, conoció a Zapatero ya en el Congreso, donde en la sesión inaugural de la legislatura se sentó en la «Mesa de edad» como la diputada más joven del hemiciclo. El aspirante a secretario general pasó por esa misma experiencia cuando debutó en el Congreso y se acercó a saludarla. Su primera conversación giró en torno a la edad y la experiencia.

La donostiarra de nacimiento, como su familia materna, aunque «alicantina» desde los ocho años, sabía ya algo de él porque su padre, concejal del Ayuntamiento de Benidorm y secretario de la agrupación local, es de León y mantiene familia en la provincia que milita en el partido.

El inicio de la legislatura para los diputados socialistas que estrenaban escaño no había podido ser más desalentador: tras la bicefalia y los intentos de Almunia por levantar cabeza, el PP conseguía mayoría absoluta. «Los primeros meses fueron muy difíciles. Había mucha apatía en la gente e, incluso, lo reflejábamos no sólo en las caras, sino en la forma de vestir», recuerda otra de esas jóvenes diputadas que crecerá políticamente al lado de Zapatero y su equipo, Rosa Peris. «Otra compañera diputada me hizo ver algo totalmente cierto: que nosotras vestíamos mucho más grises y aburridas que las del PP, que naturalmente estaban más contentas», añade ya risueña la actual directora del Instituto de la Mujer.

En ese ambiente la activa Pajín, con la que además había contactado Jordi Sevilla, de su misma federación valenciana, acude esperanzada a las reuniones de diputados que convoca Zapatero. Éstas tienen lugar en el hotel Green Prado, cercano al Congreso, donde suele pernoctar el leonés en Madrid los días de sesión plenaria.

Por entonces Leire ya había conectado con otras dos diputadas jóvenes que estrenaban escaño igual que ella y que en los meses posteriores constituirán uno de los núcleos del *lobby* de las «zapatistas»: Iratxe Pérez, diputada por Valladolid, y María del Carmen —*Mamen*— Sánchez, diputada por Cádiz. Se habían conocido en el hotel donde habían iniciado su vida madrileña de parlamentarias.

Ya habían salido alguna vez a tomar una copa y a conocer la ciudad cuando Leire y Mamen, dudosas todavía ambas de los pasos de acercamiento que estaban dando hacia Nueva Vía, se disculpan mutuamente por no quedar una noche. «No, no puedo, es que tengo una reunión.» «Yo tampoco, ya quedamos otro día», se dicen. A las pocas horas coinciden en el Prado, aunque a Leire la había convocado Jordi Sevilla y a Mamen Jesús Caldera. Desde entonces su relación se acrecentaría y terminarían siendo muy buenas amigas.

35 congreso: insólita paridad entre los candidatos

Embarcado, pues, en la apuesta por conseguir la Secretaría General, el reciente equipo creado en torno al diputado leonés llega al 35 congreso con escasas posibilidades de victoria dado el reparto de apoyos que aupaba, en principio sin dudas, a José Bono. Era la primera vez que se juntaban cuatro candidatos para optar a la cúpula de la dirección y, para asombro de muchos, dos de ellos eran mujeres. La escena podría parecer un adelanto de la democracia paritaria impuesta tiempo después. Sin embargo, las candidaturas de Matilde Fernández y Rosa Díez respondían a muy distintas motivaciones, todas alejadas de la condición femenina de ambas.

La ex ministra de Asuntos Sociales era la opción del sector guerrista, crecido tras el desastre de la etapa Almunia y liderado por el propio Guerra, incombustible en la dirección de sus naves, y Juan Carlos Rodríguez Ibarra, el presidente extremeño, principal baluarte del grupo con poder institucional.

Rosa Díez, por su parte, se representaba poco menos que a sí misma y a un difuso proyecto de renovación de caras y formas de actuar dentro del partido que tenía parte de su origen en el problemático encaje de la eurodiputada en el aparato del Partido Socialista de Euskadi y en los buenos resultados cosechados por ella en las últimas elecciones europeas, que habían venido a animar sus aspiraciones.

Matilde Fernández, que asumió ser candidata fruto de su firme concepto de la disciplina, se sabía perdedora, igual que sabía que, antes que ella —Alfonso Guerra se lo había venido anunciando—, habían renunciando a presentarse el propio ex vicesecretario general, José Borrell, a quien los guerristas cortejaron como posible candidato de un ala izquierda más amplio, y Juan Carlos Rodríguez Ibarra.

La ex ministra, bregada durante años en la pelea política y también en la lucha de las mujeres, fue muy clara cuando aceptó ante los principales dirigentes del guerrismo ir al 35 congreso como candidata: «Tengo que sacar la conclusión de que en este grupo no hay hombres que estén dispuestos a ir a perder y, como es una batalla para perder y será dura, sí vale una mujer.»[6]

Todavía hubo en este congreso un intento de quien llevaba años protagonizando particulares escaramuzas en nombre de las mujeres para conseguir mejorar posiciones. La ex ministra de Asuntos Sociales y presidenta de la Federación Socialista Madrileña desde octubre de 1997, Cristina Alberdi, que además era parte de la comisión gestora formada tras la dimisión de Almunia, intentó postularse. En unas declaraciones a la prensa aseguró que «me lo ha pedido mucha gente», sobre todo mujeres, ya que como casi

---

[6] Gonzalo López Alba, *op. cit.*.

toda la actuación política de Alberdi dentro del PSOE, su candidatura la planteó en clave feminista. Añadió que Rosa Díez, la única que había hecho oficial su presentación hasta ese día —12 de mayo— «no se ha caracterizado nunca por mantener un compromiso firme con las mujeres».

La intentona le duró apenas veinticuatro horas. Miembros de la comisión gestora la llamaron para que dimitiera de la misma si pretendía optar a la Secretaría General, ya que ambos puestos eran incompatibles, si no estatutariamente, sí políticamente. Aunque se resistió unas cuantas horas, por fin optó por mantenerse en la gestora. La propia Alberdi despacha el asunto con dos frases en sus memorias: «Yo misma llegué a postularme. Chaves me hizo ver que era incompatible con ser miembro de la gestora y rectifiqué rápidamente.»[7]

Llegado el gran día, las mujeres socialistas, como tales, no tenían un candidato propio. Además, como hasta que no resultase elegido el secretario general no se votaría al equipo con el que iba a contar, tampoco era fácil vislumbrar cuál de los cuatro aspirantes podía llevar en sus alforjas una mayor carga de feminismo. El asunto carecía de importancia ante lo que se dirimía aquel domingo de julio. Sólo el anecdótico episodio de Alberdi ocupó algún espacio en los comentarios «femeninos» previos al cónclave.

Rodríguez Zapatero logró dar el golpe. La certeza de que José Bono tenía en su mano la victoria, el inesperado giro de las huestes guerristas para impedirlo y, sobre todo, la libertad individual de sufragio que los socialistas habían aprobado en sus últimos congresos, puso a sus pies al partido aunque fuera por nueve contados votos.

Muchos de los delegados y una mayoría de los periodistas presentes, como luego escribieron en sus medios, señalaron que el fondo y la forma del discurso de Zapatero, quien además contó

---

[7] Cristina Alberdi, *op.cit.*

con la suerte añadida de ser el último en intervenir —el orden se decidió por sorteo—, tuvieron buena parte de culpa en su victoria.

Matilde Fernández, que escuchaba a Zapatero sentada junto a Alfonso Guerra, le añadió a su mentor, nada más terminar y antes de saberse los resultados, un dato que quizá sólo una mujer como ella podía haber detectado: «Alfonso, éste gana.» «Lo vi claro porque había hecho un discurso "muy femenino", hablando de las cosas que importan, de los niños, de los mayores, con mucha sensibilidad, inusual en un dirigente masculino. Y eso, llega», explica ahora.

¿Es esa sensibilidad la que, una vez instalado en su despacho de la planta noble de Ferraz, le encamina a imponer la democracia paritaria? Las mujeres que le acompañaron en ese destino no se atreven a asegurar el origen, pero todas comparten la opinión de que el secretario general del PSOE se ha revelado un feminista convencido.

En su discurso de clausura del 35 congreso, ya investido secretario general, sí dedicó unos minutos a hablar de la situación de las mujeres y de lo que quería cambiar al respecto. «He visto, como habéis visto todos vosotros en el transcurso de vuestra vida, cómo ha cambiado el papel de la mujer en España. En 20 o 25 años se ha incorporado a la vida laboral de una manera espectacular. Entre tanto, desde lo público no hemos sido capaces de ayudar lo suficiente a las mujeres en ese cambio tan importante. Ellas han pagado el coste de su incorporación al mercado de trabajo con una doble jornada, con la angustia de tener que asumir los roles tradicionales y los nuevos, sin más apoyo de los poderes públicos que unas tímidas y bien intencionadas exhortaciones a la solidaridad entre los géneros.»[8] Luego siguió hablando de jóvenes, de educación, de los mayores, de cambios tecnológicos, de reformas institu-

---

[8] Discurso de clausura del 35 congreso del PSOE. Madrid, 25 de julio de 2000.

cionales y democráticas… «Compañeros y compañeras: esto no es retórica, es socialismo.»[9]

En el siempre difícil encaje de la ejecutiva Zapatero contó con las mujeres claves que habían hecho el camino junto a él. Trinidad Jiménez se convertía en la secretaria de Relaciones Internacionales; Consuelo Rumí en la de Ocupación, Políticas Sociales e Inmigración; Carme Chacón en la de Educación, Universidad, Cultura e Investigación, y la joven Leire Pajín se hacía cargo de la de Relaciones con las ONG y los movimientos sociales.

Pero no eran las únicas féminas en su comisión ejecutiva. La prueba de que en Nueva Vía no existía una motivación feminista es que la Secretaría de Participación de la Mujer, que cambiaba su nombre por el políticamente más correcto de Igualdad, se mantuvo en manos de Micaela Navarro, una dirigente que, aunque no había hecho campaña por Bono, no se había salido de la postura oficial de la federación andaluza. «Yo respetaba que formaba parte de la federación que apoyaba a Bono, aunque si alguien me preguntaba yo le decía que veía a Zapatero», afirma. Otro dirigente andaluz que sí apostó por el nuevo secretario general desde el principio señala, por el contrario, la conocida prudencia de Navarro para afirmar que su posición fue bastante equidistante. «Si se lo decía a alguien, sería bastante en la intimidad», ironiza.

Micaela, a pesar de todo, logró continuar en la ejecutiva, y en su mismo puesto, gracias a Chaves. Es la primera responsable del área femenina del PSOE que repite mandato, algo que para muchas dirigentes explica la fuerza que llegó a alcanzar en la dirección. El presidente andaluz también coloca a otra de su confianza en las secretarías con área, Isabel Pozuelo. Se trata de una dirigente de su generación, con larga trayectoria en el PSOE sevillano como concejala en dos municipios de la provincia, Camas y Valencina, y

9 Discurso de clausura del 35 congreso del PSOE. Madrid, 25 de julio de 2000.

como vicepresidenta en la Diputación Provincial, además de amiga personal del presidente andaluz y diputada en Madrid en ese momento. Pozuelo se hace cargo de un departamento nuevo que Zapatero había prometido crear si ganaba; el de Consumidores y Usuarios.

A las dos andaluzas habría que añadir a Cristina Narbona, quien entra en la ejecutiva como miembro de la corriente Iniciativa por el Cambio, creada por los dispersos «borrellistas» tras la dimisión de éste como candidato a la Presidencia del Gobierno. Narbona, pareja de Borrell desde hace años, ya negoció con Zapatero, antes del congreso, la asunción de algunos de sus planteamientos. Dado que los seguidores del ex ministro no presentaban candidato propio, intentaron negociar con todos y fue con el líder de Nueva Vía con quien llegaron a conectar en los últimos compases previos al cónclave, a pesar de que, en los primeros momentos, hubo conversaciones con el guerrismo en un intento por conseguir una alianza de fuerzas «más a la izquierda».

La hoy ministra de Medio Ambiente, sin embargo, tenía un plus de confianza personal con Zapatero, ya que el mismo Borrell intentó la noche negociadora que el nuevo secretario general incluyera a otro hombre de su confianza, Luis Yáñez, en la ejecutiva, y no lo consiguió.

A las secretarías sin cartera se incorporaban otras tres mujeres: Basilia Sanz, la última de la «cuota andaluza», teniente de alcalde del Ayuntamiento sevillano de Dos Hermanas; Leonor —Lentxu— Rubial, hija del histórico presidente del partido, Ramón Rubial, y dirigente de Euskadi, y Gloria Calero, último nombre que consiguió incluir la federación valenciana, que no reconoce como cuota propia ni a Jordi Sevilla, que ha hecho escasa vida orgánica en ella, ni a Leire Pajín, que todavía milita en las Juventudes.

Zapatero aterriza en Ferraz con una maleta cargada de ilusión y un equipo formado básicamente por jóvenes novatos. Fuera le vigilan los pesos pesados del partido, los barones, a los que ha logrado vencer pero que piensan someterle a un estrecho seguimiento. Se ganará el sobrenombre de *Bambi* por la escasa contundencia de su pegada al PP y por la bisoñez que trasluce su gestión. El tiempo, sin embargo, dará la razón a sus formas y a su talante.

De Angélica a Gertru, las menos conocidas al lado del jefe

En la sede federal su equipo se instala y vive los primeros encontronazos por administrar la influencia sobre el líder. Las mujeres del mismo libran su propia batalla, pero buena parte de ellas conectan y consiguen que Zapatero las deje acercarse. El nuevo líder completa su dispositivo con otras tres mujeres apenas conocidas que, en estos años, han conseguido convertirse en sus fieles y, tras el triunfo del 14 de marzo, todas trabajan en Moncloa.

Angélica Rubio era periodista de la Cadena Ser en León. Zapatero la conocía desde hacía diez años y su relación se había intensificado desde que el diputado iniciara su camino hacia el puesto que dejara libre Felipe González. «Hablábamos mucho de política», recuerda hoy desde su despacho de directora general.

La directora de informativos de Radio León vivió el 35 congreso trabajando para su cadena y compartiendo, a ratos, la zozobra del candidato como una más de su equipo. La noche del viernes, cuando éste cenaba con el secretario de Organización del PSOE leonés, José Giménez, y su futuro sustituto, Miguel Martínez, Angélica Rubio llegó a los postres con otro compañero de la Cadena Ser, el entonces jefe de informativos, Antonio García Ferreras. Fue ella quien informó a Zapatero de que, según sus datos en ese momento, Bono iba a ganar y que Andalucía tenía todo muy atado, según cuenta Óscar Campillo, director de *El Mundo de Castilla y León*, en su ya citado libro, la única biografía escrita sobre Zapatero hasta el momento.

Cuando tan agoreras previsiones no se cumplieron, el secretario general la llamó para convertirla en su asesora y asistente personal. El principal encargo de acompañarle a todos sus viajes y atender, preferentemente a los medios locales, la ha preservado hasta ahora de los focos de los medios nacionales y, a la vez, ha cimentado la relación con el dirigente.

Aunque prefiere definirse como una más del equipo técnico al servicio de Zapatero, la periodista rompió su virginidad política poco antes de las elecciones generales a consecuencia de uno de los sucesos más dramáticos vividos por el PSOE en los últimos tiempos: la pérdida de la Comunidad de Madrid por la traición de los diputados socialistas Tamayo y Sáez. «Me sublevó tanto aquello que decidí pedir el carné del partido», explica. Tras la victoria electoral ha sido nombrada directora general de Coordinación Informativa de Moncloa, aunque con una función principal de asistencia al Presidente, al que continúa siguiendo en todos sus desplazamientos. Su puesto sigue estando a la vera del líder.

Isabel Martínez, la jienense que se embarcó en el flete de Nueva Vía, abandona a su jefa y amiga, Micaela Navarro, y pasa a una mesa de trabajo mucho más cerca de Zapatero, ubicada en su mismo gabinete. Se le encargó llevar las relaciones con los movimientos sociales. Durante un tiempo siguió viviendo con Micaela, lo que ayudó a que ésta tuviera más fácil acceder al nuevo jefe, pero posteriormente apostó por quedarse definitivamente en Madrid y se compró un piso en la capital. ¿A quién? A la otra funcionaria de Ferraz que la metió en el lío de Nueva Vía, Trinidad Jiménez, que ya no vive en el apartamento donde tuvo lugar el famoso desayuno de los *croissants*. Ahora, este emblemático piso para la intrahistoria del PSOE es de Isabel. Estas interrelaciones entre las mujeres cercanas a Zapatero tendrán también su responsabilidad en los movimientos que dibujarán su futura corte.

La última de este trío de fichajes, aunque no por ello la menos relevante, es Gertrudis Alcázar, *Gertru*, su secretaria, que quienes la conocen no dudan en equiparar, en sapiencia e influencia, a Pilar Navarro, la *Piluca* de Felipe González, que todo el PSOE sabía era la antesala imprescindible de franquear antes de pretender acercarse al líder. Al igual que Piluca, Gertru ha pasado con Zapatero de

Ferraz a Moncloa. Aunque es unos años más joven que su jefe, lleva trabajando en la sede federal desde 1988 al servicio de distintos dirigentes.

Lo hizo primero con Ludolfo Paramio, cuando éste era secretario de Formación de la ejecutiva y Txiqui Benegas controlaba la organización. Posteriormente, su reconocida intuición política la hizo ascender a la planta noble cuando Joaquín Almunia accedió a la Secretaría General. Siendo éste el número uno del partido, Gertru ejerció de segunda de la secretaria habitual del hoy comisario europeo, Concha, quien tras su dimisión abandonó Ferraz con él.

Gertrudis Alcázar mantuvo su puesto con Chaves como líder interino mientras presidía la gestora que debía organizar el 35 congreso. Nada más llegar Zapatero a su despacho tuvo varias opiniones a favor de que siguiera contando con ella, entre las que destacaba una, la de su jefe de gabinete José Andrés Torres Mora, con quien había compartido espacio de trabajo en la secretaría de Paramio. Torres Mora le aseguro a su jefe y amigo que Gertru era la persona que necesitaba para su antedespacho.

Quienes la conocen aseguran que supera a Piluca y Concha en visión política, no en vano ha sido militante antes que secretaria, e iguala en discreción a sus predecesoras. Un dato lo avala: Gertrudis Alcázar militaba en la FSM hasta que pasó a ser la secretaria del secretario general. Entonces decidió trasladar su carné a su pueblo de origen, Daimiel, alejado de la influencia de la sede federal. «No se puede militar con libertad si estás en un puesto tan sensible al lado del líder», aseguran que argumentó a sus amigos.

Aunque no nombrada inmediatamente, otra mujer con años a sus espaldas de trabajo en Ferraz logró hacerse un hueco en la confianza del nuevo secretario general. Ángeles Puerta, periodista, llevaba formando parte de los equipos electorales del partido desde la mítica campaña de 1982. Dirigió el departamento de Comunicación de Ferraz durante los años en que éste estaba bajo el control de Benegas y, aunque también asesoró en su día a Enrique Tierno Galván y Fernando González Laxe, se la considera próxima al guerrismo. Ella estuvo en los comités electorales federales de las municipales, autonómicas y europeas del 87, europeas del 89, municipales y autonómicas del 91 y generales del 93. Con la llegada de Ciscar a Organización, en el 33 congreso, fue relegada de la cabina de mandos aunque siguió trabajando en el partido. Se la destinó a dirigir *El Socialista*, la histórica cabecera del partido que entonces se publicaba mensualmente.

Su perfil profesional y su capacidad de trabajo, sin embargo, llevaron a Alfredo Pérez Rubalcaba a rescatarla y seguir contando con ella cuando, en el 34 congreso, fue nombrado secretario de Relaciones con los Medios dentro del equipo de Joaquín Almunia. Rubalcaba la puso a su lado como coordinadora de la Secretaría. Puerta recuperó espacio e influencia y durante este tiempo logró una especial complicidad con el ex ministro.

Tras la llegada de Zapatero a la quinta planta de Ferraz, aunque Rubalcaba ya no figuraba en la ejecutiva seguía ocupando un lugar de relieve entre su equipo de mayor confianza para disgusto y celos de más de uno. Para su segunda durante los últimos años, el nuevo secretario general también tenía tarea: le encomendó crear un «observatorio de medios de comunicación» que analizase cómo evolucionaban éstos y las noticias políticamente sensibles para el PSOE ahora que estaba en la oposición. Ángeles volvía así a estar en primera línea.

Su experiencia electoral y su sentido de la organización fueron muy bien valorados por Zapatero durante este tiempo y, según se acercaban las generales, quiso tenerla más cerca y la nombró coordinadora de su campaña personal de las elecciones del 14 de marzo. Después del éxito también se ha trasladado al complejo monclovita, aunque no junto al Presidente, sino al lado de la vicepresidenta, de quien es su directora de Comunicación.

Cuando la nueva ejecutiva llegó un lunes de julio a ocupar sus despachos en la sede federal, la disposición de éstos convirtió la tercera planta en la más femenina que se había visto en la sede federal. Sólo Jordi Sevilla, secretario de Economía, aparecía dentro de su despacho como un islote entre tanta mujer. A pocos metros se sentaban la secretaria de Medio Ambiente, Cristina Narbona, la de Eduación y Cultura, Carme Chacón, la de Igualdad, Micaela Navarro, y la de Movimientos Sociales, la jovencita Leire Pajín. Además, la mayoría de ellas tenía una coordinadora también mujer y buena parte de su dispositivo de trabajo lo formaban mujeres. En el equipo de Micaela, por ejemplo, no había ni un hombre y en el de Leire solamente uno. Pronto, la andaluza y la alicantina conectaron personalmente.

El Congreso, El Borsalino y María Teresa

Paralelamente, en el Congreso de los Diputados se iniciaba una nueva etapa. Aunque la dirección del partido surgida del 35 congreso no había participado en la elección de este grupo parlamentario, supo sacarle jugo gracias, en parte, a la importante renovación de escaños que Almunia y Ciscar habían impulsado. Zapatero puso a su mano derecha, Jesús Caldera, al frente de sus diputados pero mantuvo a Teresa Fernández de la Vega como secretaria general en una hábil combinación de «nuevos» y «viejos» que volverá a utilizar en unos años cuando tenga que confeccionar su primer Gobierno.

El mantenimiento de Fernández de la Vega como número tres del grupo parlamentario fue crucial para un puñado de diputadas jóvenes que, bajo su impulso, asomarían la cabeza y llegarían a formar parte de ese núcleo de mujeres que hoy por hoy forman el tejido femenino de las socialistas en el poder. Entre ellas estaba la propia Leire Pajín y también Iratxe García y Mamen Sánchez, que ya habían coincidido en alguna de las reuniones de diputados de Nueva Vía y, por tanto, se reconocían del mismo barco. Sin embargo, la complicidad entre ellas había nacido previamente por cuestiones mucho más pegadas al terreno, como las que Matilde Fernández reconoció en el discurso de Zapatero ante el Congreso como «femeninas».

Durante la primera legislatura de
Zapatero como líder de la oposición,
María Teresa Fernández de la Vega,
futura vicepresidenta, se fue ganando
su confianza y la de Jesús Caldera,
con quien trabajó codo con codo en la
dirección del grupo parlamentario.
(Kike Para/*El Mundo*.)

Micaela Navarro, secretaria de Igualdad de la ejecutiva federal del PSOE, aunque impuesta por Chaves en un principio, logró infiltrarse en el grupo de mujeres de confianza de Zapatero y convertirse en la líder del *lobby* femenino que le aupó al poder. (EFE.)

Leire Pajín, la más joven de las «zapatistas», fue impuesta por el presidente del Gobierno a Miguel Ángel Moratinos como secretaria de Estado de Cooperación. Tomó posesión con veintisiete años. (Javi Martínez/*El Mundo*.)

ON DE EMBAJADORES
2004

La imposición de un Gobierno paritario forzó el nombramiento de algunas ministras, como el de la gallega Elena Espinosa, titular de Agricultura, quien «desplazó» al «ministro virtual», Fernando Moraleda —a la derecha de la foto—, antiguo dirigente de UGT y, finalmente, nombrado «número dos» del departamento. (Julián Jaén/*El Mundo*.)

ULTURA, PESCA
ACIÓN
Excma. Sra. Dª Elena ESPINOSA MANGANA
MINISTRA

ocho m
historia

Nunca tantas mujeres y tan dispuestas entraron en la historia tan de golpe. Son las siete ministras del Gobierno de nuestro país junto a la vicepresidenta María Teresa Fernández de la Vega. Un retrato para Vogue y para la posteridad. Las damas del poder. Viva la revolución.
Fotos: Alberto Heras

La famosa foto de las ocho ministras vestidas con ropa de marca, aparecida en la revista *Vogue*, fue la primera gran polémica del gabinete de Zapatero. Se gestó durante tres meses y no fue muy bien entendida en el PSOE. (Alberto Heras, *Vogue*, EFE.)

UN GOBIERNO MUY FEMENINO
De izda. a dcha., Magdalena Álvarez (Fomento), Cristina Narbona (Medio Ambiente), Carmen Calvo (Cultura), Elena Espinosa (Agricultura, Pesca y Alimentación), María Teresa Fernández de la Vega (Vicepresidenta Primera), Elena Salgado (Sanidad y Consumo), María Jesús San Segundo (Educación y Ciencia) y María Antonia Trujillo (Vivienda).
Madrid, 9 de julio de 2004.

La paridad ha comenzado a ser una «imagen de marca» de los socialistas. Manuel Chaves convierte a su gobierno, nombrado en 2004, en el primero en contar con un mayor número de consejeras que de consejeros. (*El Mundo*.)

La federación andaluza no se dejó arrebatar la Secretaría de Igualdad y la sevillana Maribel Montaño sucedió en julio de 2004 a Micaela Navarro en el primer congreso celebrado tras la victoria. (Conchitina/*El Mundo*.)

Los barones socialistas empiezan a promocionar a mujeres para ocupar los puestos que les corresponden del poder interno. Lucía Gómez, alcaldesa de Teruel, que estaba embarazada cuando se celebró el 36 congreso, y Eva Almunia, consejera del gobierno aragonés, entran en la ejecutiva federal como apuestas del presidente autonómico Marcelino Iglesias. (Fernando Moreno/*El Siglo*.)

36 PSOE
organización
PSOE
36 PSOE
invitados/as
PSOE

Matilde Valentín, ex consejera de José Bono y secretaria federal de Bienestar Social, es una de las mujeres fuertes de Ferraz en la nueva etapa. (Alberto Cuéllar/*El Mundo*.)

A ninguna les convencía vivir de hotel, algo que, por otro lado, llevaba años haciendo su nuevo líder y muchos de sus compañeros de escaño masculinos. «Es que a las mujeres no nos gusta estar solas», dice como explicación Mamen Sánchez desde su actual despacho junto a Alfredo Pérez Rubalcaba como secretaria general adjunta del grupo parlamentario. Aunque procedían de distintas provincias y acababan de conocerse la edad y la falta de compromisos familiares, como marido o hijos, estableció un vínculo personal entre ellas que tuvo sus consecuencias políticas al extenderse entre otras diputadas y consolidar un grupo que se comentaba y consultaba todo tipo de temas.

Del hotel pronto pasaron al piso alquilado y compartido. Leire e Iratxe, las más cercanas en edad —veintitrés y veinticinco años respectivamente—, se fueron a vivir juntas con Clemencia —*Clemen*— Torrado, otra diputada que, aunque ya había cumplido los cuarenta, tenía buena relación con Pajín porque era de Alicante.

Mamen Sánchez también se buscó piso con otras dos compañeras: las diputadas por Toledo, Raquel de la Cruz, y por Sevilla, Nazaria —*Zari*— Moreno. La primera acababa de cumplir los treinta y la segunda, aunque ya se acercaba a los cincuenta, se estrenaba en el hemiciclo de la Carrera de San Jerónimo y compartía la ilusión de sus compañeras más jóvenes. «Hablábamos de política las veinticuatro horas del día», asegura Mamen Sánchez. En muchas de sus conversaciones tampoco faltaría el componente feminista, ya que Zari, dentro de su larga experiencia en el PSOE andaluz, había sido secretaria de Participación de la Mujer del PSOE sevillano. No le eran, por tanto, desconocidas ni Micaela Navarro ni sus antecesoras en Ferraz.

Fernández de la Vega ya sabía cómo se desenvolvía alguna antes del 35 congreso. Iratxe se había estrenado en el pleno en mayo con una pregunta al ministro de Trabajo y Asuntos Sociales, Juan Carlos Aparicio, y había escuchado los primeros aplausos de sus compañeros de escaño.

La joven, que aunque nacida en Baracaldo era diputada por Valladolid y secretaria general de las Juventudes Socialistas de Castilla y León, no desperdició la oportunidad de hacer ver su vocación política. «¿Es que pretenden desde el Ministerio del Interior solucionar los problemas de estos inmigrantes que quieren incorporarse al mercado laboral de una forma digna? ¿Es que desde el Ministerio del Interior van a solucionar los problemas de los inmigrantes que ven peligrar su vida porque no son atendidos en la sanidad pública? ¿Es que el Ministerio del Interior va a realizar planes educativos y de formación para esta población? Señor ministro, estamos hablando de personas, de personas con una problemática social que como tal hay que abordar desde el punto de vista social»[10], le espetó sin ninguna reverencia al ministro.

Al mismo Juan Carlos Aparicio no le pasó desapercibido su empuje pero, como también les ocurriría a sus otras compañeras cuando debutaran, intentó ridiculizar el hecho de que hubiera leído su intervención. «Créame que, a veces, es interesante leer con el mismo entusiasmo la intervención que uno trae escrita, abstracta, respecto a lo que ha oído, y hacerlo con tanta firmeza y convicción como leer el Boletín Oficial del Estado.»[11]

Pajín hubo de enfrentarse a otra mujer, la ministra de Educación y Cultura, Pilar del Castillo, en su primera pregunta oral en el pleno. También se le notó el entusiasmo. «Señora ministra, la verdad es que estoy encantada de estar esta tarde aquí hablando con usted, porque tengo que decirle que estoy profundamente preocupada.»[12] Así iniciaba su intervención, que pretendía achacar al Gobierno el incumplimiento de los acuerdos de la Cumbre Europea de Lisboa en torno al acceso a internet de alumnos y profesores de la escuela pública.

---

[10] Diario de Sesiones del Congreso de los Diputados. Pleno del 24 de mayo de 2000.

[11] Diario de Sesiones del Congreso de los Diputados. Pleno del 24 de mayo de 2000.

[12] Diario de Sesiones del Congreso de los Diputados. Pleno del 28 de junio de 2000.

Del Castillo tampoco perdió la oportunidad de ironizar y menospreciar a la novata diputada. «Señoría, no se preocupe, que seguro que su preocupación se va a disipar después de que yo haya intervenido.»[13] Pero Pajín le hizo frente en su réplica, ya sin papeles que leer en la mano: «Señora ministra, siento decirle que su respuesta no me ha tranquilizado en absoluto. Pero mucho me temo que tampoco a los miles de estudiantes que le están exigiendo poder acceder a las nuevas tecnologías en las escuelas para poder vivir y trabajar en la nueva sociedad de la información (...). Francamente, ante la obviedad de los hechos, solamente me queda la esperanza de que vaya usted a los próximos consejos de ministros europeos a hacer algo más que salir en la foto de familia.»[14]

Apenas un mes después Leire Pajín entraría a formar parte de la ejecutiva federal del PSOE y se convertiría en una de las mujeres más cercanas a Zapatero. Fernández de la Vega, con la complicidad de Caldera, empezó a dar «cancha» a estas diputadas jóvenes en las sesiones de control al Gobierno. Para el portavoz socialista era una estupenda manera de que se vieran nuevas caras y se empezaran a vislumbrar los nuevos aires que traía Zapatero al partido.

Otra de las que destacó de este grupo fue Rosa Peris, hoy directora del Instituto de la Mujer. La dirección del grupo la encargó una de las preguntas incluidas en la batería con que los socialistas pretendían acosar en aquella sesión al vicepresidente y ministro de Economía, Rodrigo Rato, «tocado» políticamente por el escándalo de Gescartera.

Peris, abogada laboralista valenciana de treinta y un años, debutaba en las sesiones de control aquel 28 de noviembre de 2001. Rato no estaba cómodo porque varias socialistas le habían hecho

---

[13] Diario de Sesiones del Congreso de los Diputados. Pleno del 28 de junio de 2000.

[14] Diario de Sesiones del Congreso de los Diputados. Pleno del 28 de junio de 2000.

ya preguntas relacionadas con la Comisión Nacional del Mercado de Valores, el banco HSBC y su posible dejación de funciones en torno a la quiebra de la sociedad inversora de Antonio Camacho. Y todas habían sido mujeres: Arantxa Mendizábal, María José López y Francisca Pleguezuelos.

A la diputada debutante le dejaron la pregunta más comprometida, la que vinculaba los intereses empresariales del ministro con Gescartera. Caldera y Fernández de la Vega le dijeron: «Te hemos puesto un Mercedes en la puerta, a ver si sabes conducirlo.» Y cogió el volante. «Señor ministro, han salido a la luz pública datos muy preocupantes que revelan su frenética actividad empresarial y los múltiples y variados intereses privados que usted tiene en sectores como el turismo, el agua, la energía o la radio. Por ello le pregunto, señor Rato: ¿Mantiene usted, como afirmó en el pleno de esta cámara, que cumple correctamente con la Ley de Incompatibilidades?»[15]

El vicepresidente llevaba tiempo en el punto de mira de los medios de comunicación desde que estallara el caso Gescartera. La semana anterior, la revista *El Siglo* había publicado una portada titulada «Empresas Rato. Amigos, socios y testaferros para 50 sociedades», en la que daba todo tipo de detalles sobre los intereses empresariales del ministro. Rato intentó mantener la compostura pero, cuando en la réplica Rosa Peris le acusó de mentir, la perdió. «Señoría, es difícil de creer que la Comisión del Estatuto del Diputado, con mayoría socialista o con mayoría del Partido Popular, haya presentado al Pleno y éste haya ratificado mi idoneidad para ser diputado con todo lo que su señoría ha dicho. Entiendo que su señoría cumple con el papel que al parecer el Grupo Socialista le ha asignado a la cuota femenina en esta sesión...» En ese momento, los escaños socialistas estallaron, especialmente los femeninos.

---

[15] Diario de Sesiones del Congreso de los Diputados. Pleno del 28 de noviembre de 2001.

«¡No eres digno de decir eso! ¡Debería darte vergüenza!», gritó Carme Chacón desde su asiento. «¡Es el colmo! ¡Qué vergüenza!», replicaba Francisca Pleguezuelos. «¡Nos sentimos ofendidas todas las mujeres de este hemiciclo!», le espetó Delia Blanco, otra de las veteranas en la defensa de los derechos de la mujer dentro del PSOE. Rato se vio forzado a disculparse: «Si la argumentación hiere la sensibilidad, no diga de toda la cámara, sino de alguna parte de ella, no tengo ningún inconveniente en cambiar esa argumentación.»[16]

Era lo que le faltaba a Rosa Peris para hacerse un hueco en el grupo, y a Caldera y a Fernández de la Vega para confirmar que su estrategia con las diputadas jóvenes estaba surtiendo efecto.

Mamen Sánchez había aterrizado en la comisión de Defensa a sugerencia de sus compañeros de Cádiz, dado el alto número de militares y problemas con sus instalaciones que tiene la provincia. Lo primero que pensó, según reconoce ahora, fue: «¿Por qué me han dejado en esta comisión tan fea?»; pero, haciendo gala del impulso que luego la haría destacarse, no se desanimó. Se apuntó a cursos del Centro de Altos Estudios Militares y se documentó todo lo que pudo.

Su «jefe» directo, el portavoz socialista de la comisión, no le había pedido mucho: «Tú ocúpate sólo de Cádiz», le dijo, pero la diputada andaluza no quería quedarse ahí. Aunque no fue hasta finales de 2002 cuando se hizo un hueco en la estrategia de las sesiones de control, su aparición llegó directa al estrellato. Su pregunta, obviamente, era para el titular de Defensa, Federico Trillo, y se refería a un tema delicado y «femenino»: «¿Qué mecanismos tiene una mujer dentro de las fuerzas armadas para denunciar que ha sufrido acoso sexual?»[17]

---

[16] Diario de Sesiones del Congreso de los Diputados. Pleno del 28 de noviembre de 2001.

[17] Diario de Sesiones del Congreso de los Diputados. Pleno del 27 de noviembre de 2002.

Sánchez se refería al caso de la soldado Quiñoá, que había denunciado a un superior por violación, quizá una de las primeras polémicas que empezaron a complicar a Trillo su tranquila vida de ministro. «¿Usted no está indignado? ¿Se da cuenta de lo grave que es que en nuestras Fuerzas Armadas alguien aproveche su autoridad para acosar sexualmente a una mujer?», atacó Sánchez. El ministro salió como pudo del apuro. Llegó a decir que «nunca había habido el nivel de participación femenina en las Fuerzas Armadas como el que hay en este momento, el 20 por ciento y, naturalmente, por un caso no vamos a hacer, como su señoría, tabla rasa de lo que es una ejemplar participación de la mujer en los ejércitos». Pero no iba a ser el último mal rato que le harían pasar las diputadas socialistas.

El cruce de pregunta y respuesta fue portada aquel día del telediario de Telecinco. Numerosos compañeros del PSOE llamaron a la desconocida diputada Sánchez para felicitarla. En la dirección del grupo lo tuvieron claro: a partir de entonces Leire, Iratxe, Mamen y Rosa asaetearían a preguntas especialmente a Trillo, Cascos y Rato, los que más nerviosos se ponían por tener que responder a unas jovencitas a las que, en el fondo de su orgullo masculino y de ministro, menospreciaban. María Teresa Fernández de la Vega era quien se mostraba más satisfecha: «Me parecía importante dar juego a los jóvenes y, especialmente, a las jóvenes, y estaba dando resultado», afirma ahora desde su despacho de la «zona de Gobierno» del mismo Congreso de los Diputados.

Trillo era el más sensible a esta estrategia. «No me pongas a éstas, pregúntame tú», le llegó a soltar un día a la hoy vicepresidenta, consciente de que era una táctica perfectamente urdida.

En una legislatura con mayoría absoluta del PP y un PSOE con un líder casi recién estrenado no es que esas sesiones de control pudieran hacer tambalearse al Gobierno, pero sí proporcionaban esos ratitos de satisfacción en las filas socialistas que daban ánimos para seguir adelante. Y algo más. Mamen Sánchez fue la primera que puso en alerta a su grupo acerca de los problemas con los traslados de militares fuera de España. A ella le habían dicho algunos militares con los que tenía contactos que pasaban miedo en los aviones. El 1 de abril la diputada formuló por escrito una pregunta al Gobierno interesándose por las condiciones de un avión bielorruso que trasladó a un contingente español a Djibouti. Cuando llegó la respuesta ya había tenido lugar el accidente del Yakolev en el que murieron más de sesenta militares españoles. El PSOE pudo argumentar que ellos habían dado la alerta y que el Gobierno no había hecho caso. Se inició el acoso al ministro de Defensa por el accidente y la diputada Sánchez llevó la voz cantante en las preguntas orales al respecto que le hicieron en el pleno.

Aún había otra diputada, no tan joven —acababa de cumplir los 40—, que también estrenaba escaño y fue incorporada al grupo de las «agitadoras». Era la granadina María José López, que llegó a ser nominada por la Asociación de Periodistas Parlamentarios como «diputada revelación». Tras las elecciones Chaves «se la ha quitado» a Zapatero y es consejera de Justicia en su Gobierno.

Todas se daban cita en el despacho de María Teresa los martes por la tarde para ajustar el tono de la sesión de control. Luego salían juntas a cenar y, en los días de pleno, comían en un restaurante italiano que hay en la calle de detrás del Congreso, El Borsalino, un discreto local a apenas unos metros del distinguido La Ancha, en el que estas jóvenes diputadas se sentían como en casa. Ninguna de ellas es de las de apañar la comida con un yogur o una ensalada. No les obsesionan los kilos. La gaditana Sánchez llegó a adelgazar un poco antes de descubrir El Borsalino en una etapa que no quiere ni recordar. Allí, entre plato y plato de pasta, además de la comida casera que suele haber en su menú del día, Iratxe, Leire o Mamen seguían hablando de política y de futuro.

Como Leire ocupaba un despacho apenas separado unos pasos del de Micaela en Ferraz, la secretaria de Igualdad, que también tenía escaño en el Congreso, quedaba algunas veces también a comer o cenar con ellas. Navarro se introdujo así en el núcleo duro de Rodríguez Zapatero y las mujeres de su órbita comenzaron a «trabajar en red», como lo define la hoy secretaria de Estado de Cooperación Internacional.

Es cuando el nuevo líder comienza a asomar su «patita feminista». No se pierde un acto de los convocados por la Secretaría de Igualdad y cada vez que tiene oportunidad suelta un discurso a favor de la mujer. La Secretaría de Micaela comienza a trabajar en la elaboración de un proyecto integral para luchar contra la violencia de género, y en las elecciones municipales y autonómicas de 2003, las primeras que controlará el nuevo equipo, cumplirán a rajatabla la paridad. Es más, Zapatero introduce el concepto de «lista cremallera» para atribuirse la autoría de una mejora sobre lo ya aprobado en congresos. Esto es, que cada lista esté compuesta por un hombre y una mujer en puestos consecutivos, de tal manera que las posibilidades de conseguir el cargo público al que se aspira puedan ser iguales para el candidato que para la candidata, al margen de cuántos puestos se logren.

Esta fijación, sin embargo, lleva a Zapatero a cometer dos importantes errores estratégicos: la nominación de Trinidad Jiménez como candidata a la alcaldía de Madrid y la decisión de que el número dos de la lista electoral de Madrid a las generales tras él tuviera que ser, forzosamente, una mujer.

7

DOS ERRORES Y OCHO MINISTRAS

«¿Cómo que lo deje en blanco? ¿Cómo lo voy a dejar en blanco?» Rafael Simancas no podía creer lo que José Blanco, el secretario de Organización federal, le estaba diciendo por teléfono. Faltaban apenas unas horas para que se reuniera el comité regional de la FSM con el fin de ratificar la lista de candidatos que el partido presentaría a las elecciones generales del 14 de marzo por la circunscripción de Madrid. Eran las primeras listas que se hacían bajo el control del equipo de Zapatero y el secretario general había pedido expresamente a Simancas que dejase libre el puesto número dos, el que iba tras el suyo, para una candidata mujer que elegiría personalmente. Y llegado el día Blanco tenía que pedirle al líder madrileño que aprobaran la lista con un hueco, ya que Zapatero aún no tenía el nombre de esa «mujer estrella».

Simancas colgó el teléfono con una mezcla de incredulidad y enfado. Ahora él tendría que explicar primero a sus compañeros y luego a la prensa y al público lo extraño de la situación. Estatutariamente era posible aprobar la lista con un hueco pactado, ya que las candidaturas no son definitivas hasta que el comité federal las aprueba. El trámite del regional se refiere siempre a una «propuesta de candidatura», pero tratándose de Madrid, la lista que encabeza el candidato a presidente del Gobierno, el caso era bastante más que insólito.

El líder madrileño ya sabía que el segundo puesto no admitía ninguna negociación y que era «de Zapatero» desde hacía semanas, tal como se le había hecho saber. Lo que no imaginaba era que, llegado el momento, la llamada de teléfono que debía comunicarle el nombre y los apellidos de la seleccionada fuera para decirle que aún no había *fumata*.

No era la primera vez que el secretario general de los socialistas madrileños se veía contrariado por un nombre de mujer propuesto desde Ferraz. Apenas unos meses después de haber sido elegidos tanto Zapatero como Simancas en sus respectivos cargos, el líder del PSOE lanzó su apuesta más arriesgada. El candidato socialista a la alcaldía de Madrid en la recién inaugurada etapa de Zapatero tenía que ser alguien nuevo, de su absoluta confianza y con nombre de mujer: Trinidad Jiménez.

Las municipales de 2003 resultarían cruciales para las posibilidades del PSOE en las generales a celebrar al año siguiente. Sus resultados siempre han marcado la tendencia y la historia dice que ningún partido gana La Moncloa si en las anteriores municipales fracasa. Por eso, en la Federación Madrileña, nada más resultar elegido Rafael Simancas, su equipo realizó un insospechado esfuerzo por conseguir un candidato de peso, al margen de las familias tradicionalmente enfrentadas, con posibilidades reales de victoria frente al desgastado José María Álvarez del Manzano, alcalde desde hacía más de una década.

Los estrategas miraron pronto hacia Javier Solana, quien llevaba tiempo embarcado en el escenario político internacional desde que fuera elegido secretario general de la OTAN y, por tanto, no había sufrido el desgaste de otros dirigentes veteranos durante el desplome del PSOE. Se habían hecho encuestas con distintos nombres de posibles candidatos y el que prometía mejores resultados e, incluso, daba la victoria frente a Álvarez del Manzano era él. Además, dentro de las siempre complejas claves de Solana, que no llegó a atreverse a disputar la sucesión de González, sí habían llegado a Madrid recientes mensajes sobre su posible disposición a retornar a la política española si el puesto merecía la pena.

«Por primera vez a los guerristas no les importaba que el candidato fuera un insigne renovador. De lo que se trataba era de tener posibilidades de recuperar el Ayuntamiento de Madrid... además de a Solana, por lo que pudiera pasar en el partido», explica la operación un dirigente madrileño. Se habló con él y el entonces encargado de las relaciones exteriores de la Unión Europea se mostró dispuesto si el nuevo Ferraz estaba de acuerdo. Pero no lo estuvo.

Zapatero vio claro que el retorno de un dirigente del calibre de Javier Solana podía poner más obstáculos aún a su recién iniciada carrera por el liderazgo del partido y se negó en redondo. Este rechazo, aun discutido en numerosos sectores de la FSM, era perfectamente entendido en clave política, pero lo que alteró y tensó más de lo debido las relaciones entre Ferraz y Santa Engracia, la histórica sede de los socialistas madrileños sustituida en 2003 por un moderno edificio en un barrio periférico, fue el perfil del candidato que Zapatero pretendía imponer.

Una discutida melena

A Jiménez se la reconocía su condición de «cara nueva», «joven» y «mujer», algo que se asumía como parte del equipaje del nuevo líder, pero poco más. Su escasa experiencia política, que se convertía en nula para el papel de candidata, hacía temblar a los socialistas madrileños pensando en una plaza de la categoría del Ayuntamiento de Madrid.

Pero Zapatero fue inflexible. Su candidato debía lanzar nítido y sin posibles interferencias su mensaje a la población: dirigentes poco conocidos, jóvenes, modernos, con otro lenguaje... y si se trataba de una mujer, mejor aún.

Trinidad Jiménez fue la elegida para la mastodóntica empresa y la animosa y resultona dirigente, melena incluida, se dispuso a ella. «Siempre he tenido un aspecto parecido y siempre he sido socialista», asegura la dirigente antes de confirmar que nunca cedió a las recomendaciones o críticas que recibió desde el partido por su forma de vestir o actuar.

Zapatero logró un pacto con Simancas: «Jiménez para la alcaldía y quien tú quieras para la autonomía.» Simancas, que también luchaba por cimentar su autoridad en Madrid, le dijo que él sería el candidato y, a partir de entonces, aunque con notables desencuentros, la campaña para las municipales y autonómicas arrancó para los socialistas. Javier Solana, en cuanto había detectado que faltaba el consenso de Ferraz, se había retirado discretamente de la disputa.

Con lo que no contaban, ni en Ferraz ni en Santa Engracia, fue con la hábil jugada de José María Aznar al proponer a su tradicional enemigo interno, Alberto Ruiz-Gallardón, entonces presidente de la comunidad madrileña, que fuese el candidato del PP a la alcaldía de la capital. Zapatero confiaba en Jiménez como cartel electoral frente a la caduca imagen de Álvarez del Manzano, pero ante un peso pesado como Ruiz-Gallardón la empresa resultaba prácticamente imposible. La operación, sin embargo, ya no tenía vuelta atrás y, a partir de entonces y tras la designación de Esperanza Aguirre como candidata autonómica por los populares los papeles, curiosamente, se intercambiaron: ahora era Rafa Simancas quien podría darle a Zapatero la victoria que necesitaba en la noche electoral del 13 de junio, como así ocurrió, aunque posteriormente la traición de dos diputados socialistas dejara al PSOE sin la presidencia de la Comunidad de Madrid.

Trinidad Jiménez asumió su nuevo papel con encomiable arrojo, incluso a ojos de sus detractores, de la misma manera que encajó su derrota electoral unos meses más tarde. En la campaña se resistió a recortarse el pelo, como algunos expertos en márketing del partido le recomendaban para atemperar su juvenil imagen, pero admitió cambiar su chaqueta en el cartel electoral. Su «chupa de cuero», como algunos medios denominaron a una chaqueta de napa de diseño moderno, dio paso a una más discreta de tejido convencional. El cambio de foto, desvelada por el diario *El Mundo*, centró parte de la campaña y frivolizó, como tantas veces les ha ocurrido a las candidatas femeninas, no sólo del PSOE sino también de otros partidos, parte de su campaña.

A pesar de perder Madrid, error que todos los dirigentes socialistas no entusiastas de Zapatero apuntaron rápidamente en su debe, el secretario general volvió a insistir en la campaña a las generales en realizar una operación de «candidato-imagen». En esta ocasión, además, ya había subido el peldaño de líder feminista y su empeño se centró en conseguir una mujer para que lo siguiera en la lista de Madrid como símbolo de su compromiso con la igualdad.

A la caza y captura de la «número dos»

Para la confección de las listas a las generales ya había decidido dar un paso más respecto al mandato congresual del reparto 40-60 de las candidaturas entre sexos. Él iba a imponer las «listas cremallera», las que alternaban hombre-mujer para que todos tuvieran las mismas posibilidades de salir elegidos, y la suya, la de Madrid, no iba a ser menos. Así se embarcó en una búsqueda de la «número dos» que, a juicio incluso de miembros de su equipo más cercano, resultó un sonoro fracaso. «No se puede anunciar algo tan llamativo cuando no lo tienes ni de lejos controlado ni levantar tantas expectativas», asegura uno de los actuales ministros que entonces tenía despacho en Ferraz. El bombo y el platillo para recibir a una mujer fallaron esta vez y no por las cualidades de la finalmente designada, sino por la renta electoral que el PSOE alcanzó con ella.

La rentabilidad que el «efecto femenino» estaba sumando al candidato Zapatero debió deslumbrar en demasía al líder hasta el punto de intentar fichar a personajes como la escritora Almudena Grandes, claramente ubicada desde hace tiempo en las cercanías de Izquierda Unida más que del PSOE. Zapatero no disponía entonces de una candidata clara, como en su día ocurrió con Trinidad Jiménez, y pide a su equipo más cercano que le proponga alternativas. Así se suceden cinco nombres que fueron tanteados, de una manera más o menos oficial, hasta conseguir el «sí» de una mujer de prestigio.

A Almudena Grandes habría que sumar la periodista Rosa María Mateo, ésta sí cercana a los socialistas, y la actriz y ex directora de la Academia de Cine, Aitana Sánchez-Gijón, también próxima a los grupos de izquierdas del mundo cinematográfico. En esas semanas de búsqueda surge otro de los nombres que, según quienes conocen a Zapatero, más le había ilusionado: Amparo Moraleda, joven presidenta de IBM España. Una empresaria, mujer de su tiempo e ideológicamente progresista.

Zapatero la había conocido en un anterior encuentro con empresarios y encomienda a Trinidad Jiménez, quien también la conocía previamente, que hable con ella. Son varias las conversaciones para intentar convencerla, pero la joven directiva, al final, responde negativamente. Tras estos tres «noes» Zapatero reduce sus expectativas, renuncia a un nombre de impacto y se centra en mujeres de prestigio del ámbito cultural o universitario.

Para entonces, el líder socialista ya había logrado incluir entre su grupo de asesores más próximos al rector de la Universidad Carlos III de Madrid, Gregorio Peces Barba, y su influjo y sugerencias serán muy tenidas en cuenta. De su mano aterriza en las cercanías de Zapatero su vicerrectora de Estudiantes, María Jesús San Segundo, posteriormente ministra de Educación y que, en este punto, tenía todas las posibilidades de ser la número dos que andaba buscando el líder socialista.

El mismo día 8 de enero, cuando una llamada a Simancas desde Ferraz le comunica que aún no hay nombre para el puesto número dos, horas antes del comienzo del comité regional, Zapatero anuncia la creación de un comité de notables para que le asesore en la campaña. Entre ellos, todos conocidos dirigentes socialistas —Gregorio Peces Barba, Pedro Solbes, Carmen Alborch, José Bono, Juan Carlos Rodríguez Ibarra, Miguel Ángel Moratinos, Magdalena Álvarez, Carmen Calvo y Miguel Sebastián, ya antes asesor de Zapatero—, asoma una única desconocida para el gran público, María Jesús San Segundo. La vicerrectora había aceptado formar parte del consejo asesor, pero cuando el secretario general del PSOE le propone acompañarle en la campaña electoral como número dos de su candidatura, ésta le responde con una negativa, aunque no por falta de ganas o compromiso. Un adverso e inesperado diagnóstico ginecológico se había cruzado en el camino de Zapatero. Un motivo eminentemente femenino. San Segundo deberá afrontar en las próximas semanas una posible intervención y una incierta lucha contra una dura enfermedad. Se lo habían comunicado apenas un día antes de la propuesta de Zapatero. Su fuerza y su ánimo no están para campañas, aunque agradece enormemente la confianza depositada en ella.

Las cosas se complican. El día 14 está convocado el comité federal que deberá ratificar definitivamente las listas y no quedan muchos días para conseguir a la famosa «número dos». Pérez Rubalcaba, el dirigente habitualmente requerido en situaciones de crisis, busca a la desesperada. Se tantea en estos últimos días a la escritora Josefina Aldecoa, pero también declina la oferta hasta que el ex ministro le propone a Zapatero el nombre de otra catedrática de universidad, una mujer de sólido prestigio además de relacionada con el partido —es miembro del patronato de la Fundación Pablo Iglesias—. Se trata de Mercedes Cabrera. Su única pega: no es conocida fuera del mundo universitario. Zapatero, que ya la conocía cuando coincidieron en un acto en la Residencia de Estudiantes al poco tiempo de ser nombrado secretario general socialista, da su visto bueno.

Cabrera, que desde la distancia llevaba tiempo colaborando con el PSOE —en 1998 fue uno de los dieciocho miembros de la comisión encargada de elaborar el programa electoral para las generales de 2000— «no tuvo argumentos para decir no», según declaró posteriormente a la Cadena Ser.[1]

Zapatero comunicó el nombre a la Comisión de Listas del partido el día 13. Al día siguiente, miércoles, el comité federal se reunía para votar las candidaturas y sólo veinticuatro horas antes conocía la decisión de su líder.

A pesar de la evidente decepción por la expectativa creada, los miembros del federal votaron por primera vez en su historia por práctica unanimidad. No hubo ni un solo voto en contra de las listas presentadas, lo que fue un aviso de que todo el partido iba a estar, a pesar de las diferencias, como una piña al lado de Zapatero hasta las elecciones generales.

La elegida finalmente es toda una autoridad académica y su designación no parecía anunciar lo que, posteriormente, ha sido una realidad entre significativos nombramientos de Zapatero: su fascinación por el mundo de la docencia y, en concreto, por los catedráticos. Tras dar el ansiado nombre, el líder socialista argumentó que su elección dejaba claro que «la prioridad de las prioridades del Partido Socialista es la educación».

Mercedes Cabrera fue presentada, por tanto, como un icono de la puerta abierta en el PSOE al mundo de la cultura y la educación. La propia catedrática no deja de recordar que es sobrina nieta del catedrático de Física, Blas Cabrera, uno de los pioneros en España de la física moderna a principios de siglo, cuya extensa obra en esta materia dejó huella en el mundo científico y del que se siente especialmente orgullosa.

Desde el PP, sin embargo, insisten en recordar más que se trata de una sobrina carnal del ex presidente del Gobierno con la UCD, Leopoldo Calvo-Sotelo, hoy cercano al PP, y sus amistades con nombres como el del ex gobernador del Banco de España, Luis

---

[1] Cadena Ser, 14 de enero de 2004.

Ángel Rojo, para rebajar su «caché» socialista. De puertas adentro, se trata de otra «ilustrada» a la que no se reconoce lucha feminista en su haber, pero a la que desde la Secretaría de Igualdad que dirige Micaela Navarro se la da igualmente la bienvenida. «No la conozco, pero me aseguran que es una mujer estupenda», va diciendo en privado Navarro a todo el que le pregunta para disipar cualquier asomo de crítica a la recién llegada. Lo importante, que fuera una mujer, está conseguido y en eso es en lo que hay que seguir trabajando. Los difíciles encajes de la solicitada lista de Madrid han llegado a impedir a Zapatero que la suya fuera «cremallera», en sentido puro, ya que a partir del puesto sexto que ocupa Cristina Narbona, los nombres de mujer van después de dos nombres masculinos. La lista, en conjunto, cumple la paridad exigida estatutariamente al incluir dieciséis mujeres en treinta y cinco puestos, pero lo mejor de ella, para las feministas del partido, es que uno tan relevante como el segundo esté reservado, aunque sea a efectos propagandísticos, a una mujer.

Cabrera llega a la política desde el estudio de la misma. Es catedrática de Historia del Pensamiento y los Movimientos Sociales y Políticos de la Facultad de Políticas de la Complutense madrileña, desde donde se ha labrado un reconocido prestigio con obras como su tesis doctoral titulada *La patronal ante la Segunda República. Organizaciones y Estrategia (1931-1936)* o la más reciente *El poder de los empresarios. Política y Economía en la España Contemporánea (1875-2000)*. También codirige la revista *Historia y Política* y, además de estar presente en la fundación Pablo Iglesias, es presidenta de la Asociación de Amigos de la Residencia de Estudiantes.

El hoy presidente del Gobierno también dio clases de Derecho Político en la Universidad de León. Aunque era un joven recién licenciado y su paso por la docencia duró poco, el embrujo de las aulas y la autoridad del mundo académico no parecen haberle abandonado. La elección de Cabrera, aun movida por la necesidad, abre la estela de una serie de nombramientos que, tras su triunfo en las generales, han causado sensación e, incluso, preocupación entre algunos dirigentes socialistas, dado que se trata de aterrizajes desde el aula hasta el cargo público sin pasos intermedios.

En este grupo, además, hablamos mayoritariamente de mujeres. Tras Cabrera llegó San Segundo al Ministerio de Educación una vez que, afortunadamente, su problema de salud se disipó mucho antes de lo esperado. Luego llegarían, para desesperación de más de un veterano del aparato socialista, la catedrática Carmen Caffarel, con el objetivo de asumir el complicadísimo puesto de directora general de Radiotelevisión Española, y el catedrático Fernando Vallespín para hacerse cargo de la sensible presidencia del Centro de Investigaciones Sociológicas (CIS). En sus despachos más cercanos, Zapatero también ha hecho un hueco a una docente: Marifé Santiago, profesora de secundaria además de poeta y novelista, fue nombrada por el Presidente, con quien ya colaboró en la redacción del programa socialista llamada personalmente por él, directora del departamento de Educación y Cultura del Gabinete de Moncloa. Ninguno de los citados tenía experiencia política previa.

Puede que parte de la explicación a estos nombramientos se encuentre en el argumento esgrimido en los primeros pasos del nuevo Gobierno por los desconcertados dirigentes del PP: que ni Zapatero ni el PSOE se esperaban gobernar, y están improvisando. Un barón territorial de los que siempre ha apoyado a Zapatero también busca en esta explicación el abultado número de «técnicos» que encuentra en su primer Gobierno. «Yo creo que le entró el pánico. De repente vio que tenía que gobernar. Él, que ni siquiera había sido concejal de su pueblo. Y se puso a buscar gente que admira y le da tranquilidad, aunque no sean del PSOE.»

Desde las cercanías del Presidente, por el contrario, se asegura que se trata de un nuevo estilo, que es cierto que Zapatero quiere despolitizar los organismos de interés general y que habrá que empezar a acostumbrarse, incluso dentro del PSOE, a que el Gobierno no lo controle todo.

El inesperado ganador de las elecciones del 14 de marzo aseguró a sus votantes que «el poder no me va a cambiar» en sus breves palabras como Presidente electo la misma noche electoral. En esas mismas horas más de uno empezó a soñar con el ministerio o el alto cargo que podría tocarle en el inminente reparto y más de uno vio, unas cuantas semanas después, cómo sus esperanzas quedaron rebajadas a sueños por una cuestión en otros tiempos tildada de «menor», la paridad entre sexos.

Ministras y damnificados

«Jesús, esto no puede ser.» Fue lo primero que le dijo María Teresa Fernández de la Vega a Jesús Caldera cuando le vio después de que Rodríguez Zapatero le hubiera dicho que ella iba a ser la vicepresidenta primera y ministra de la Presidencia, un cargo que, a priori, estaba destinado a quien había sido durante los años de dura lucha en la oposición la mano derecha del ya presidente del Gobierno. «Al contrario. Es estupendo y estoy encantado», le respondió el hoy ministro de Trabajo que había sido previamente informado por el líder socialista. «Jesús Caldera es un convencido de la lucha feminista y, además, es un hombre generoso», añade agradecida la flamante vicepresidenta. Al ministro no le quedaba otra. La paridad se había convertido en una «promesa presidencial».

La veterana dirigente estaba en su despacho de los últimos años, en el grupo parlamentario, pergeñando listas sobre cómo debía organizarse éste en la nueva legislatura, cuando recibió una llamada de Ferraz del secretario general. La requería inmediatamente. Ya en su despacho de la planta quinta, el siempre tranquilo Zapatero le dijo, para prepararla antes de darle la noticia: «¿Estás sentada y tranquila?»

Tras hablarle del puesto que había pensado para ella, añadió una explicación que aún dejó más satisfecha, si cabe, a la feminista Fernández de la Vega. «Hace tiempo que decidí que ese cargo lo ocuparía una mujer. Es importante que lo hagamos ahora, quiero que lancemos ese mensaje, que responde a una convicción democrática profunda, y quiero que esa persona seas tú», añadió, tal como lo cuenta la vicepresidenta.

Después de digerir la noticia y la profunda satisfacción que ésta le producía, Fernández de la Vega pensó en su compañero de estos últimos años en el Congreso, su jefe directo en el grupo parlamentario y en quien todo el mundo ponía el puesto de vicepresidente. El mejor amigo de Rodríguez Zapatero se convertía en el primer damnificado por la estricta aplicación de la paridad que el nuevo Presidente quería imponer a toda costa en su primer Gobierno. La vicepresidencia económica, que nadie dudaba caería en manos de Pedro Solbes, último ministro de Economía con Felipe González, iba a ser la segunda. Y la primera era para una mujer.

A cambio, Zapatero otorgó a Caldera más prerrogativas que a cualquier otro ministro. Le dio la cartera más política, la que debe convertirse en la punta de lanza del giro social del nuevo Gobierno, la de Trabajo y Asuntos Sociales, y además le concedió ser el único ministro que aumentaba el número de sus secretarías de Estado. Si los demás departamentos, dentro de la política de austeridad anunciada, mantenían o reducían sus secretarías de Estado, Caldera tendría a su cargo la de Seguridad Social, la de Asuntos Sociales y la de Inmigración y Emigración, una más que en el anterior organigrama; y podría elegir a su equipo con entera libertad. Algo que no le ha ocurrido a todos sus compañeros de gabinete.

Caldera también ha sido uno de los tres únicos ministros que han entrado en la ejecutiva federal socialista tras el 36 congreso del partido, celebrado en julio de 2004, a apenas tres meses de la formación del nuevo equipo. Su sitio, parecen decir todos los gestos, sigue estando a la vera del Presidente, pero su despacho ya no disfrutará de la cercanía de Zapatero. Y cuando uno se mete en La Moncloa, eso es algo que se valora a precio de oro.

La paridad se cobraba su primera víctima y, en el puesto reservado a Caldera, dentro del complejo monclovita se sentaba una mujer. Días antes de ser formalizado el nombramiento del Gobierno y antes, incluso, de conocerse que Fernández de la Vega sería la vicepresidenta en una reunión de socialistas en Madrid, se anunciaba el ambiente de euforia femenina que empezaba a reinar en el partido. «No ha sido aún nombrado el Gobierno y tenemos la sensación de que algo está empezando a cambiar», decía ante sus compañeras Helena Almazán, secretaria de Igualdad de la Federación Madrileña en el acto convocado con motivo de la entrega de los premios Ana Tutor, instituidos por la FSM con motivo del día de la Mujer Trabajadora y en recuerdo a la concejala madrileña ya fallecida.

Zapatero no había dado nombres, pero ya había anunciado que su primer gabinete contaría con igual número de hombres que de mujeres y Manuel Chaves, vencedor también en las autonómicas andaluzas, había propuesto por primera vez a una mujer, María del Mar Moreno, para ocupar la presidencia del Parlamento andaluz.

«Las mujeres socialistas también escriben la historia», añadió Almazán para alborozo de los congregados. Entre las premiadas en esta ocasión estaba el cuarteto de periodistas que protagoniza la tertulia *El sacapuntas* en la Cadena Ser, alguna de las cuales había formado parte en su día de esa red de complicidades convocada diecisiete años atrás por Matilde Fernández para conseguir arrancar en el 31 congreso del PSOE la cuota del 25 por ciento destinada a las mujeres. Aquella tarde todo era bien distinto.

Rodríguez Zapatero fraguaba en esos momentos el encaje de su equipo. Dos mujeres más estaban destinadas a ocupar plaza en esa mitad del Consejo de Ministros que tenían reservada: las andaluzas Carmen Calvo y Magdalena Álvarez.

Las dos habían sido consejeras del gobierno andaluz de Manuel Chaves y habían sido «cedidas» por éste a Zapatero para formar parte del comité de notables con que reforzó su equipo el líder socialista de cara a la campaña. El aterrizaje de las dos andaluzas en Madrid se debía a un pacto tácito entre el presidente Chaves y Zapatero, quienes, desde el 35 congreso en que ambos habían disputado la partida en diferentes frentes —Chaves fue el principal apoyo de Bono como aspirante a la Secretaría General—, habían ido recomponiendo sus posiciones para que sus respectivos poderes pudieran encajar sin chirridos.

Chaves no contaba con nadie de confianza en el equipo cercano a Zapatero salvo Micaela Navarro pero, por mucho que el *lobby* femenino hubiese extendido sus redes de influencia —«Micaela es la única, junto con Blanco, que ha superado sus orígenes y se ha convertido en un dirigente extraterritorial durante el mandato de Zapatero», asegura un dirigente cercano a la ejecutiva federal—, su fuerza no resultaba suficiente para la primera federación del PSOE.

Por su parte, Zapatero había visualizado claramente que, acercándose su «hora de la verdad» —las elecciones generales—, no podría enfrentarse a ellas sin el nítido apoyo de todo el partido y para ello, aparte de las complicidades ya conseguidas con los catalanes de Maragall o los vascos de Patxi López, precisaba de la no beligerancia de otros barones —de ahí la inclusión en el comité de notables de José Bono y Juan Carlos Rodríguez Ibarra— y de un acuerdo con Chaves. Cuando éste se formaliza, extraoficialmente, ninguno podía pensar en gobierno ni ministros, pero sí en el reparto de poder que surgiría en el siguiente congreso tras lo único que, a priori, esperaba la mayoría de los socialistas: un resultado digno frente a Rajoy.

Es en los términos de este acuerdo en el que Álvarez y Calvo llegan al comité de notables y «se apuntan» como posibles ministrables. Ambas habían sido eficaces colaboradoras de Chaves en la Junta, aunque con distintas trayectorias. Álvarez, tras haber trabajado con Pedro Solbes en el último de los gobiernos socialistas en Madrid como directora general de Incentivos Económicos Regionales, primero, y directora de Inspectores de Hacienda, después, fue recomendada por éste a Chaves con quien pasó a ser consejera de Economía y Hacienda durante diez años en el transcurso de los cuales ingresó en el PSOE y libró muy duras batallas contra el PP y los poderes financieros andaluces a cuenta de la ley andaluza de cajas de ahorros.

«Magdalena está como loca por ser ministra», aseguraba un dirigente de la UGT andaluza que la conoce bien semanas antes de las elecciones. Lo cierto es que la consejera, de reconocido carácter, se sentía «quemada» en su trayectoria como consejera y deseaba emprender una nueva carrera política lejos de Sevilla.

A Chaves, que no deja de reconocer la valía y el empuje de su ex consejera, le venía bien desprenderse de una dirigente desgastada de cara a una nueva legislatura y no tuvo dudas en incluirla en el «envío» a Zapatero.

Carmen Calvo también formó parte de este «envío», aunque su carrera política no ha hecho más que empezar. De hecho, la hoy ministra de Cultura, fichada por Chaves en la Universidad de Córdoba, donde ha sido vicedecana de su facultad de Derecho, no ha ingresado como afiliada al PSOE hasta pocos meses antes de las elecciones generales y después de que la apertura del Museo Picasso de Málaga pudiera ser anotado en su libro de méritos políticos.

Calvo tenía pocos oponentes masculinos a la cartera de Cultura en el caso de que el PSOE ganase las elecciones. El departamento, desde que Soledad Becerril se convirtiera en la primera ministra de la democracia, ha sido habitual reserva de mujeres ministras tanto con el PSOE como con el PP. Carmen Alborch la ocupó durante tres gobiernos consecutivos de Felipe González, y Esperanza Aguirre y Pilar del Castillo fueron titulares de Educación y Cultura durante los gobiernos de Aznar, salvo un pequeño paréntesis en que se hizo cargo del ministerio el hoy líder popular Mariano Rajoy.

El perfil de Álvarez, sin embargo, optaba a una cartera «masculina» y, por tanto, su elección ha tenido perjudicados. De no llegar a ser ministra de Economía o de Hacienda, si se hubiera dividido el departamento, la ex consejera andaluza debía ir asignada a otra de las carteras económicas importantes. Esto es, Fomento o Industria. Esta última no se la dejó arrebatar el PSC, que colocó en ella a su primer secretario, José Montilla, pero la de Fomento no se le escapó a la audaz gaditana.

Un veterano diputado socialista, de los que apostaron desde el principio por Zapatero y que había formado parte de su núcleo duro en el grupo parlamentario, fue el sacrificado. José Segura, diputado por Tenerife desde 1996 y azote de los distintos gobiernos de Aznar en materia de infraestructuras, albergaba serias posibilidades de llegar a ministro en caso de victoria. Contra él se alió no sólo el hueco reservado a Magdalena Álvarez, sino el hecho de que Juan Fernando López Aguilar no estaba dispuesto a renunciar a formar parte del Gobierno. Zapatero se había comprometido en campaña a que uno de sus posibles ministros fuera canario en uno de sus mítines en las islas y el puesto recayó en el hoy titular de Justicia, López Aguilar.

Segura podría haber jugado sus bazas forzando un doblete de ministros canarios al que Zapatero no habría puesto problemas, pero la cuota femenina le cerró las puertas. Como ocurrió con otros «sacrificados», el Presidente le dio la opción de ir de «segundo» de la ministra, obligando a ésta a aceptarle como secretario de Estado, pero el diputado renunció. «Trabajar con Magdalena equivale a ser su esclavo», llegó a comentar en privado despechado con la situación. La nueva Administración, sin embargo, le dio alguna otra opción de cargo y Segura eligió volver a sus islas, donde fue nombrado delegado del Gobierno en Canarias.

Al igual que Cultura con Carmen Calvo, otros dos departamentos caían «dulcemente» en manos femeninas por gravedad natural. Una María Jesús San Segundo recuperada se hacía cargo de Educación y Cristina Narbona, que había llevado con solvencia la Secretaría Federal de Medio Ambiente en el partido, ocupaba el cargo de ministra del mismo área sin candidatos masculinos a los que desplazar.

Zapatero ya tenía cinco ministras, lo cual no estaba nada mal si se repasa la historia de los gobiernos desde 1976, ninguno de los cuales ha sumado más de cuatro —el primero de Aznar, con Loyola de Palacio, Isabel Tocino, Esperanza Aguirre y Margarita Mariscal de Gante—. Si el nuevo presidente socialista quería marcar diferencias podía apuntarse la cifra, pero su intención era la dicha y faltaban tres más, dado que el Gobierno iba a estar formado por dieciséis ministros. Y aquí empezaron los problemas. Al líder socialista también le quedaba hacer sitio al acuerdo con el otro gran barón territorial, Rodríguez Ibarra, que había declinado la oferta de pasar él a formar parte del Gobierno al contrario de José Bono, que había asumido con entusiasmo la cartera de Defensa. Uno de sus hombres, sin embargo, debía llegar al Gabinete.

El primero que figuró en la posible lista de «cedibles» fue el consejero de Sanidad, Guillermo Fernández Vara, para hacerse cargo del ministerio del mismo ramo. Natural de Badajoz, insigne médico forense con reconocida trayectoria profesional y consejero de Rodríguez Ibarra desde el 96, primero responsable de Bienestar Social y desde 1999 de Sanidad, cumplía todos los requisitos salvo uno: su condición sexual. Hechos los repartos, el Ministerio de Sanidad correspondía a una mujer.

Ibarra pensó entonces en el nuevo Ministerio de Vivienda. El presidente extremeño pretendía que el ministerio que «tocara» a un extremeño pudiera servir de escaparate y referencia de la política que sus gobiernos han llevado a cabo en Extremadura en áreas de claro contenido social. Así, descartada Sanidad, era la vivienda —área donde la Junta extremeña había realizado en los últimos años una agresiva y original política contra la especulación— el destino idóneo y su posible titular, el hombre que había diseñado y puesto en pie la citada estrategia, Javier Corominas, consejero desde 1993 en los distintos gobiernos de Ibarra. Había ocupado la cartera autonómica de Industria y Turismo, de Obras Públicas y Transportes y, en la última legislatura, de Vivienda, y había sido elegido senador por Cáceres el 14 de marzo. «Pero tocaba que fuera mujer», asegura con desparpajo una parlamentaria extremeña nada entusiasmada con los descartes que hubo de hacer su partido para poder ofrecer a Zapatero «una ministra» que le cuadrara su Gobierno.

Pocas posibilidades quedaban. La decisión se tomó entre Casilda Gutiérrez, consejera de Presidencia, y María Antonia Trujillo, consejera de Vivienda, y fue esta antigua profesora de la Universidad de Extremadura la elegida como titular del área del que pretendía «presumir» Ibarra en Madrid.

Trujillo, natural de Peraleda del Zaucejo, municipio de Badajoz, encarna en sí misma la dificultad que el PSOE tiene en algunos territorios para conseguir cumplir con la paridad exigida en sus estatutos. Extremadura es, aún hoy, el territorio con menor porcentaje de mujeres afiliadas de todo el PSOE, con un 20,70 por ciento según los datos del censo de la Secretaría de Organización cerrados en octubre de 2001. Entre este porcentaje y el 34,10 por ciento que, en el mismo censo, reúne la Federación Madrileña hay todo un abismo, pero a ambas federaciones se les exige igual representación femenina en los órganos de dirección y en los cargos públicos, por lo que los dirigentes masculinos, en no pocas ocasiones, han de realizar una labor de sondeo y fichajes lupa en mano a través del ámbito municipal y universitario básicamente, las dos principales canteras de dirigentes femeninas para los socialistas.

La ministra de Vivienda no ha sido una excepción. Había desarrollado toda su trayectoria profesional en el mundo universitario —es doctora en Derecho—, donde llegó a ser presidenta de la Junta de Personal Docente e Investigador de la universidad extremeña hasta que, de la mano del clan cacereño universitario, es sugerida para formar parte del Consejo Económico y Social de Extremadura en 1999.

Allí se fijó en ella Rodríguez Ibarra, quien la fichó para solventar la crisis que le produjo la marcha de su consejero de Presidencia y Trabajo, Victorino Mayoral, a las listas para el Congreso de los Diputados en el año 2000. El presidente extremeño decide incorporar a dos mujeres a su equipo dividiendo la consejería: María Antonia Trujillo se incorpora como titular de Presidencia y Violeta Alejandre ocupa la de Trabajo. Trujillo pide entonces el carné del partido y asume con interés una consejería que cuadra perfectamente con su formación jurídica, dado que en la Junta extremeña la función de coordinación del resto del Gobierno era potestad del vicepresidente, Carlos Sánchez Polo.

Tras las elecciones autonómicas de junio de 2003 Ibarra la quiere dar la oportunidad de pasar a la gestión y la nombra consejera de Vivienda. Su experiencia, por tanto, apenas llega a nueve meses, incluido el *impasse* veraniego, cuando Rodríguez Zapatero gana las elecciones generales. Aquellos meses al frente de la consejería le han valido todo un ministerio en la etapa Zapatero. Seis meses después se convierte en la primera ministra de la que el PP pide la dimisión.

Sanidad y Agricultura fueron los últimos departamentos cubiertos por el Presidente. Casi emulando la carrera contrarreloj desatada para conseguir la «número dos» de la lista de Madrid, el equipo más cercano a Zapatero se pone a buscar candidatas para ambos ministerios que no levanten más ampollas de las ya causadas con algunos dirigentes desplazados. Se trataba, pues, no sólo de encontrar mujeres adecuadas al cargo, sino también desprovistas de la carga política que podría abrir alguna herida más.

Esta condición, por ejemplo, dejó fuera del Consejo de Ministros a una de las mujeres más fieles a Zapatero desde el principio, Consuelo Rumí. Secretaria de Ocupación, Políticas Sociales e Inmigración en la ejecutiva del 35 congreso y encargada, por extensión, de los asuntos sanitarios, Rumí podía haber sido la perfecta ministra de Sanidad pero el pacto Chaves-Zapatero previo a las elecciones se lo impidió. Las dos plazas de andaluces en el Gobierno las ocupaban ya Magdalena Álvarez y Carmen Calvo. Una más hubiera sido interpretado como «demasiado peso andaluz». Además, Rumí había «desertado» de su lealtad a la federación cuando apostó por Zapatero en los prolegómenos del 35 congreso y Chaves no la cuenta como una de las suyas.

Al tener que dar a Caldera el Ministerio de Trabajo por haberle desplazado de la vicepresidencia a favor de María Teresa Fernández de la Vega, el otro ministerio «natural» para Rumí también estaba ocupado. La hoy secretaria de Estado tuvo que tragar con dificultad su condición de víctima de la cuota femenina y de los equilibrios territoriales, pero Jesús Caldera, que no ha dado una sola puntada sin hilo en el reparto de los numerosos cargos de su macro-ministerio, le ofreció el máximo nivel por debajo del ministro. Sería secretaria de Estado en su ministerio. Y, es más, le daba a elegir cuál prefería. Tras asumir la nueva situación le dijo al ministro que quería ser la responsable de Inmigración y Emigración, quizá la Secretaría de Estado más arriesgada del departamento.

Zapatero también la compensó posteriormente al incluirla en la ejecutiva federal del partido en el 36 congreso. Ella y Leire Pajín son las únicas secretarias de Estado que, junto a tres ministros —Caldera, López Aguilar y Montilla— representan al Gobierno en la nueva dirección socialista.

No fue fácil encontrar titular de Sanidad y Agricultura con tan constreñidas condiciones. Para Sanidad, Zapatero aceptó el nombre de una reconocida técnica que ya había participado en anteriores gobiernos socialistas. La gallega Elena Salgado, ingeniera industrial y economista, empezó a colaborar con el PSOE cuando fue nombrada directora general de Gastos de Personal en el Ministerio de Economía y Hacienda en 1985 y el Gobierno se preparaba para acometer una ambiciosa reforma administrativa. Su principal cargo fue el de secretaria general de Comunicaciones, para el que la nombró José Borrell cuando era el titular del ministerio, entonces llamado de Obras Públicas y Transportes, y a su inspiración se atribuye la elección.

Su salida del ámbito público, sin embargo, se produjo con polémica. Pocos meses antes de la llegada de Aznar al poder en 1996 Salgado fue nombrada, fruto del acuerdo de la ministra socialista de Cultura, Carmen Alborch, y el presidente popular de la Comunidad de Madrid, Alberto Ruiz-Gallardón, directora general de la Fundación Teatro Lírico, bajo cuya gestión se encontraban el Teatro Real y el de la Zarzuela. Tras el cambio de gobierno, Salgado se negó a dimitir a pesar de las peticiones públicas de la nueva ministra de Cultura, Esperanza Aguirre. Tras una tensa polémica hubo de ser cesada por el Patronato de la Fundación, decisión que la hoy ministra llegó a recurrir judicialmente aduciendo razones de discriminación ideológica aunque su demanda fue rechazada por las distintas instancias judiciales.

Tras su infructuoso intento por mantenerse durante el Gobierno del PP como una técnica sin perfil político, Salgado retornó al sector privado, donde ha sido consejera delegada de Vallehermoso Telecom y presidenta de la filial española de la compañía de telecomunicaciones alemana Telegate AG, en cuyo despacho recibió la llamada de Zapatero para proponerle el Ministerio de Sanidad.

Para cubrir Agricultura el Presidente tuvo que dejar a otro herido en el camino. Un varón, con «uve», por supuesto. Para un área tan alejado de los conocimientos de Rodríguez Zapatero se había dejado guiar en sus cuatro años como líder de la oposición frente al PP por un sindicalista de la UGT, Fernando Moraleda, un hombre de su edad y secretario general de la Unión de Pequeños Agricultores (UPA), nacida a partir de la Federación de Trabajadores de la Tierra del sindicato socialista e integrada en su estructura de apoyo a los autónomos. Su relación de confianza nació y creció en el marco del reencuentro entre el PSOE y la UGT que protagonizaron Zapatero y Méndez con la llegada del primero a la Secretaría General del partido y que contó con varios protagonistas para el desarrollo de la historia.

A pesar de sus años de diputado, Rodríguez Zapatero no conocía al líder de UGT más allá de contactos oficiales y es él, al poco de resultar elegido secretario general del PSOE, quien promueve un encuentro privado y personal con Cándido Méndez a través de Fermín Carnero, secretario general de la UGT de Castilla y León. Zapatero conoce desde bien joven la importancia de contar con el apoyo del sindicato. Ya en 1983 el mismo Carnero fue aliado decisivo para su fulgurante ascensión al liderazgo del PSOE leonés aunque, posteriormente, la ruptura entre el partido y el sindicato tras la huelga general del 14-D los distanciara.

Tras su primer encuentro llegan otros, acompañados de una singular confianza en la que tiene mucho que ver la figura de un histórico dirigente de la UGT, lamentablemente fallecido en 2002, Jesús Mancho. Este veterano sindicalista y miembro del PSOE castellano-leonés coincidió con Cándido Méndez cuando éste llegó a Madrid como sucesor de Nicolás Redondo estando él en la Fundación Largo Caballero. Su relación traspasó rápidamente lo sindical y se hicieron íntimos por su afición a las salidas al campo como nexo de unión llegando a hacer juntos el Camino de Santiago en una ocasión.

¿Y qué tiene que ver Mancho con Zapatero? Lo suficiente. Aparte de ser un referente en Castilla y León para Zapatero es tío carnal de Javier de Paz, el nuevo vecino de los Zapatero en Las Rozas y en cuyo círculo de amistades empieza a contarse.

Descubierta la química personal entre ambos, las relaciones entre partido y sindicato comienzan a fluir de manera bien distinta a como lo habían hecho en años precedentes, y es así como Fernando Moraleda aparece en el círculo extraoficial de asesores del nuevo líder socialista. Había jugado también un papel relevante en las peleas que dentro de la UGT acompañaron a Méndez hasta que su sucesión a Nicolás Redondo fue incontestada y se encontraba en el círculo de confianza del líder ugetista. Además Moraleda había estudiado en la Complutense en los mismos años que algunos miembros del equipo de Zapatero, con quienes había coincidido en la Agrupación Socialista Universitaria (ASU), como José Andrés Torres Mora, su jefe de gabinete, y compartía con ellos, además de generación, pasión por la política y por la renovación del partido.

Así fue como Moraleda comenzó a pasar papeles a Zapatero sobre asuntos agrícolas y ganaderos a través de Torres Mora hasta llegar a formar parte de su equipo de asesores cada vez que había un debate importante como el de Presupuestos o el de la Nación.

Entre quienes conocían esta ascendencia del dirigente agrícola sindical con Zapatero pocos dudaban, por tanto, que le estaba reservado el puesto de ministro de Agricultura en su futuro Gobierno. Sin embargo, nuevamente la paridad cerraba las puertas a un «ministro» sólo virtual.

En la angustiada búsqueda de mujeres para estos últimos departamentos, el de Agricultura resultó el más difícil dado lo «poco femenino» del área en cuestión. José Blanco vio el hueco y se lanzó en pos de una gallega que, al menos, controlase el ámbito de la pesca, también incluida entre las funciones del departamento.

Tras varios intentos la llamada del secretario de Organización a Emilio Pérez Touriño, el secretario general de los socialistas gallegos, y a otro ex ministro gallego, Abel Caballero, dio en el blanco. Ambos conocían a Elena Espinosa, joven militante del PsdeGa y en ese momento adjunta a la presidencia de la compañía naval viguesa Rodman. El primero había sido profesor suyo en la facultad de Económicas de Santiago, donde la ya ministra se licenció, y el segundo era ministro de Transportes cuando ella era la presidenta del Puerto de Vigo, después de haber ocupado la gerencia de la ZUR (Zona de Urgente Reindustrialización) de la misma ciudad, entidad pública creada por los socialistas para paliar los efectos de la desindustrialización en zonas deprimidas durante los años ochenta.

Espinosa cumplía los requisitos y contaba, además, con el entusiasmo de los socialistas gallegos, necesitados de impulso de cara a las siguientes elecciones tras las generales, las gallegas de 2005, ya que no asumían como propia a la otra ministra gallega, Elena Salgado, que había desarrollado su carrera básicamente en Madrid y no militaba en el partido.

Espinosa, obviamente, dijo sí aunque el Presidente le imponía a su número dos: Zapatero propuso a Moraleda hacerse cargo del segundo puesto del Ministerio que, además de ser un premio «de consolación» no llegaba a la categoría de Secretaría de Estado. En cumplimiento de la austeridad prometida y reducción de altos cargos emprendidos por la nueva Administración, el segundo puesto de Agricultura se rebajaba de Secretaría de Estado a Secretaría

General. El sindicalista, a pesar de todo, aceptó. Su trayectoria en UPA estaba concluida. La había fundado y llevaba diecisiete años como secretario general. Su compromiso con Zapatero le obligaba a aceptar un segundo puesto que equivalía a un primero. Pero la ministra era una mujer.

Espinosa pasó malos tragos en sus primeras semanas en el cargo. El presidente de la principal patronal del sector agrario, Asaja, Pedro Barato, la recibió con menosprecio. «Es ministra por ser gallega y mujer»[2], dijo públicamente. Además, el Gobierno del PP había dejado empantanada en la Unión Europea la negociación sobre el nuevo sistema de ayudas al aceite de oliva, el algodón y el tabaco, y en su primera salida a Bruselas hubo de encajar lo que la oposición calificó de estruendosa derrota.

Al margen del tema de las ayudas que una intervención al más alto nivel del presidente del Gobierno arreglaría en parte posteriormente, la ministra comprobó hasta qué punto había «usurpado» el puesto. En su viaje la acompañó Moraleda, experimentado en los sinuosos recovecos de las negociaciones bruxelenses. «El móvil sólo le sonaba a él al igual que a él iban dirigidos todos los saludos y comentarios. Fue como el día de la toma de posesión, un poco violento», explica un presente en ambos acontecimientos aunque también reconoce la calidad profesional de la ministra y «lo mucho que está aprendiendo».

Tanto Espinosa como Salgado olvidarán pronto las posibles víctimas que hayan dejado sus nombramientos. Al igual que sus otras compañeras de Gabinete, ellas son las ministras y las que han de soportar tanto la presión como el reconocimiento de los focos. La política es así y todos los sinsabores provocados por Zapatero por su firme decisión de tener un gobierno paritario fueron dados por buenos al permitirle, pocas semanas después de su nombramiento, hacer una marca en la historia de España: el día 28 de

---

[2] *La Razón*, 18 de junio de 2004.

mayo de 2004 Zapatero realiza uno de sus primeros viajes oficiales a México y, en su ausencia Fernández de la Vega preside el Consejo de Ministros. Es la primera vez que una mujer preside el Gobierno español, aunque sea interinamente.

Presidenta del Gobierno, por primera vez

Éstos son los momentos que atenúan los duros rasgos de la vicepresidenta y hacen que en su delgado rostro aflore una sonrisa abierta, naturalmente concebida. «Me dije, esto hay que celebrarlo. ¿Y con quién? Con las mujeres de Moncloa, por supuesto», explica. En el Gobierno no se quiso dejar pasar la oportunidad del simbólico Consejo de Ministros y se convocó a la prensa y a las televisiones para tomar imágenes de María Teresa Fernández de la Vega sentada en la butaca central de la ovalaba mesa donde se reúne el Gabinete.

Después, en su calidad de portavoz, De la Vega ofreció la habitual rueda de prensa tras la cual dijo a los periodistas un escueto «y ahora, si quieren, están invitados a un vino». No había que explicar por qué. La copa no era sólo para los periodistas, sino que más bien ellos eran unos invitados a la celebración entre la vicepresidenta y el personal de Palacio. Por expreso deseo de ella se convocó a una representación de mujeres de cada uno de los distintos departamentos de trabajo que hay en el complejo monclovita. Sólo Telecinco ofreció una fugaz imagen del entrañable acto cerrando la histórica reseña. «Es que los gestos hay que hacerlos para y por las mujeres», añade una convencida Fernández de la Vega.

Aunque su olfato ya le ha dicho hace tiempo que ocupa este puesto, además de por su valía y su condición femenina, porque su peso político dentro del partido es lo suficientemente inofensivo para no despertar recelos internos, lo que equivale a rebajar sus aspiraciones futuras, la vicepresidenta está más que satisfecha y no evita, siempre que puede, referirse al avance en la lucha feminista que representa este Gobierno. «Llego a la vicepresidencia gracias al trabajo y el esfuerzo de muchas mujeres con las que tengo una deuda moral», afirmaba a Sol Alameda en la primera entrevista a fondo concedida a *El País Semanal* tras su nombramiento.

Entre esas mujeres deudoras se encuentra, sin duda, una muy cercana a ella, su tía Jimena, hermana de su padre, Wenceslao, socialista y médico, delegado de Trabajo con la República y represaliado tras la Guerra Civil. Jimena y su gemela, Elisa, fueron dos de las pioneras de la liberación femenina en nuestro país. La vicepresidenta las tiene muy presentes y una foto de ambas ocupa un lugar en su despacho de trabajo en Moncloa. Ambas fueron las primeras mujeres que estudiaron medicina en la Universidad de Santiago de Compostela a principios del siglo XX con no pocas dificultades, hasta el punto de tener que asistir a clases escoltadas en alguna ocasión dado el rechazo que generaba su presencia entre el alumnado masculino y algunos de los profesores. Su notable talento y su esfuerzo, no obstante, las recompensó y llegaron a licenciarse con premio extraordinario en el curso 1918-1919 y a doctorarse dos años más tarde. Ambas fueron también las primeras mujeres que ejercieron la medicina en Galicia. El Ayuntamiento de Vegadeo, su pueblo natal, y la universidad compostelana les rindió un homenaje hace siete años y el nombre de ambas figura en una calle del municipio y en una de las residencias de estudiantes de la universidad.

Elisa murió joven, con treinta y ocho años, casada y con tres hijos, mientras que Jimena, que se mantuvo soltera, llegó a ser una de las pioneras de la investigación genética en España. La relación de la vicepresidenta con su tía Jimena, que falleció hace unos años, fue intensa ya que vivió en su casa de Madrid durante varios años mientras estudiaba la carrera.

«Cuando la gente me para ahora por la calle para felicitarme por ser la primera mujer que ocupa este cargo político en España y de paso exigirme que no les falle yo me acuerdo de mis tías, que han sido para mí siempre el ejemplo a seguir, especialmente Jimena, con la que más conviví, por su rigor, su lucha y su compromiso por los derechos de la mujer», declaraba a *La Opinión* de A Coruña la vicepresidenta en los primeros días tras su llegada al cargo.

Su aterrizaje en Moncloa, a pesar de asumida por un partido entregado al líder que, contra todo pronóstico, le había hecho recuperar el poder, no fue sencilla en sus primeros compases. Ese 28 de mayo en el que María Teresa se sentó por primera vez en la silla reservada al Presidente, convivía con algunos comentarios internos, siempre de puertas hacia adentro, sobre su capacidad política para manejar un timón tan complejo.

Algunos de los primeros nombramientos en distintos departamentos habían generado malestar y confusión entre los veteranos del aparato. También las primeras descoordinaciones entre ministros —Carmen Calvo anunciaba una rebaja del IVA en los libros que la propia vicepresidenta tenía que matizar al día siguiente, o desde Economía se lanzaban mensajes sobre la posible privatización de RENFE que Magdalena Álvarez contestaba en público— cayeron con fuerza sobre las espaldas de María Teresa. «Esto con Alfonso Guerra no ocurría. Ni un solo cargo escapaba a su supervisión y la comisión de subsecretarios preparaba los Consejos para que los ministros no se contradijeran en público», se quejaba un ex alto cargo en esos días.

Quienes manejaban estos argumentos, sin embargo, demostraban conocer poco a María Teresa Fernández de la Vega. La vicepresidenta fue supliendo su ligero anclaje en el partido con la rentable cercanía al Presidente y, en pocas semanas, la imagen de descoordinación desapareció y su presencia se hizo mucho más visible y requerida.

Zapatero sí demostraba, por el contrario, conocer sus capacidades y, en poco tiempo, despachar personalmente con ella al final de la jornada en su mesa de Moncloa se convirtió en rutina siempre que sus viajes se lo permitieran. Tanto en el PSOE como en el Gobierno se percibió rápidamente esta línea de conexión y cuando el ejecutivo cumplía seis meses de andadura ya nadie osaba poner en duda que la vicepresidenta era «la que más manda» después de Zapatero.

De la Vega no tiene ningún conflicto entre su compromiso socialista y el de la liberación femenina, y cuando habla de su despertar político en la juventud los une sin vacilación: «Ahí se empezó a forjar mi compromiso con el socialismo y con la defensa de la igualdad de la mujer.»

La vicepresidenta conocía personalmente a todas las ministras elegidas por Zapatero, salvo a María Antonia Trujillo y Elena Espinosa. «Yo también estoy por cuota, pero no me importa. Las mujeres hemos luchado por ello y estamos tan capacitadas para estos puestos como cualquier señor», añade contundente.

Con tan firme defensora en la cúpula gubernamental era difícil poner pegas a la avalancha de nombramientos femeninos que inundaron los primeros Consejos de Ministros. La joven Leire Pajín era nombrada secretaria de Estado de Cooperación a pesar de las iniciales intenciones del ministro Moratinos de encomendar tan delicado área a un diplomático. Zapatero pretendía con ella un nuevo gesto hacia los jóvenes al que no estaba dispuesto a renunciar. Se lo comunicó por teléfono. La llamó al móvil desde su despacho de Ferraz porque Leire se había ido a casa esa tarde inusualmente pronto. No se encontraba bien. Allí le sonó el teléfono y él le comunicó su decisión: «Quiero que seas la secretaria de Estado de Cooperación.» La joven Pajín no se sorprendió en exceso. Su grado de confianza con el líder le permitía albergar esperanzas, fuera en el partido o en el Gobierno. Pero lo que le ofreció era lo que más le gustaba. «Estoy viviendo un sueño. Este puesto es el que siempre hubiera deseado de formar parte de un gobierno», explica la secretaria de Estado en su actual despacho.

Bajo las órdenes de Caldera, además de Consuelo Rumí como responsable de inmigración se incorporaba otra de las mujeres de confianza del presidente, Amparo Valcarce, que pasaba a ser secretaria de Estado de Asuntos Sociales. Diputada por León, la circunscripción de Zapatero, desde hace una década y fue propuesta por él para formar parte de la comisión gestora del partido que hubo de preparar el 35 congreso tras la dimisión de Joaquín Almunia.

Se creaba además una Secretaría General de Igualdad que Caldera puso en manos de una reconocida luchadora por los derechos femeninos, la socióloga y profesora de la Universidad de Salamanca, ciudad natal y circunscripción electoral del ministro de Trabajo, Soledad Murillo. El Instituto de la Mujer era para una de las diputadas batalladoras en la anterior legislatura, la abogada Rosa Peris.

La médica Carmen Moya se hacía cargo de la Delegación del Gobierno para el Plan sobre Drogas, tradicionalmente ocupada por un dirigente masculino, al igual que la Dirección General de Asuntos Religiosos, que recayó en la diplomática Mercedes Rico. Fue la vicepresidenta, requerida por el ministro López Aguilar en su búsqueda de una mujer para el puesto, quien la llamó para ofrecerle el cargo. Rico acababa de aceptar la propuesta del ministro de Asuntos Exteriores, Miguel Ángel Moratinos, de irse de embajadora a Ginebra, pero la vicepresidenta fue apremiante. Tenía que responder en cuarenta y cinco minutos. Y decidió quedarse en Madrid. También Moratinos inauguraba una «etapa femenina» en uno de los puestos claves de su departamento: Carmen Fontes se ha convertido en la primera mujer al frente de la Oficina de Información Diplomática. Los segundos puestos también han empezado a poblarse con nombres de mujer.

8

Chaves también juega: «Y yo más»

¿Y Micaela Navarro? La secretaria de Igualdad del PSOE, líder del *lobby* feminista del partido, principal artífice de la democracia paritaria conquistada en su organización y mujer considerada del núcleo duro de la ejecutiva federal, no aparece en ninguno de los primeros nombramientos. Ni ministra, ni secretaria de Estado. Sus propios compañeros de partido estaban perplejos.

Todas las quinielas de ministrables socialistas le concedían antes de las elecciones un puesto en un virtual gobierno de José Luis Rodríguez Zapatero dado su peso en la ejecutiva y el interés demostrado por el líder del PSOE en los temas de mujeres. Se la ubicaba en un posible nuevo Ministerio de la Mujer o en el de Asuntos Sociales, que Zapatero resucitaría de los tiempos en que lo ocuparon Matilde Fernández y, posteriormente, Cristina Alberdi, desgajándolo de Trabajo. Pero no. Zapatero no la había llamado.

El misterio se resolvería unos días después, cuando Manuel Chaves dio a conocer su nuevo gobierno autonómico en el que Navarro ocupaba el puesto de consejera de Igualdad y Bienestar Social.

En realidad la operación se fraguó antes del 14 de marzo y fue, quizá, la incredulidad previa de la victoria en las generales la que dejó sin ministerio a Micaela Navarro. Chaves habló con ella semanas antes de la convocatoria electoral. Le dijo que contaba con ella para su próximo gobierno en el que aspiraba, además, a tener más capacidad de maniobra si los sondeos acertaban y podía desprenderse del pacto con los andalucistas para gobernar en solitario.

«¿Te gustaría venirte a Sevilla?», le preguntó. Navarro asintió. Entre ambos diseñaron someramente la consejería de la que podría hacerse cargo, que sería heredera de la de Bienestar Social pero incorporaría expresamente los asuntos relacionados con los derechos de la mujer. Así, pasaría a llamarse de Igualdad y Bienestar Social. La gran defensora de la paridad dentro del partido debía incorporar esta «condición» al nuevo gobierno de la Junta y no quedarse «sólo» con los asuntos de política social. «Luego, después de las elecciones ya te llamo», concluyó el presidente andaluz. Y así quedaron.

El retorno de Navarro a Andalucía entraba, pues, en los acuerdos Chaves-Zapatero previos a las elecciones. Micaela Navarro necesitaba un cargo público con el que incorporar a su currículum político la gestión que sólo había experimentado en sus años de concejala del pequeño Ayuntamiento de Úbeda. Chaves lo sabía y estuvo a punto de llamarla para su anterior equipo, pero los difíciles encajes de todo gobierno, unidos al pacto con el Partido Andalucista, que se hizo con varias consejerías, lo pusieron muy difícil. Además, al presidente andaluz le venía bien mantener en Madrid, y más concretamente en Ferraz, a una de las suyas para demostrar el peso de su federación en la ejecutiva federal y tener un hilo de control e información directa sobre Zapatero. Sin embargo, cuatro años después ya había llegado la hora de reclamar a Micaela.

En la charla que mantuvieron el presidente andaluz y la secretaria federal de Igualdad avanzaron algo más respecto al diseño del futuro gobierno autonómico en el tema prioritario para ella. Chaves la adelantó que, muy posiblemente, si podía formar gobierno en solitario contaría con un mayor número de mujeres que de hombres, porque estaba convencido de su valía ya que lo había comprobado por experiencia en sus diferentes gobiernos.

Todo había quedado en una conversación informal en la que Micaela Navarro atesoraba sus expectativas futuras. Luego llegó el 11-M y el 14-M, la inesperada victoria y los anuncios de probables ministros. Navarro ampliaba sus expectativas pero Zapatero no la llamaba. La llamada que sí recibió llegó apenas unos días antes de que Chaves nombrara oficialmente su gobierno. Fue hacia las tres de la tarde. La dirigente jienense compartía charla y bebida con la catalana Lourdes Muñoz, la secretaria de Igualdad del PSC, en la cafetería del Congreso de los Diputados.

Chaves le confirmaba a través del móvil lo hablado. «¿Pero no me ibas a llamar después de las elecciones?», se quejó Navarro ante la angustiosa espera. «Bueno, pues ya te estoy llamando», respondió Chaves. La jienense le confirma su disposición a irse a Sevilla. Esa misma tarde, la secretaria de Igualdad del PSOE se cruzó con Zapatero en el hemiciclo y éste, con una de sus encantadoras sonrisas, le dijo: «Hace mucho tiempo que sabía que te ibas con Chaves.» El secretario general respiraba ante ella por no haberla llamado para ningún puesto de su futuro gobierno y le deseaba suerte en su nuevo destino. «Me voy a Sevilla porque Zapatero no cuenta conmigo ahora», le confesaba dolida a una amiga días después. Sin embargo, las relaciones entre ambos parecen haberse recompuesto y nadie descarta en el partido que, tras la experiencia en el gobierno andaluz, Micaela pueda contar para un próximo ejecutivo socialista con Zapatero al frente.

Con la creación de una consejería de Igualdad, el presidente andaluz daba un nuevo paso adelante en su trayectoria «feminista», con la que también quiso inaugurar la nueva legislatura proponiendo, por primera vez, a una mujer para presidir el Parlamento andaluz. Chaves había percibido con toda nitidez la evolución de las expectativas femeninas en el partido y en la misma sociedad andaluza. Con tres legislaturas a sus espaldas también necesitaba un impulso de novedad para este mandato y optó por el «mensaje femenino».

El primer nombre que barajó fue el de la veterana Carmen Hermosín, varias veces consejera con él. Pero la dirigente, que quería repetir una vez más como consejera, no quiso aceptar un cargo tan institucional que la apartaría de la primera línea y le pidió al presidente volver a Madrid como diputada. Chaves aceptó e incluyó a Carmen en la candidatura de Sevilla, una lista que le estaba provocando serios dolores de cabeza.

Alfonso Guerra, para disgusto de Chaves, no había querido retirarse totalmente de la política como Felipe González, que en estas elecciones había renunciado a ser diputado, y había acordado con Zapatero continuar siendo el cabeza de lista del partido por Sevilla.

El presidente andaluz, sin embargo, que hasta el último momento estuvo intentando que Felipe aceptara volver a concurrir y encabezara la lista sevillana dado que su tradicional puesto en el número uno de Madrid estaba ahora ocupado por el nuevo candidato, Zapatero, asumió con notable disgusto la prerrogativa que el líder socialista concedía al ex vicesecretario general. Chaves no se preocupa demasiado en ocultar que el tiempo no ha dulcificado su tensa relación con Guerra y en el principal mitin en Sevilla durante la campaña electoral de las autonómicas, con Zapatero y González presentes, quedó más que patente.

El ex vicesecretario general no compareció y su silla vacía en la primera fila quedó expuesta a los focos y las televisiones. La ausencia de Guerra no se debió, sin embargo, al motivo que algunos medios argumentaron: no querer coincidir con Felipe González. Muy al contrario, Guerra se negó a acudir porque la organización del acto, controlado por el equipo electoral de Chaves, no le había incluido entre los intervinientes, a pesar de ser el candidato a las generales por la provincia, con la excusa de tratarse de un «mitin de campaña autonómica». Sí hablaron, sin embargo, tanto Zapatero como González, a pesar de que el ex presidente no era candidato a nada en esta ocasión.

La tensión sobre la lista de la capital hispalense era perfectamente percibida en el PSOE andaluz y el retorno de Hermosín como mujer de confianza de Chaves a una lista en la que había comparecido desde 1982 hasta 1990, año en que se incorporó al gobierno andaluz como consejera de Asuntos Sociales, sirvió de eficaz contrapeso al nombre de Guerra. Tras las elecciones, el ex vicesecretario y Hermosín tienen sus despachos muy cercanos en el Palacio de la Carrera de San Jerónimo en la planta destinada a los presidentes de comisión. La ex consejera preside la de Interior y Guerra la Constitucional.

Descartada Hermosín el presidente andaluz hace de la necesidad virtud buscando otro nombre femenino que le reporte algún rédito. Y decide remover las ya agitadas aguas de su supuesta sucesión proponiendo a una de las que suenan en su prematuro delfinario.

Mar Moreno, la «delfín»

Es la primera vez que en las aproximaciones al futuro candidato socialista a la Junta, después de Chaves, aparece una mujer, pero dado el ambiente «femenino» que reina en los últimos tiempos en el PSOE, nadie lo descarta si es que éste decide que la presente sea su última legislatura —algo todavía por ver y de lo que no hay más que especulaciones al respecto—. La mejor situada para ocupar tan preciada plaza —dados los resultados electorales de los socialistas en Andalucía ser candidato equivale prácticamente a ser presidente— es María del Mar Moreno, una de las pocas mujeres miembros del círculo de confianza del presidente. Al proponerla Chaves para un cargo tan institucional como la presidencia del Parlamento, cuando todos los indicios apuntaban a que la haría consejera a fin de irla presentando a los andaluces como posible «delfín», el presidente ha conseguido preservarla de cualquier posible desgaste al tiempo que la ha ascendido de cara a la ciudadanía.

Mar Moreno representa un caso único en la llegada al poder de las mujeres socialistas: es una de las pocas dirigentes que ha hecho un recorrido en puestos orgánicos dentro del PSOE de mayor relevancia que los que ha tenido como cargo público. Jiennense, al igual que Micaela Navarro, aunque seis años más joven que ella, ha sido la número dos del PSOE andaluz desde diciembre de 2000, en que fue elegida en congreso vicesecretaria general, hasta que su elección como presidenta del Parlamento andaluz la ha hecho renunciar en 2004.

«Todavía no estamos en el núcleo duro», asegura ahora Mar Moreno refiriéndose a las dirigentes andaluzas aun reconociendo la excepcionalidad de su caso. Licenciada en Derecho por la Universidad de Granada, no ingresó en el PSOE hasta 1991 animada por Francisco Vallejo, ex consejero de Salud de la Junta y alcalde de La Carolina, ciudad natal de Mar Moreno, cuando ésta se iniciaba en política.

Antes que concejala, paso iniciático muy habitual en las carreras políticas de buena parte de las actuales dirigentes del PSOE, Moreno ocupó puestos en el aparato del partido siendo primero vicesecretaria de la agrupación local de La Carolina y, dos años más tarde, miembro de la ejecutiva provincial de Jaén, donde entra en contacto con un hombre crucial en la política andaluza de los últimos años: Gaspar Zarrías, varias veces consejero con Chaves y dirigente clave en el control del aparato del partido.

Mar Moreno da el salto a la política autonómica cuando es nombrada delegada de Trabajo y Asuntos Sociales de la Junta en Jaén en 1994 y, dos años más tarde, delegada de la Junta. En 2000 Chaves sorprende a todos proponiéndola en el congreso regional como número dos. Desde ese puesto la hoy presidenta del Parlamento autonómico ejerce de miembro activo del *lobby* femenino andaluz que, en el momento de la victoria de Rodríguez Zapatero, contaba únicamente con una secretaria general provincial, Marisa Bustinduy, responsable del partido en Málaga, y una secretaria de Organización en la misma provincia, Rosario Torres, como principales cargos orgánicos. Precisamente Torres será elegida unos días más tarde por Chaves como consejera de Cultura.

Aunque el asalto a la cabina de mandos del partido había sido en sus inicios un fenómeno básicamente madrileño y catalán, donde tiene un protagonismo destacado la andaluza de origen Manuela de Madre, once años alcaldesa de Santa Coloma de Gramanet y llamada a hacer tándem con el actual president de la Generalitat, Pasqual Maragall, si una enfermedad crónica no la obligara a una dedicación parcial a la política, el PSOE andaluz había ido dando discretos pasos en los últimos años, de la mano de Chaves, hasta convertirse hoy en referencia para todas las socialistas.

Más consejeras que consejeros y más diputadas que diputados

No sólo cuentan con el primer gobierno autonómico con mayor número de consejeras que de consejeros, sino que el grupo parlamentario socialista de la cámara regional tiene tres diputadas más que diputados. Chaves había aplicado estrictamente la paridad exigida en las listas con una exquisita disposición «en cremallera». «También colaboraron en ello los buenos resultados», señala Mar Moreno, quien desde su puesto de vicesecretaria controló la confección de las candidaturas. «Todos los puestos "fronterizos", de los que había dudas que se consiguieran, estaban ocupados por mujeres y, para satisfacción nuestra, la mayoría han logrado escaño», explica.

Chaves ya había «cedido» a Zapatero a dos consejeras como posibles ministrables andaluzas y sólo le podía restar un gesto para confirmarse como «el más feminista» de los dirigentes del PSOE: superar a Zapatero en el número de mujeres en su gobierno. Quienes conocen al presidente andaluz aseguran que «no ha necesitado un *lobby* femenino que le acuciara» porque «le cuesta poco trabajo confiar en las mujeres» y señalan a su gobierno anterior al actual para resaltar que ya antes de que Rodríguez Zapatero fuera elegido secretario general del PSOE Chaves practicaba la paridad en sus equipos. Aunque no se notaba porque, como era un gobierno de coalición con el Partido Andalucista, los consejeros de éste, todos varones, desequilibraban el reparto.

El actual gobierno andaluz, sin embargo, al margen del número de mujeres ha dado un salto cualitativo muy apreciado por las que llevan tiempo en la sala de máquinas atizando el fuego femenino. Si en el anterior gabinete muchas de las consejeras eran independientes fichadas por el presidente desde el mundo universitario o económico —la misma Carmen Calvo, hoy ministra, es un ejemplo de esta política—, en el actual «todas las consejeras son del partido y tienen acreditada trayectoria en el mismo», afirma con orgullo Mar Moreno apenas unos días después de haberse instalado en su despacho de las Cortes autonómicas y aún no desposeída del verbo de dirigente curtida en el aparato.

Y cierto es. Además, las áreas encomendadas a las consejeras no pueden considerarse de menor rango dentro del ejecutivo. Salvo Presidencia, en manos del hombre de confianza de Chaves, Gaspar Zarrías, quien se ha sentado en este despacho a la vera del presidente durante tres legislaturas desde 1988, además de haber sido su jefe de gabinete y también consejero de Industria, y la de Economía y Hacienda, para la que se ha rescatado a uno de los ex ministros de Felipe González sin hueco en la nueva etapa de Zapatero en Madrid, José Antonio Griñán, las carteras de sus compañeras de gabinete atesoran mayor peso político y social que las destinadas a los consejeros restantes.

En manos femeninas están Gobernación, Justicia y Administración Pública, Obras Públicas y Transporte, Salud, Educación, Igualdad y Bienestar Social, Cultura y Medio Ambiente. Para el resto de consejeros han quedado Innovación, Ciencia y Empresa, Empleo, Turismo, Comercio y Deporte, y Agricultura y Pesca. No es de extrañar que en Sevilla cunda la «preocupación» de que entre las nuevas consejeras pueda encontrarse el/la delfín aún no nacido de Manuel Chaves.

Recuperar a Micaela Navarro ya ha sido todo un símbolo para la Junta al igual que la creación de la citada Consejería de Igualdad. Chaves, además, ha querido seguir contando con tres mujeres que ya formaron parte de su gabinete en legislaturas precedentes.

Una de ellas, Cándida Martínez, también incluye en su perfil un acento femenino, aunque labrado éste desde el ámbito de la investigación académica. Consejera de Educación por segunda vez, es toda una institución en el mundo académico andaluz: ha sido decana de la Facultad de Filosofía de la Universidad de Granada y presidenta de la Conferencia de Decanos de estas facultades. Investigadora en numerosos proyectos de carácter histórico relacionados con la mujer, ha dirigido el Instituto de Estudios de la Mujer de la universidad granadina y ha sido fundadora y secretaria de la Asociación Española de Investigación de Historia de las Mujeres. En el PSOE milita desde 1996.

Con Concepción Gutiérrez, consejera de Obras Públicas, Chaves cuenta desde que fuera nombrado por Felipe González miembro de su joven Gobierno y pasara a ocupar la cartera de Trabajo. En el ministerio le dio su primer cargo a su lado como jefa de gabinete y ya no la dejó escapar. De su peso político habla su paso por la consejería de Presidencia entre 1990 y 1994, la única legislatura en que la soltó Zarrías destinado a Madrid como senador. Chaves también la confió en su día la puesta en marcha de la Delegación de la Junta en Bruselas con la que pretendía que Andalucía tuviera un interlocutor propio ante las instituciones de la Unión Europea. En 2000 la reclamó a Sevilla para la Consejería de Obras Públicas en la que repite tras las elecciones de 2004.

La tercera consejera que renueva el cargo es la responsable de Medio Ambiente, Fuensanta Coves, otra acreditada investigadora y docente del ámbito universitario andaluz, en este caso en las áreas de salud, consumo y medio ambiente. Coves ha desarrollado su labor en la Universidad de Almería, donde ha sido profesora de Didáctica de las Ciencias Experimentales y directora del Secretariado de Planes y Proyectos de Investigación del Vicerrectorado de Investigación. De su compromiso político con el PSOE hablan su escaño en el Parlamento autonómico por Almería y los cargos de vicepresidenta del Patronato del Parque Nacional de Doñana y de presidenta de distintos consejos creados a instancias de la Junta en materia de medio ambiente.

¿Dónde más ha buscado el presidente andaluz y del PSOE para completar su cuadro de consejeras? En su misma Administración anterior, de donde ha optado por ascender a dos de los cargos que apoyaron la labor de sus anteriores consejeros. Para Cultura, departamento de donde surgió la «estrella» de Carmen Calvo, catedrática y hasta tres meses antes de las elecciones sin carné del PSOE, Chaves ha optado por unas de las mujeres con mayor responsabilidad en el aparato de la federación, la secretaria de Organización de la ejecutiva de Málaga, Rosario Torres. Aunque no formaba parte del equipo directo de Calvo desde su puesto como delegada provincial de Cultura de la Junta en Málaga, en las dos anteriores legislaturas contribuyó esencialmente a la puesta en marcha del Museo Picasso, la pieza clave del ascenso de su consejera a la constelación de la política nacional. Maestra, con tres hijos y un carné socialista que data de 1983, Torres presenta una trayectoria política bastante habitual entre sus compañeras. Primero, la política municipal: fue concejala de Antequera, su ciudad natal, en los años ochenta. Luego, la provincial: fue responsable de Bienestar Social y Cultura en la diputación provincial en los noventa. Y, finalmente, la autonómica, desde que fue nombrada delegada de la Junta en su provincia. Paralelamente, y eso ya resulta menos habitual en las carreras de sus compañeras, ha ido ocupando y ascendiendo puestos en la estructura orgánica del PSOE, donde también ha sido secretaria de la Mujer en sus comienzos en la agrupación local antequerana. Actualmente es diputada regional y miembro del comité director del PSOE andaluz.

El otro ascenso del nuevo gabinete andaluz es el de la anterior viceconsejera de Sanidad, la joven María Jesús Montero, una reconocida médico que no llega a los cuarenta años aunque con experiencia más que probada en la gestión hospitalaria.

Dos consejeras más cierran el «círculo femenino» de Chaves. Una de ellas es la más joven de todo el gabinete: con treinta y siete años, la ingeniera agrícola Evangelina Naranjo se ha hecho cargo de la consejería de Gobernación, procedente del ayuntamiento hispalense, donde era teniente de alcalde y portavoz del grupo socialista. En cuanto a María José López González, la consejera de Justicia y Administración Pública, fue reclamada por el presidente andaluz a Zapatero. Aunque natural de Granada, donde inició su carrera política como concejala —¿les suenan estos comienzos?—, la hoy consejera tuvo su gran oportunidad en la legislatura en la que Zapatero tomó las riendas del grupo parlamentario como nuevo secretario general socialista.

López González fue elegida diputada nacional por Granada y se estrenó en el escaño, al igual que otras parlamentarias socialistas, impulsada por la cuota en las listas aplicada por Almunia. A pesar de que acababa de cumplir los cuarenta, la abogada granadina mostraba el entusiasmo juvenil de otras compañeras que formaron un auténtico «grupo revelación» para la nueva dirección socialista.

Como experimentada letrada, además de profesora de la Escuela de Práctica Jurídica del Colegio de Abogados de Granada, Jesús Caldera supo aprovecharla como portavoz adjunta de la comisión de Justicia, un puesto de alto rango para los diputados novatos como ella. Pero es que María José López tenía el empuje y la ilusión de las jóvenes Leire Pajín e Iratxe García, y tanto Caldera como Fernández de la Vega la dieron oportunidades para lucirse.

Formó parte, pues, del quinteto de diputadas a las que la dirección del grupo parlamentario encargó acosar a determinados ministros, especialmente sensibles a la «osadía» de las diputadas novatas, en las sesiones de control del Congreso (además de Leire Pajín e Iratxe García, la también andaluza Mamen Sánchez y la valenciana Rosa Peris completaban el grupo de ataque tal como se refiere con más amplitud en el capítulo 6).

En mayo de 2001, López tuvo su debut en el pleno con una pregunta al entonces ministro de Interior, Mariano Rajoy, respecto a la creciente inseguridad ciudadana y el programa «Policía 2000» publicitado por el Gobierno. Entonces recibió sus primeros aplausos en el Congreso cuando le espetó al ministro: «Señor Rajoy, cumpla con su obligación y dé seguridad a los ciudadanos. Los ciudadanos se sienten inseguros y este grupo también lo está. Le animo a que cumpla con su obligación.»[1]

Rajoy la acusó de hacer eslóganes con datos falsos y la despachó con un «mire usted, eso es manifiestamente falso y no es objetivo. Por tanto tengo que decirle que no puedo compartir su criterio; lo siento mucho.»[2] No hubo réplica ni contrarréplica, pero María José había demostrado que se podía contar con ella. A lo largo de la legislatura fue ponente de más de una docena de proposiciones de ley, todo un récord —que se lo digan a algunos de sus compañeros de escaño, con más legislaturas a sus espaldas y expertos en apretar el botón de votaciones—. Su verbo y capacidad de trabajo la llevaron a ser nominada por la Asociación de Periodistas Parlamentarios, los que siguen a diario la actualidad del Congreso, «diputada revelación», cotizado galardón entre los que estrenan escaño.

«Y luego me las quitan», se queja María Teresa Fernández de la Vega desde su despacho de vicepresidenta sintiéndose descubridora y formadora de estas dirigentes que luego han sido reclamadas por los responsables masculinos de sus respectivas federaciones. Así ha sido en el caso de María José López y también en el de Iratxe García, empujada, para su disgusto, a la candidatura europea encabezada por José Borrell. La joven Iratxe, que aprovechó el verano

---

[1] Diario de Sesiones del Congreso de los Diputados. Pleno del 16 de mayo de 2001.

[2] Diario de Sesiones del Congreso de los Diputados. Pleno del 16 de mayo de 2001.

de 2004 en mejorar a marchas forzadas su inglés, ha tenido que cambiar las cálidas comidas caseras con sus diputadas amigas en El Borsalino por el frío Estrasburgo. «A las mujeres siempre nos cambian, así es muy difícil cimentar un liderazgo», es otra de las quejas habituales de la ministra de Presidencia. Seguramente, más de un compañero de su partido podría también dar testimonio de una trayectoria salpicada de «obligaciones» y destinos poco deseados.

Todavía hay otra mujer que todo aquel que conoce al presidente Chaves y su trayectoria política cita a tener en cuenta aunque fuera de Sevilla pocos conocen su cara ni sus opiniones. Se trata de Antonia Iborra, su mujer. *Antoñita*, como se la llama en Andalucía, no ha tenido nunca un cargo político. Más al estilo de las mujeres de su generación que al de las nuevas dirigentes socialistas, dejó de trabajar cuando su marido fue elegido presidente de la Junta por primera vez pero se mantiene activa y, aunque ha hecho de la discreción su principal cualidad, buena parte de las socialistas andaluzas con responsabilidades políticas la conocen, saben que «tiene mucho criterio político» y le atribuyen una significativa influencia en su marido. Algo así como Ana Botella con Aznar, pero sin que se note. «*Antoñita* es muy tímida y no permitiría aparecer en primera línea pública nunca», asegura una dirigente sevillana que la conoce bien y que sitúa su primera convicción en relación a su marido: «Lo que mejor teoriza, porque lo tiene absolutamente asumido, es el apoyo que necesita quien debe dedicarse a la política.» Que se lo digan, si no, al propio Chaves.

9

EL CLAN SE RENUEVA. LAS NUEVAS MUJERES FUERTES

Su discurso y sus ojos. O, mejor dicho, sus ojos y su discurso. Por este orden convenció José Luis Rodríguez Zapatero a María Isabel Montaño, Maribel, como prefiere que la llamen.La nueva secretaria de Igualdad del PSOE después del 36 congreso, el primero que se realiza con el líder socialista ocupando La Moncloa.

Cuatro años atrás, la dirigente sevillana, natural de Carmona, estaba en su casa cuando su marido la llamó insistentemente a la cocina donde una pequeña televisión informaba de que el diputado leonés estaba haciendo pública su intención de presentarse a la Secretaría General del partido. «Ven, ven, mira, que Rodríguez Zapatero se presenta también.» En ese momento Montaño pensó: «Otro más», como un factor de desestabilización añadido al conflictivo congreso.Ya habían hecho pública su intención de ser candidatos Rosa Díez, José Bono y Matilde Fernández, y los partidarios del presidente de Castilla-La Mancha, entre los que se encontraba su federación andaluza, confiaban en que el diputado leonés aceptase pactar con él y no diera el paso de convertirse en candidato.

El todavía poco conocido diputado, incluso para muchos de sus compañeros de partido, estaba dando una rueda de prensa en el hostal San Marcos de León. Miraba a la cámara sereno, trascendente, sabedor de la importancia de la decisión que estaba tomando. «Me encantaron sus ojos.» Ésa fue la primera impresión de Maribel Montaño.

Era la primera vez que miraba de frente a José Luis Rodríguez Zapatero, aunque a través de las 365 líneas de la realidad virtual televisiva, y «aunque es una tele pequeñita» le llamó la atención esa sinceridad que parece irradiar su mirada y que ya ha cautivado a más de uno en el PSOE. «Parece que te dice la verdad cuando habla», reflexionó Montaño.

¿Qué tendrán esos ojos? ¿Se refería a ellos también Alfonso Guerra cuando en el mitin-fiesta de Rodiezmo, en León, ante cientos de mineros y sindicalistas dijo que el Gobierno de España había cambiado a Rambo por Harrison Ford? El atractivo personal no es un asunto menor en el ascenso de Rodríguez Zapatero. El *Financial Times* dedicó en julio de 2004 la portada de su semanal al nuevo presidente español. El título del reportaje era «Eyes wide open», algo así como «Con los ojos bien abiertos», y la autora del mismo, Leslie Crawford, jefa de los corresponsales del medio en Madrid, incluía en el primer párrafo una frase referida a Zapatero llena de simbolismo: «Se disculpa sonriendo con sus ojos color aguamarina tan traslúcidos que tengo la sensación de que estoy mirando al mar Caribe.»[1]

Aquella visión de Zapatero en la tele de su cocina fue el primer paso para que Maribel Montaño, la joven delegada al 36 congreso, segundo en su vida de afiliada, votara a favor de él rompiendo la consigna de su delegación, la andaluza, que apostaba por Bono. El segundo lo dio tras oír su discurso. Al igual que Matilde Fernández, que percibió un tono «femenino» y cautivador en las palabras del leonés, Montaño percibió un aire distinto y moderno al oír a Zapatero, último de los candidatos en intervenir ante el pleno de delegados.

---

[1] *Financial Times* (Magazine), 19 de julio de 2004.

«Bono, al que se suponía que había que votar, había hecho un discurso impecable pero las "pantallas asesinas" que acercaban su imagen a todos los delegados dejaron ver su sudor y el ahogo que parecía transmitirle el cuello de su camisa. Su mensaje era sólido pero el pañuelo con el que se enjugaba la frente estaba amarillento a los diez minutos de empezar. Todos los que se sentaban conmigo, y yo, teníamos ganas de que acabara. Daba angustia verle así», añade. Por el contrario, el ágil e impecable leonés subió a la tarima con unos pasos atléticos que hicieron respirar de alivio a la fila de delegados sevillanos que habían escuchado a Díez, Bono y Fernández con escasos motivos para la ilusión. «Fue en ese momento cuando decidí cambiar mi voto —reconoce Montaño—, al igual que muchos de mis compañeros de fila. Aunque ahora parece que queda bien decirlo, es tal como ocurrió». Entonces no podía adivinar que cuatro años más tarde iba a formar parte de su equipo.

«Te he propuesto para la Secretaría de Igualdad, así que vete preparando.» Ésas fueron las palabras que le dijo el secretario general de su ejecutiva, Luis Navarrete, cuando hacia las nueve de la noche del sábado en que se estaba desarrollando el plácido 36 congreso del PSOE ésta le preguntó si tenían alguna reunión de delegación o podía irse hasta la mañana siguiente. A diferencia de la mayor parte de sus compañeros, Maribel no había reservado habitación en un hotel cercano al Palacio Municipal de Congresos de Madrid, en la zona norte de la capital, donde se desarrollaba el evento, y parecía tener algo de prisa. En realidad guardaba un «secretillo» particular: quería aprovechar para ver la muestra recién inaugurada de la colección de Tita Cervera en el Museo Thyssen y para su escapada necesitaba un alojamiento céntrico.

A Montaño le sorprendió el anuncio de Navarrete, ya que en los corrillos del Congreso se habían manejado otros nombres para suceder a Micaela Navarro con mayor rango que el suyo en la jerarquía del partido, como el de Susana Díez, secretaria de Organización de la ejecutiva sevillana y diputada en Madrid, o el de Aurora Tocho, también diputada en el Parlamento andaluz.

Una sevillana, en primera línea

Lo que sí sabía Montaño, como todos sus compañeros de delegación, era que el puesto iba a ser para su federación. A pesar de algunos movimientos previos, que pretendían promocionar a la feminista Elena Valenciano —eurodiputada cercana a Borrell—, Andalucía había impuesto su poderío. El perfil de la futura secretaria de Igualdad estaba definido desde que se supo que Micaela no repetiría al ser nombrada consejera por Chaves: tenía que ser andaluza —la federación no iba a ceder este puesto ahora que se había convertido en una de las estrellas del mandato de Zapatero y del mismo Chaves—, mujer, por descontado, y joven. Maribel encajaba perfectamente en el cuadro: cuarenta y dos años y miembro de la ejecutiva de Sevilla. La sorpresa tampoco fue mayúscula.

Aunque no se afilió al PSOE hasta 1989, su pasión por la política se inició diez años antes. A punto de cumplir los dieciocho y estudiante del antiguo COU, una inquieta Maribel escuchaba a su profesora de Historia Contemporánea del instituto anunciarles en las últimas semanas de clase que no hacía falta que estudiaran las últimas lecciones porque la situación en España iba a cambiar —¡qué profesora más comprensiva!—. Ese mismo mes en que acababa el curso iban a tener lugar las primeras elecciones municipales democráticas en las que el PSOE sacó en su pueblo unos resultados sorprendentes. Un militante socialista lo comentaba a la mañana siguiente: «Me han dicho en el partido que nos han votado más que en la Segunda República», explicaba alborozado. La joven Maribel asistía a la escena y recordó a su profesora de Historia: «Esas páginas del libro que no había que estudiar, que se habían quedado en blanco, podían ser escritas de nuevo, y yo podía participar en su redacción», reflexionó.

Luego llegó su licenciatura en Geografía e Historia por la Universidad de Sevilla, la plaza de funcionaria como técnico de actividades culturales en el Ayuntamiento de Carmona, el compromiso afiliándose al PSOE y a la UGT en 1990 y, a partir de ahí, los cargos políticos. Alfredo Sánchez Monteseirín la fichó como asesora para la Diputación de Sevilla cuando él la presidía. Fueron los años en que su agrupación la designó candidata a la alcaldía del municipio tanto en las elecciones de 1995, con apenas treinta y tres años, como en las de 1999. La «pinza» PP-IU que protagonizó la vida política andaluza en los noventa la privó de la alcaldía a pesar de haber conseguido mayoría de votos en ambas convocatorias debido a los acuerdos entre ambas formaciones.

Su esfuerzo, no obstante, fue valorado en el partido y después de entrar en la ejecutiva provincial la eligieron secretaria general de la agrupación de Carmona en 2001. Para las elecciones autonómicas de 2004 Chaves ya la incluyó en su candidatura y entró en la cámara regional por primera vez.

En todo este tiempo la nueva secretaria federal de Igualdad ha tenido muy pocas oportunidades de tratar personalmente con el líder del partido. La primera vez tuvo lugar con ocasión de un aniversario y un mitin-fiesta que, para sorpresa de todos, destrozó un inesperado diluvio. Se conmemoraba el 20 aniversario de la aprobación del estatuto de autonomía de Andalucía. Como su redacción se alumbró en el Parador de Carmona, los socialistas andaluces consideraron que era allí donde debía tener lugar el festejo.

Maribel Montaño era ya líder de la agrupación local y le correspondía presentar al secretario general que, con un año en el cargo, acudía a hacer un gesto a la federación andaluza que unos meses antes había votado mayoritariamente en su contra.

Las primeras gotas hicieron temer a los organizadores lo peor. Cuando llegó el turno de que hablase Zapatero, las agoreras predicciones se cumplieron. Montaño apenas pudo presentarlo a toda prisa y el secretario general decir unas brevísimas palabras de saludo. El aguacero estropeó el encuentro. No volverían a coincidir hasta el congreso federal de julio de 2004. El encantador Zapatero, ya presidente del Gobierno, no la había olvidado y cuando se encontraron le preguntó: «¿Qué tal por Carmona?» «Ahí sigue, sin llover desde que estuviste por allí», le respondió una socarrona Maribel. Horas más tarde se convertiría en miembro de su equipo.

Aunque Montaño no ha tenido responsabilidades específicas en el campo de la mujer, su cargo como secretaria de Organización, primero, y como secretaria general, después, en su agrupación la han mantenido cerca de la selección de listas y de las peleas por hacer hueco a las mujeres. Conoció a Micaela Navarro precisamente en un acto femenino, «Las mujeres en el poder local», que supuso, según cuenta, su iniciación en la reivindicación feminista como parte de su proyecto político. Pero a quien, sin duda, responsabiliza de su inmersión en la estrategia de lucha femenina dentro del PSOE es a la ministra Carmen Calvo, con quien ha trabajado desde 1999 como delegada de Cultura de la Junta en Sevilla.

A pocos más, más allá del saludo, conoce la recién llegada Montaño en Madrid. Parece repetirse la historia del aterrizaje de Micaela Navarro, «la concejalilla andaluza», a quien nadie concedía el espacio de poder que consiguiera al final de su mandato. Al igual que ella Maribel se ha traído de su pueblo a su segunda, quien también, como Isabel Martínez en su día, es una jovencísima periodista. Se trata de Silvia Morata Pla que, con veintiocho años cumplidos, ha trabajado ya durante varios con Maribel en el ayuntamiento, después de conocerse a través de su labor en la prensa local.

El AVE ha sido medio hogar de Isabel Montaño en sus primeros meses en Ferraz. Su marido, perito agrónomo que explota a través de una cooperativa agraria unas tierras en Carmona, ha quedado al cuidado de los dos hijos de quince y trece años. Parece entenderla, aunque hasta el año 2003 su mujer no había conseguido convencerle de que militara en el PSOE. No obstante, repitiendo una vez más los primeros pasos de su antecesora, Montaño pretende alquilar un piso en Madrid compartido con su coordinadora, Silvia Morata.

Aquí se quedan las coincidencias con Micaela Navarro. Montaño no ha podido, siquiera, ocupar su despacho porque una reorganización de espacios en Ferraz ha relegado a la nueva secretaria de Igualdad a la planta primera, donde sólo se encuentra el Observatorio de Medios que en su día creara Ángeles Puerta. Ningún otro secretario de área se encontrará en los pasillos de su planta a Maribel quien, para sentirse más acompañada, se apropió nada más llegar de un cuadro de Julián Besteiro que decoraba un pasillo sin propietario para colocarlo frente a su mesa. La responsable de Igualdad tiene especial predilección por este dirigente socialista por razones obvias: su agrupación local lleva su nombre en recuerdo de los años que pasó en la cárcel de Carmona, donde fue encarcelado por orden de Franco, y murió finalmente en penosas condiciones.

El *lobby* que liderara Navarro en los cuatro años anteriores tenía su centro dos pisos más arriba, en la habitualmente abarrotada tercera planta de Ferraz, donde en muy apretado espacio Navarro coincidía con Narbona, hoy ministra, Pajín, hoy secretaria de Estado, y Chacón, hoy vicepresidenta del Congreso, además del también futuro ministro Jordi Sevilla. Tras la victoria, ese grupo de presión parece haberse desgajado y nuevas dirigentes femeninas han llegado prestas a cubrir su espacio desde muy distintos lugares.

Barones en busca de «chicas»

Ya nadie llega a las reuniones de alto nivel en las que se pueden tomar decisiones sobre puestos a cubrir sin candidatas femeninas. Los jefes han visto enseguida el hueco y no han tardado en incluir en sus cuadernos nombres de mujeres de su cuerda para proponer a Zapatero cuando sea necesario.

El astuto Gaspar Zarrías, al que nada se le escapa en el aparato andaluz, podría dar algunas clases a sus compañeros varones para situarse en el nuevo panorama. «No hay manera de que se le cuele nadie. Cuando llega la hora de hacer las listas siempre trae un candidato hombre y una candidata mujer. Depende lo que haga falta. Él tiene de todo», cuenta una compañera de la ejecutiva andaluza que, condescendiente, lo califica de «feminista oportunista».

Así las cosas, en el 36 congreso, cada barón territorial llegaba pertrechado con «sus mujeres» y, a la hora de negociar la ejecutiva, alguno ha conseguido «dar el pelotazo», como Marcelino Iglesias, que logró meter nada menos que a dos dirigentes de Aragón en la misma, gracias al cuidado puesto en la selección de sus propuestas.

En la nueva ejecutiva, por tanto, antes de Montaño, otras mujeres aparecen como las de mayor peso. Con despacho permanente en la sede central retorna Trinidad Jiménez, como responsable de Relaciones Internacionales y que vuelve a situarse como una de las mujeres de referencia en el partido. Al igual que Carme Chacón, a quien Zapatero parece haber querido dar un «premio de consolación» por no haber ocupado ministerio alguno, y mantiene en la secretaría de Cultura, aunque sin responsabilidades en Educación. Su puesto institucional como vicepresidenta del Congreso, no obstante, puede provocarla conflictos a la hora de encarar su cometido en el partido por lo que no se espera mucho brillo ni presencia pública de la catalana en este mandato. Tras ellas, otras dos son las que pueden apuntar más alto: la oscense Eva Almunia y la albaceteña Matilde Valentín.

Ambas llegan a Madrid desde su puesto de consejeras en sus respectivos gobiernos autónomos y son mujeres de confianza de los mandamases de sus federaciones, el presidente aragonés, Marcelino Iglesias, y el ya ministro de Defensa, José Bono. Las dos, también, proceden del municipalismo. Almunia ha sido concejal durante dieciséis años en su localidad natal de Esplús y, tras un periodo como edil de Educación y Cultura en el Ayuntamiento de Huesca, Iglesias la fichó como consejera de la misma área. En el nuevo equipo de Zapatero también se encargará de Educación.

Valentín ha sido teniente de alcalde y concejal de Economía del Ayuntamiento de Albacete antes de ser llamada por Bono para ejercer de consejera de Sanidad, primero, y Administraciones

Públicas, después, en sus sucesivos gobiernos autónomos. En Ferraz se ocupará del área de Bienestar Social.

También se espera que Soraya Rodríguez Ramos, la sucesora de Cristina Narbona al frente de Medio Ambiente, ocupe un sitio de relieve en la nueva dirección socialista. Ha sido propuesta por Ángel Villalba, el secretario general de los socialistas de Castilla y León, federación de origen de Rodríguez Zapatero, como persona muy próxima. Su trayectoria política también es de peso a pesar de sus cuarenta años recién cumplidos: eurodiputada y vicepresidenta de la comisión de Agricultura del Parlamento europeo, ya formaba parte de la ejecutiva federal elegida por Zapatero cuatro años antes dentro de las secretarías sin cartera como mujer de su confianza. En su perfil también incluye el elemento feminista, ya que ha sido directora del Centro de la Mujer del Ayuntamiento de Valladolid, su ciudad natal, y abogada en el Centro de Acogida a Mujeres Víctimas de Malos Tratos de la provincia.

La gran incógnita del nuevo equipo femenino del partido es la economista Inmaculada Rodríguez-Piñero, que ofrece un perfil más técnico que político. Madrileña y licenciada en Económicas y Empresariales, tras una etapa como funcionaria de alto nivel en la Generalitat valenciana llevaba ocho años trabajando en la Dirección General del Catastro del Ministerio de Hacienda cuando se inauguró el 36 congreso. No ha tenido cargos públicos hasta el momento y es una auténtica desconocida para las mujeres del partido. Zapatero, no obstante, ha puesto en sus manos un área tradicionalmente «masculina», la de Economía. La explicación de su aterrizaje, una vez más, está en la obligada paridad.

Jordi Sevilla, ya ministro, quien había ocupado la secretaría en los duros años de oposición, había pactado con Zapatero y Blanco que el área se mantuviera en la órbita de la federación valenciana, a la que él pertenece. Junto a Joan Ignasi Pla, el secretario general de PSPV, tenían preparado el sustituto: Ricard Torres, secretario de Economía de la federación. Para ocupar el puesto que él dejaba libre en Valencia se había hablado con Inmaculada

Rodríguez-Piñero y todos los implicados estaban de acuerdo. La operación parecía cerrada. Sin embargo, los movimientos en otras secretarías obligaron a Blanco a comunicar a Pla la misma noche del sábado en que se debía cerrar la lista de la nueva ejecutiva federal que «su» puesto en Ferraz tenía que ser para una mujer. No hubo opción. O proponían a una «chica» o se quedaban sin la secretaría de Economía. Lo más sencillo fue invertir la operación diseñada.

Cuando esa misma noche llamaron a Inmaculada para decirle que estaba dentro de la ejecutiva, al principio no lo entendió bien. «Bueno, claro, tal como habíamos hablado, no», dijo. «No, no, que eres tú la que te vienes a Madrid», hubo que explicarle para que estuviera a primera hora de la mañana del domingo en el congreso y posara con Zapatero en la foto de su nuevo equipo.

La designación del resto de mujeres miembros de la dirección socialista, ya sin responsabilidades de área, ofrece un acertado mapa de por dónde circula el poder femenino del PSOE en estos momentos. Leire Pajín, Consuelo Rumí y María del Mar Moreno, dos secretarias de Estado y la presidenta del Parlamento andaluz, figuran en la lista. Las dos primeras son sólidas representantes de las dirigentes femeninas que han acompañado a Zapatero en la renovación del PSOE. Moreno es «cuota Chaves», pero su edad —cuarenta y dos años— la sitúa en la parrilla de salida del recambio de dirigentes que presida el socialismo andaluz. Junto a ellas asoman nuevas líderes de otros territorios que llegan para disputar el espacio ya conquistado por las mujeres en su partido. Con especial futuro político se considera a Lucía Gómez, alcaldesa de Teruel y segunda aragonesa en la ejecutiva, un número poco usual para una federación con tan poco peso.

«Es una pena pero ahora, en el partido, si eres mujer, joven y de fuera de Madrid, tienes muchas más posibilidades de prosperar.» La queja es de un dirigente madrileño, obviamente, y varón. Así, se han hecho también su hueco la pontevedresa Carmen Gallego, diputada en el Parlamento regional y secretaria de la Asociación

Gallega de Mariscadores, la murciana Rosa Peñalver, también diputada en la asamblea autonómica además de secretaria de Igualdad en la ejecutiva socialista de Murcia, la mallorquina Francina Armengol, igualmente diputada autonómica, farmacéutica y una de las mujeres con auténtico poder en la estructura territorial, ya que es secretaria general del PSOE de Mallorca, y la valenciana Josefa Pellicer, única representación en la dirección del PSOE de la corriente Izquierda Socialista, historiadora y asesora del grupo de concejales del Ayuntamiento de Valencia.

Una foto polémica

Maribel Montaño se encontraba en Lisboa disfrutando de unos días de descanso con su familia tras el congreso socialista antes de incorporarse a su nuevo despacho en Madrid cuando la llamada de un compañero del partido inquietó sus plácidas vacaciones: «Prepárate. Mañana sale en *Vogue* un reportaje con todas las ministras del Gobierno posando con ropa de modelos.» La dirigente sevillana, cauta, esperó a su regreso para ver el reportaje, calibrar su alcance e informarse de la doctrina «oficial» al respecto, aunque su impresión inicial fue que inauguraría su despacho con un «problema». Pero incluso a pesar de su inquietud inicial, Montaño no alcanzó entonces a medir el alcance de la polémica que seguiría a la publicación del reportaje. La cuidada foto de las ocho ministras de José Luis Rodríguez Zapatero posando delante de la fachada principal de La Moncloa con ropa de marca, situadas junto a un par de divanes cubiertos por sendas pieles, iba a convertirse en el debate político del verano. Su historia, sin embargo, arranca tres meses atrás.

«Angélica, los de *Vogue* están llamándonos a todas las ministras para hacer un reportaje con posado y ropas de marca. Yo creo que esto no podemos decidirlo nosotras.» El director de Comunicación de una de las ministras afectadas había cogido el teléfono para llamar a Angélica Rubio, directora de Coordinación Informativa de Moncloa y persona de absoluta confianza del Presidente. El Gobierno había sido nombrado pocas semanas antes y su composición al cincuenta por ciento por hombres y mujeres había sido uno de sus ganchos de cara a la opinión pública.

Angélica Rubio toma rápidamente las riendas del asunto con el convencimiento de que la prestigiosa revista de moda ofrecía al flamante ejecutivo una oportunidad para continuar explotando la condición «feminista» del Presidente que no se podía desaprovechar. Es más, puesta al habla con la publicación a la funcionaria monclovita la engolosinan con la principal baza con la que la revista juega para conseguir el reportaje: si se hace, se enviará una reseña a *Vogue Internacional*, que se ha comprometido también a publicarlo. Aun así, es consciente de los peligros que tan inusual reportaje en España podría acarrear. Había que ir con cuidado.

Lo primero era involucrar a todas las ministras. Si alguna se negaba, el reportaje moriría antes de nacer. Hay que convocar a todos los responsables de Comunicación de los ministerios afectados y convencerles de lo idóneo de la propuesta con el fin de vencer las posibles resistencias de sus jefas, si es que existen. Y, para no dotar de oficialidad al encuentro, se aprovecha una sesión de control del Gobierno en el Congreso y un miércoles todos los jefes de prensa de las ministras se reúnen con Angélica en un apartado de la cafetería. Seis mujeres y dos hombres. Ángeles Puerta, la asesora de la vicepresidenta, es una veterana *apparatchik* del partido, además de periodista. Pepa Roma, que trabaja con Cristina Narbona, es periodista y escritora, y en los últimos años ha estado más cerca de los libros que de los medios, y Sara Álvarez Solomando, asesora de la ministra Trujillo, ha ejercido con ella en Mérida en la Consejería de Vivienda, de donde se la ha traído como colaboradora de confianza. Por el contrario, Inmaculada Mardones, responsable de Comunicación de Magdalena Álvarez, Lino Ventosinos, el de Elena Espinosa, y Lucía Argos, la de Carmen Calvo, habían aterrizado en sus ministerios llegados casi directamente de sus respectivas redacciones en distintos medios. Completan el grupo Cristina Pérez, que había trabajado en el departamento de Comunicación del PSOE en el Ayuntamiento de Madrid, que asesora a Elena Salgado, y Luis Corpas, llegado del mundo universitario, que trabaja con María Jesús San Segundo.

La reunión no fue sencilla. Periodistas que apenas días antes habían dejado sus redacciones y expertos del partido en estrategia de comunicación debían ponerse de acuerdo respecto de la propuesta de reportaje. Pero no era fácil analizar objetivamente los pros y los contras cuando se sabía que, desde Presidencia, «se veía bien». Angélica fue muy persuasiva. «Es difícil oponerse a una propuesta que tú consideras arriesgada cuando el asunto se te presenta prácticamente cerrado desde Moncloa», afirma uno de los presentes en el crucial encuentro. El debate fue largo. Las ventajas se pusieron rápidamente sobre la mesa: *Vogue* era una revista seria, que cuidaría al máximo la calidad de las fotos y el reportaje en sí; su visión sería, obviamente, favorable, las fotos y entrevistas no se quedarían en España sino que la difusión de *Vogue Internacional* permitiría «publicitar» el Gobierno paritario de Zapatero mucho más allá de nuestras fronteras y, sobre todo, la aparición en una revista de las consideradas «femeninas» de alto nivel ofrecía una oportunidad única para el PSOE. «Con él se llegaría a un sector de población con el que no le resulta nada fácil conectar a los socialistas: la profesional liberal entre treinta y cuarenta y pocos años, escasamente ideologizada, que es el lector tipo de estas revistas», añade una de las que defendió en el encuentro la propuesta.

El objetivo era claro: comunicarle a ese sector emergente de profesionales cualificadas que las ministras, las socialistas, este Gobierno, además de contar con las mujeres, no es antiguo ni tiene a sus dirigentes puño en alto reivindicando mejor vida para los asalariados. «¿Es que las políticas de izquierda tienen que ir zarrapastrosas? Pues no», era uno de los argumentos que el reportaje pretendía desmontar ante las lectoras de *Vogue*. Alguna de las ministras podía ser una de ellas. O ellas podrían llegar a ministras. Sólo con un gobierno del PSOE, claro.

Semejante objetivo estratégico era incuestionable para la mayoría de los presentes en la reunión y los disconformes centraron la discusión en otro elemento: «Ese mismo objetivo se puede conseguir haciendo que pose todo el Gobierno, tanto las ministras como los ministros.» Impecable, pero esa «foto», aparte de interesar mucho menos a *Vogue*, haría mucho más compleja su realización por tener que combinar no sólo ocho, sino dieciséis agendas ministeriales, además de «convencer» a los ministros de que se avinieran a vestir un traje de marca y dejarse maquillar y peinar por estilistas.

La discusión quedó zanjada con un sí. Tenían que ser «sólo» las ministras, pero había que poner unas condiciones muy concretas a la revista para que el reportaje no se desmadrara. Fue Angélica Rubio la que habló con la directora de *Vogue*, Yolanda Sacristán, para darle el «sí» con condiciones acordado. La propia enumeración de las mismas da una idea de los «miedos» que quienes habían dado luz verde a la propuesta albergaban respecto a las consecuencias de la foto. Veamos:

«Las ministras sólo hablan de política y de su trabajo en las entrevistas. Nada de trapos ni belleza.» *Primera.* «Las ministras no tienen tiempo para hacerse pruebas previas a la sesión fotográfica —esto es algo usual en los posados de las revistas de este nivel— ni para andar eligiendo ropa, así que son los estilistas de la revista, conforme a su estilo, los que eligen un par de modelos, y si no les gustan, posarán con la ropa que lleven puesta.» *Segunda.* «Nada de trajes de noche, ni de cóctel, ni de fiesta. Las ministras no se disfrazan. Ha de ser ropa como la que habitualmente utilizan para su trabajo. Por tanto, tampoco nada de joyas ni abalorios fuera de lo normal.» *Tercera.* «Tampoco habrá cambios de peinado ni nada parecido. Las ministras no quieren "estilismos", sólo el maquillaje y retoque de peinado que puedan hacerles cuando acuden a una entrevista en televisión.» *Final del mensaje.*

Yolanda Sacristán quedó desilusionada en un primer momento cuando escuchó todas estas rémoras al habitualmente brillante trabajo fotográfico de su revista, pero lo importante es que habían dicho que sí. Ahora había que ponerse a trabajar y no meter la pata en ningún paso que frustrase la que iba a ser la exclusiva del año en su sector. Inmediatamente dio orden a su equipo para que buceara en todas las apariciones públicas de las ministras, captaran su estilo y buscaran ropa que no pudieran rechazar. Un par de sofás y algún otro detalle debía arropar el cuadro que, además, contenía un «regalo» para la publicación: la sesión se realizaría en La Moncloa tras un Consejo de Ministros, ya que sería el único momento de poder reunir a las ocho miembros del Gobierno.

Los de *Vogue* dieron muestras de saber su oficio. El día señalado, 9 de julio, viernes, catorce personas, encabezadas por la directora, Yolanda Sacristán, el subdirector, Javier Fernández de Angulo, y el fotógrafo que realizó las históricas instantáneas, Alberto Heras, llegaban por la mañana al palacio presidencial con un par de camiones de los que bajaron los sofás y el material necesario, además de la ropa con la que pretendían vestir a las ministras. Tenían tiempo hasta que concluyese el Consejo de Ministros. Fue a las dos en punto cuando aparecieron siete de las ocho mujeres citadas. María Teresa Fernández de la Vega aún tenía que ofrecer la habitual rueda de prensa.

«¿Qué es esto?», preguntó uno de los asistentes de las ministras al ver las bonitas pieles que el equipo de *Vogue* colocaba con estudiado descuido sobre el sofá y el diván donde habrían de colocarse. «No os preocupéis, son mantas decorativas sintéticas.» La responsable de coordinación de las ministras dio por buena la explicación, pero el detalle causó un inesperado malestar hacia la mitad de la sesión, cuando llegó la vicepresidenta. Eran ya las tres y pico de la tarde.

Las ministras sabían que la sesión requeriría su tiempo y no podrían comer, así que los servicios de Moncloa tenían preparados unos sándwiches y canapés con los que saciaron el hambre mientras eran entrevistadas. Entre las siete y ocho preguntas realizadas a cada mujer del Gabinete de Zapatero, *Vogue* sorteó con finura una de las condiciones impuestas: tanto Cristina Narbona como Carmen Calvo y Elena Salgado hablaron de moda. La ministra de Medio Ambiente y la de Sanidad, incluso, llegaron a citar nombres de diseñadores y marcas. Españoles todos, eso sí.

«¿Cómo se lleva con la moda?», fue la pregunta de Javier Fernández de Angulo a Cristina Narbona. «Me gusta poco llamativa y práctica, lo más *casual* posible. Hay muchos diseñadores españoles que admiro, como Sybilla, Purificación García, Roberto Verino, Adolfo Domínguez. Pero tengo también mucho Zara y Mango»[2], respondió.

Salgado tampoco tuvo problema en dar nombres. «Me gusta seguir la moda en todo aquello que se adapta a mi estilo, pero sin obsesionarme nunca con el último grito en lo que a tendencias se refiere. Soy partidaria total de las prendas de calidad, ésas que duran varios años. En cuanto a los diseñadores, me gustan Juanjo Oliva, entre los jóvenes, y Javier Larraínzar y Alfredo Villalba, a quien conozco y frecuento.»[3] La titular de Cultura fue mucho más discreta. «Mi relación con la moda es la de cualquier mujer que debe vestirse de cara al público y puede ser juzgada con rigor.»[4]

Cuando le tocó el turno a la vicepresidenta, la última en llegar, se vivió el único momento de tensión de la cita. María Teresa Fernández de la Vega, que había aceptado una elegante gabardina blanca con pantalón a juego para la foto, vio cómo le colocaban en el diván donde debía sentarse para la instantánea individual una de las famosas «mantas decorativas» de piel. La vicepresidenta se negó en redondo a sentarse allí y *Vogue* hubo de quitarla.

Por lo demás, todo había marchado sobre ruedas. Los trajes, en discretos combinados en blanco, negro y gris elegidos por la revista, habían sido aprobados por las ministras. El día estaba soleado y

---

[2] *Vogue España*, septiembre de 2004.

[3] *Vogue España*, septiembre de 2004.

[4] *Vogue España*, septiembre de 2004.

hasta José Luis Rodríguez Zapatero había salido a saludar al equipo de *Vogue*, con lo que la revista podría incluir en el reportaje una sonriente foto suya con la directora de la publicación en tácita aprobación a la sesión fotográfica. No llegaron a dar las cinco de la tarde —«se hizo todo muy a la carrera porque Magdalena Álvarez tenía que irse de viaje», explican en Moncloa— y todo había acabado. ¿O no había hecho más que empezar?

El 1 de agosto la revista está en la calle y el resto de medios nacionales aún tardan en fijar la atención sobre la noticia. No es hasta el 18 de agosto cuando *El País*, en su sección de revista de verano, publica la foto central del reportaje con todas las ministras e informa, fríamente, sin valoraciones, sobre el mismo.

Al día siguiente se desata la tormenta. El propio diario que había dado a conocer al medio país de vacaciones la instantánea publica la opinión de una de sus subdirectoras, Soledad Gallego-Díaz: «Las ocho ministras del actual Gobierno tienen *glamour*. Lo han demostrado en una estupenda foto de *Vogue*. Felicidades. Mejor para ellas, sus parejas y sus amistades. Lo extraño es que hayan considerado que era necesario que el resto de los españoles nos enteráramos de ello, como si a los ciudadanos de este país nos importara que los ministros (y las ministras) sean glamourosos. La prueba de que no es así está en Pedro Solbes.»[5]

El Mundo consigue la única declaración en contra de un miembro del Gobierno y lidera, a partir de entonces, la polémica. La secretaria de Estado de Asuntos Sociales, Amparo Valcarce, preguntada al respecto en una rueda de prensa tras un acto sobre discapacitados en Valladolid, afirmó temer que el Gobierno paritario «se vea empañado presentando a las mujeres de una forma que no se corresponde con la realidad». «Espero que *Vogue* haga un reportaje igual a los ministros varones del Gobierno.»[6] Fue la única. Desde

---

[5] *El País*, 20 de agosto de 2004.

[6] *El Mundo*, 20 de agosto de 2004.

Sevilla Micaela Navarro, que sólo un mes antes había dejado de ser secretaria de Igualdad del partido, calificó de «anécdota» el posado y puso el acento en que «aún no se ve con normalidad la existencia de un Gobierno paritario como no existe en ningún otro país de Europa.»[7]

El Partido Socialista y el Gobierno cerraron filas rápidamente en torno a la polémica en cuanto se dio cuenta del calibre que había alcanzado. No sólo la portavoz adjunta del Partido Popular en el Congreso, Ana Torme, había tildado de «frivolidad» la sesión fotográfica[8] que, en su opinión, dejaba «en un pésimo lugar a la mujer española», sino que el mismísimo Rajoy, pocos días después, consideró la polémica una de las poquísimas heridas abiertas del ejecutivo de Zapatero en la que meter el dedo y se lanzó en tromba contra la ya famosa foto de las ministras.

«De la política de gestos al ridículo», dijo Rajoy. «Con los problemas que ha habido este verano, con la crisis del petróleo, si al final la gran noticia del verano es el posado de las señoras ministras, pues viva la libertad, la sensatez, la lógica y el sentido común.» «Me parece absolutamente fuera de lugar, muy poco serio y, sobre todo, que demuestra cómo se toman las cosas en el Gobierno»[9], afirmó la misma semana en que se conoció masivamente el reportaje para subir el tono apenas unos días después al considerar la decisión de las ministras de «poco decente».

El PSOE da entonces la consigna y es Diego López Garrido, «de guardia» en esos días de agosto en Madrid, y José Blanco, desde el partido, quienes responden tal catarata de críticas. Los argumentos son repetidos desde entonces. «La polémica es excesiva, exagerada y desmesurada, sin la menor relevancia política»[10], según

[7] *El Mundo*, 20 de agosto de 2004.

[8] *El País*, 20 de agosto de 2004.

[9] *El Mundo*, 21 de agosto de 2004.

[10] *El Mundo*, 21 de agosto de 2004.

López Garrido, y lo importante es que la foto ha hecho ver que hay un gobierno paritario.

El «detalle» de las pieles ha añadido otro frente indeseado al Gobierno. La Asociación Nacional para la Protección y el Bienestar de los Animales (ANPBA) llega a solicitar la dimisión de la ministra de Medio Ambiente por «posar encima de pieles, que no son otra cosa que cadáveres animales.»[11] Narbona intenta salir al paso diciendo públicamente que sólo eran «mantas con dibujos», demostrando que había dado también por buena la explicación del equipo de *Vogue* en el momento de la foto. Sin embargo, la propia revista tiene que reconocer que se trataba de pieles auténticas, aunque intenta exculpar a las ministras afirmando que ellas no lo sabían y que fue un error suyo el colocarlas en la decoración.

Sin embargo, el traspiés no sienta nada bien en el interior del partido. Maribel Montaño, recién llegada a su despacho de Ferraz la última semana de agosto, reconoce a esta autora en *El Siglo*, en la primera entrevista que concede a un medio nacional, que le han llegado opiniones «a favor y en contra», y aunque intenta seguir el mensaje oficial respecto a la irrelevancia del caso y el apoyo a las ministras, tampoco es capaz de definirse totalmente a favor: «La verdad es que no me parece absolutamente desacertado, creo que, también, es un paso más (...). Habrán tenido sus razones. En cualquier caso ha provocado y eso siempre me gusta»[12], acierta a decir.

El malestar en el partido se escucha con sordina. La impresión en más de un despacho habla del «innecesario» exceso. Nadie critica a fondo la foto porque saben que el líder la aprueba.

Lógico. Él mismo, durante sus años en la oposición, no ha tenido reparo alguno en posar fuera del ámbito de su trabajo político para reconocidas revistas al objeto de captar adeptos. La primera vez fue nada menos que en *Zero*, la publicación de mayor tirada del

---

[11] *El País*, 20 de agosto de 2004.

[12] *El Siglo*, 6-12 de septiembre de 2004.

colectivo homosexual. Bajo el titular «Llegó la hora», Rodríguez Zapatero desgranaba en una entrevista sus propuestas relativas a los gays y lesbianas. «Matrimonio, sí. Adopción, ya veremos.»[13] Pero lo más impactante del reportaje era la foto a doble página que lo abría: un José Luis Rodríguez Zapatero sentado en el suelo, aunque con traje, mirando con pose de galán a la cámara mientras cogía con su mano izquierda una rosa roja de las que salpicaban el suelo. La fotografía era en blanco y negro y sólo las rosas rojas aparecían con su color. Una imagen cuidada al extremo que llegó al electorado que pretendía.

Una semana antes de las elecciones generales de 2004, y tras saberse el nombre de la número dos de su lista, la catedrática Mercedes Cabrera, el líder socialista accedía nuevamente a un posado con cuatro de las mujeres más significativas de su partido para la revista femenina *Marie Claire* vestidas con ropa de marca. Entrevistas, foto de grupo e individuales. Estilismo, maquillaje, peinado y moda. Una imagen casi calcada de la que meses más tarde daría la vuelta al mundo con *Vogue* y las ya ocho ministras.

El entonces líder de la oposición quería «vender» electoralmente su opción por las mujeres y bajo el título «La apuesta femenina» Carmen Alborch, Trinidad Jiménez, Micaela Navarro y Mercedes Cabrera rodeaban a Zapatero en una foto de interior de lo más estudiada.

Incluso después de convertirse en Presidente, Zapatero no tuvo problema en vestirse la camiseta del equipo español de baloncesto para un reportaje previo a los juegos olímpicos de Atenas publicado por *El Mundo* en el que también Rajoy apoyaba a los deportistas españoles vestido de ciclista.

Zapatero había sido modelo. ¿Por qué no, pues, sus ministras?

---

[13] *Zero*, nº 41, 2002.

Epílogo

«Esto no puede quedar así. Firma como diputado socialista. Hay que contestar.» Así se expresaban unas indignadas socialistas en la primera reunión que mantenían con la nueva secretaria federal de Igualdad, Maribel Montaño, después del congreso que la había elegido en julio de 2004. Media reunión discurrió comentando la osadía de Joaquín Leguina, ex presidente de la Comunidad de Madrid, diputado, escritor y no pocas veces irónico disidente de mandatos oficiales del partido. En esta ocasión eran la paridad impuesta por Zapatero y el proyecto de Ley contra la Violencia de Género los objetos de su crítica.

En un artículo publicado en *El País* Leguina afirmaba que «una ley que incluya nuevas medidas punitivas sólo contra los actores masculinos de agresiones, que ella misma define como leves (incluida la violencia emocional), obliga a un sobreesfuerzo judicial que puede conducir a graves errores, a la inoperancia, pero, sobre todo, es una ley que en ese punto olvida la doble dirección (varón-mujer, mujer-varón) en la que opera la violencia doméstica, aumentando el castigo para ellos y no para ellas». Y en otro párrafo: «Hay un hecho que no debe pasar desapercibido: la paridad se pretende aplicar casi exclusivamente a la política, y eso a los "poderosos de la tierra" les trae más bien al fresco, al menos mientras la marea no amenace a los consejos de administración. ¿Cuántas mujeres dirigen periódicos en España? ¿Cuántas presiden las grandes entidades financieras o industriales ¿En cualquier caso, dada la baja tasa de afiliación femenina a los partidos políticos, la paridad es una discriminación ("acción positiva" se dice ahora) y toda la discriminación en la selección de personal, independientemente de que sea justa o injusta, produce un despilfarro de recursos humanos.»[1] Casi nada.

El Gobierno aún no había introducido en el proyecto de ley la corrección sobre «las personas vulnerables» que ampliaba la protección hasta ese momento circunscrita exclusivamente a las mujeres y las dirigentes ofendidas enviaron una carta de protesta a José Luis Rodríguez Zapatero y a Rafael Simancas, secretario general de la federación donde milita Leguina. Ello no impidió que numerosos compañeros de partido vieran reflejados sus temores en el ácido texto del diputado escritor.

Meses antes, al poco de ser nombrada ministra, Magdalena Álvarez se permitía contar un chiste en Telecinco que maldita la gracia que les hizo a sus compañeros varones del partido. «¿En qué se parecen los hombres a la comida china? En que se empieza con un rollito de primavera y se acaba con un cerdo agridulce.» Así de suelta estaba la titular de Fomento. Algunas compañeras tampoco lo entendieron. Frivolizar, o caer en los mismos desprecios machistas, pero en sentido contrario, que ellas tantas veces habían criticado a sus colegas varones no ayudaba en nada a que el poder conquistado se fuera entendiendo como algo natural y no como una agresión.

El debate no está ni mucho menos cerrado dentro del PSOE. Muchas de las combativas feministas que abrieron camino para que la paridad se impusiera como una obligación critican el perfil de algunas de las ministras. «Te equivocas, Jesús, porque las mujeres del

---

[1] *El País*, 4 de septiembre de 2004.

partido necesitan un reconocimiento.» Eso le dijo Enriqueta Chicano, presidenta de la Federación de Mujeres Progresistas, al ministro Caldera cuando le confirmó por teléfono que la Secretaría General de Igualdad, el nuevo cargo creado por el Gobierno y que caía bajo su tutela, lo iba a ocupar «una catedrática» sin carné del PSOE, como finalmente ocurrió.

El abismo entre las que se sienten satisfechas y las que, aunque reconocen los avances, aseguran sentirse aún manejadas por el universo de poder masculino es importante. «No quieren mujeres fuertes en los cargos», critica Chicano. La secretaria de Estado, Leire Pajín, va aún más allá: «No se trata sólo de nombrar mujeres. Tienen que ser mujeres feministas, que peleen por la liberación de la mujer.»

El salto dado por el Gobierno de José Luis Rodríguez Zapatero, sin embargo, ha removido muchas de las estructuras políticas del país. El gobierno vasco, liderado por el PNV, un partido de derechas e históricamente democristiano, anunciaba en septiembre de 2004 que promoverá una ley para que las listas electorales al Parlamento y a las juntas generales sean paritarias obligatoriamente. El PP que lidera Mariano Rajoy, aunque reniega de las cuotas y la paridad obligatoria, ha incluido en su comité ejecutivo elegido el pasado septiembre a veintiuna mujeres, junto a diecinueve hombres, una tímida señal aunque los puestos más importantes continúen en manos masculinas. El propio Rajoy, unos días antes del congreso en que se eligió ese inusual número de mujeres para la dirección popular, había llamado «esa señora que tiene al lado» a la vicepresidenta y había recibido sonoros gritos de «machista» desde los escaños socialistas y una más callada desaprobación desde el resto. Determinadas actitudes empiezan a tener un coste cuando hace años resultaban prácticamente gratis.

Micaela Navarro, una de las principales protagonistas de este largo asalto al poder de las mujeres socialistas, es consciente de la brecha abierta aunque aún quede camino por recorrer. Refiriéndose a la Ley contra la Violencia de Género afirma que «no sólo pretende dar una respuesta integrada a la violencia contra las mujeres. Es también una respuesta a la distribución del poder basada en los restos presentes del sexismo en nuestra sociedad». Y añade esperanzada: «Provocará cambios en las estructuras más básicas del poder, en su elemento más pequeño: el poder en el entorno familiar.»

¿Y esos cambios en el poder nos harán más libres a todos? La socialista María Lejárraga, destacada intelectual y diputada por el PSOE en la Segunda República, desplegaba un amargo lamento en su primer libro de memorias *Una mujer por caminos de España*, escrito en 1952, y que recoge la también escritora Carmen Domingo en el prólogo de su obra *Con voz y voto*. «Hemos faltado a nuestras promesas. Hemos doblado la actividad de los hombres, pero no la hemos mejorado. Nos hemos alistado en los partidos, nos hemos dejado apasionar por el juego político, por el ardor de las propagandas; hemos sido apasionadamente socialistas, inflexiblemente comunistas, despiadadamente conservadoras, frenéticamente dictatoriales... Nuestro trabajo ha sido encarnizado, eficiente, eficaz, pero no ha sido femenino porque no ha sido realista ni humano, ni creador de nuevos valores morales, ni siquiera constructor de unas cuantas realidades humildes.»

Domingo empezaba su libro con esta brutal reflexión. Yo he querido traerla al final. ¿Qué diría hoy esta socialista mirando a las ocho ministras de José Luis Rodríguez Zapatero? El amanecer de libertades que supuso la Segunda República en España y que ella vivió en primera persona se apagó bruscamente durante la dictadura franquista. Tres décadas después del inicio de una nueva etapa democrática, en nuestro país empieza a abrirse paso la igualdad, aunque, como bien recoge Joaquín Leguina, sólo en la política, no en las empresas ni en los poderes que, de verdad, manejan el auténtico cotarro.

En el resto del mundo, los retrocesos en las conquistas sociales y el abismo entre países ricos y pobres avanzan sin apenas freno alguno y no son pocas las mujeres que tienen responsabilidad en el desastre. Una de las manos derechas de George W. Bush, el Presidente norteamericano que desató la guerra de Irak, era femenina, y negra: la secretaria de Estado Condoleezza Rice.

Pertenecer a las clases sojuzgadas no otorga garantía de una conciencia ni más justa ni más libre, aunque pueda ayudar a que ésta se forme. ¿Sería mejor un mundo en el que el poder real estuviera al alcance de las mujeres, si es que éste llegara a alumbrarse algún día? María Lejárraga parecía decirnos que no. Las mujeres del PSOE que han luchado en los últimos años por llegar adonde ahora están aseguran que sí. Esta periodista aún busca la respuesta.

ALBERDI ALONSO, Cristina (Sevilla, 1946). Abogada y feminista, fue una de las cinco mujeres ministras nombradas por Felipe González en sus casi catorce años de mandato. Ocupó el Ministerio de Asuntos Sociales, sustituyendo a Matilde Fernández, en 1993 y se mantuvo en el Gobierno hasta la victoria del Partido Popular en las elecciones generales de 1996.

Miembro de una familia tradicional y conservadora, formada por trece hermanos, Alberdi es una de las clásicas del feminismo madrileño desde que en 1975 abriera un despacho de abogados en la capital dedicado, básicamente, a la defensa de los derechos de la mujer, a partir del cual fundó el denominado Colectivo Jurídico Feminista. Cercana a los movimientos progresistas de la época, comenzó pronto a asesorar al Gobierno socialista en la preparación de determinadas leyes y en octubre de 1985 consiguió su primer cargo de elección política: entró a formar parte del Consejo General del Poder Judicial, a propuesta del PSOE, convirtiéndose en la primera mujer que llegaba al órgano rector de los jueces.

Tras una etapa, entre 1990 y 1993, en que retorna a su despacho al ser renovado el Consejo, Felipe González la llama para ocuparse del Ministerio de Asuntos Sociales. Aún no era militante del Partido Socialista y se integra en el Gobierno en calidad de independiente. Pronto empieza a chocar con la labor de su antecesora y con el grupo de mujeres cercanas al guerrismo, que se habían hecho un hueco en el Ministerio de la mano de Matilde Fernández y que, en ese momento, están ya siendo relegadas por las renovadoras en las peleas internas del partido.

Ya ministra, en octubre de 1995 se afilia al PSOE donde inicia una escalada de cargos tras pasar a la oposición. Felipe González fuerza que, como ministra, figure en las listas electorales y entra de diputada tras las elecciones de 1996, que ganó el PP. Un año después es elegida presidenta de la Federación Socialista Madrileña y, tras la dimisión de Almunia, forma parte de la comisión gestora que prepara el 35 congreso donde debe elegirse a un nuevo secretario general.

Intentó, sin éxito, ser secretaria federal de Participación de la Mujer en el 34 congreso, en el que salió elegida finalmente la entonces desconocida Micaela Navarro. En el 35 congreso se postuló durante 24 horas como posible candidata a la Secretaría General en representación «de las mujeres», pero las críticas que recibió el anunció de su candidatura la hicieron desistir.

Tras ser elegido Rodríguez Zapatero líder del PSOE y Rafael Simancas de la FSM, comienza a distanciarse del partido, incluso criticando públicamente algunas de sus estrategias. Tras la traición de Tamayo y Sáez en la Asamblea de Madrid, sus críticas son feroces. Desde el PSOE se le pide que abandone el barco, decisión que no toma hasta septiembre de 2003, aunque no entrega su acta de diputada. Después de las elecciones de 2004, que gana Zapatero, es reclamada por la nueva presidenta de la Comunidad madrileña, la popular Esperanza Aguirre, como presidenta del Observatorio Regional de Violencia de Género.

ALBERDI ALONSO, Inés (Sevilla, 1948). Una de las hermanas de la que fuera ministra socialista, Cristina Alberdi, y militante, como ella, en la Federación Socialista Madrileña. Inés es socióloga y catedrática universitaria y está casada con Miguel Ángel Fernández Ordóñez, secretario de Estado de Zapatero y hermano del fallecido Francisco Fernández Ordóñez, ministro de Asuntos Exteriores con Felipe González, de quien también fue secretario de Estado.

A pesar de este entorno y de su compromiso político con el PSOE, se mantuvo en su cátedra universitaria hasta febrero de 1992, cuando fue nombrada directora del departamento de investigación del Centro de Investigaciones Sociológicas (CIS).

Fue en la etapa en que Rafael Simancas tomó las riendas de la FSM cuando Inés Alberdi dio un paso adelante dentro el PSOE. El nuevo líder la incluyó como número tres de su lista electoral a las autonómicas de junio de 2003 y siguió contando con ella en la repetición de los comicios tras la crisis de los tránsfugas, aunque hubo de ceder un puesto en la candidatura para hacer hueco al magistrado Luis López Guerra, propuesto desde Ferraz.

Inés Alberdi ha trabajado siempre en asuntos relacionados con la familia y la posición de la mujer dentro de ella, apostando por la democratización de las relaciones familiares y la emancipación femenina, aunque desde una posición mucho más discreta y académica que su hermana, con quien no entró en debate cuando se alejó del PSOE. Hoy trabaja en la política regional madrileña desde su escaño autonómico y se la supone bien situada al haber sido nombrado su marido nuevamente secretario de Estado en el primer Gobierno de José Luis Rodríguez Zapatero.

ALBORCH BATALLER, Carmen (Castelló de Rugat, Valencia, 1947). Su entrada al Congreso de los Diputados en 1993 como flamante miembro del nuevo Gobierno de Felipe González ocupó páginas y comentarios en los medios de comunicación de la época. Su larga melena anaranjada, su paso firme y su traje bicolor, que se salía de los cánones habituales de los altos cargos, provocó sonoros silbidos de admiración, que recogieron las cámaras de televisión, por parte de algunos diputados. Carmen Alborch fue ministra de Cultura e inauguró una imagen de dirigente política a la que España estaba poco habituada.

Es catedrática de Derecho Mercantil y llegó a la política, fichada por el gobierno de Joan Lerma, desde el decanato de la facultad de Derecho de la Universidad de Valencia, que ocupó entre 1985 y 1987. En la Administración de Lerma fue primero directora general de Cultura, puesto desde el que saltó a la dirección del Instituto Valenciano de Arte Moderno, del que fue principal impulsora y desde donde su brillante labor llegó a oídos del entonces presidente González. Sin carné del PSOE, como sus otras dos compañeras de gabinete, Cristina Alberdi y Ángeles Amador, se mantuvo en el Gobierno hasta la derrota socialista de 1996, año en que entró como diputada en el Congreso, donde se ha mantenido durante toda la etapa del PSOE en la oposición.

Aunque no se le conoce una militancia feminista de gran relieve, su figura sí ha sido muy valorada entre los dirigentes socialistas como un activo femenino a potenciar. Su independencia de la organización la mantuvo alejada de las peleas intestinas del PSPV y llegó a ser propuesta para encabezar la candidatura a la alcaldía de Valencia y para formar parte de la de Trinidad Jiménez por Madrid, ofrecimientos que siempre rechazó. En 1999 publicó un libro de auténtico éxito, *Solas*, en el que reivindicaba el camino individual de las mujeres sin pareja, al que le siguió en 2002 *Malas*, también de contenido feminista, y en 2004 *Libres*, en el que resumía biografías de prestigiosas mujeres que han destacado en el mundo en muy diferentes campos.

Tras llegar Zapatero a la Secretaría General Alborch se afilió al partido y el nuevo líder la hizo un hueco a su lado al elegirla como uno de los diez miembros del comité de notables que debía asesorarle durante la campaña electoral. Tras la victoria no ha entrado en la nueva Administración socialista pero se la supone «reservada» para algún puesto institucional, como podría ser el de Defensor del Pueblo.

ALCÁZAR GIMÉNEZ, Gertrudis (Daimiel, 1966). Puede que sea la mujer que actualmente pasa más tiempo junto a José Luis Rodríguez Zapatero. Es su secretaria particular. *Gertru*, como la llaman en el partido, lleva trabajando para distintos dirigentes del PSOE desde 1988. Después de pasar por distintos puestos alcanzó el cargo de secretaria de un miembro de la ejecutiva federal en 1994, cuando se puso al servicio de Ludolfo Paramio, que había entrado en la dirección como secretario de Formación en el 33 congreso sustituyendo a José Félix Tezanos.

Fue el inicio de su ascenso. En el siguiente congreso, tras la crisis provocada por la inesperada marcha de Felipe González, se traslada a la planta noble para completar el equipo de secretarias del nuevo secretario general, Joaquín Almunia. Tras la derrota de 2000, Gertru pasa a ser la jefa de las secretarias del presidente Manuel Chaves, mientras conduce al partido desde la comisión gestora al 36 congreso. Después de su victoria, Zapatero la elige como secretaria principal al ser recomendada por su jefe de gabinete, José Andrés Torres Mora, quien la conocía de su etapa con Paramio.

Los cuatro años en la oposición no hicieron más que acrecentar la complicidad entre el líder y su secretaria, y cuando hubo de trasladarse a Moncloa no dudó un momento en seguir contando con ella. Milita en el PSOE desde joven, aunque desde que trabaja al lado del secretario general trasladó su carné de afiliada en Madrid a la agrupación local de su pueblo natal para mantener su activismo político en la mayor discreción posible.

ALMUNIA BADÍA, Eva (Esplús, Huesca, 1960). Elegida en el 36 congreso, en julio de 2004, es una de las mujeres con mayor peso político de la ejecutiva federal del PSOE. Con Zapatero ya convertido en presidente del Gobierno y muchos de sus fieles de la anterior dirección en ministros o secretarios de Estado, la ejecutiva federal dio paso a nombres nuevos en la política nacional.

Eva Almunia fue uno de ellos dentro de la cuota femenina. Llegó de la mano de Marcelino Iglesias, presidente de Aragón y secretario general del partido de la región, además de uno de los barones más cercanos a Zapatero. Almunia ha desarrollado toda su carrera política en Huesca donde obtuvo su primer cargo público en 1983 cuando, con veintitrés años, se convirtió en concejal de su pueblo natal, Esplús. Allí creció políticamente manteniendo el cargo hasta 1999, año en que el PSOE de Huesca la reclamó para el ayuntamiento de la capital.

En el equipo municipal oscense fue nombrada concejal delegada de Educación y Cultura, cargo que también desempeñó en la Diputación Provincial. Con esta experiencia a sus espaldas, Marcelino Iglesias cuenta con ella para su gobierno y la nombra consejera de Educación en julio de 2001. Zapatero ya llevaba un año como secretario general y Almunia empieza a situarse entre las mujeres emergentes del PSOE periférico. Tres años después, Iglesias la «coloca» en la ejecutiva federal como secretaria de Educación.

ÁLVAREZ ARZA, Magdalena (San Fernando, Cádiz, 1952). Ministra de Fomento de José Luis Rodríguez Zapatero y mujer del entorno político de Manuel Chaves. Álvarez llega a la política nacional desde la andaluza, donde ha sido consejera de Economía y Hacienda del gobierno autonómico durante diez años, a raíz de un pacto no escrito entre el presidente y el secretario general del partido previo a las elecciones generales de 2004. Chaves y Zapatero acuerdan un reparto de poderes en el que se incluye el «envío» a Madrid de varias piezas de la federación andaluza.

Magdalena Álvarez es una de ellas y, junto con Carmen Calvo, pasa a formar parte del denominado comité de notables creado por Zapatero para asesorarle durante la campaña para las generales formado por buena parte de sus «ministrables». Tras el triunfo electoral, la ex consejera podría haber ocupado cualquiera de las carteras del área económica y, finalmente, tras la elección de Solbes para el Ministerio de Economía y Hacienda, se decide que ocupe la de Fomento.

Doctora en Ciencias Económicas y Empresariales, además de inspectora de finanzas del Estado, es considerada una técnica brillante y una mujer de carácter en la gestión pública. Inició su acercamiento al PSOE cuando trabajaba en la Agencia Tributaria y, durante el último Gobierno de Felipe González, Pedro Solbes, entonces ministro de Economía, la nombra directora general de Incentivos Económicos Regionales.

En las siguientes elecciones autonómicas andaluzas entra en las listas, aunque aún como independiente. Ya diputada, Chaves la reclama para la Consejería de Economía, a cuyo frente se mantuvo diez años durante los cuales tuvo que librar duras batallas con los poderes económicos andaluces, especialmente a raíz de la Ley de Cajas de Ahorros, se afilió al PSOE y se ganó fama de mujer batalladora y eficaz, además de descubrir un perfil político hasta entonces poco conocido. No mantiene importantes lazos con el *lobby* femenino andaluz ya que su trayectoria ha estado enfocada a la gestión pública más que a la vida de partido.

ÁLVAREZ RESANO, Julia (Villafranca, Navarra, 1903). Una de las cinco diputadas que tuvo el PSOE durante la Segunda República y una de las únicas nueve mujeres que se sentaron en un escaño durante todo el periodo republicano. Álvarez Resano era abogada y maestra y su acta de diputada la consiguió por Madrid en 1936, durante la tercera legislatura que dio la victoria al Frente Popular. Además de diputada fue inspectora de Primera Enseñanza, magistrada del Tribunal de Espionaje y Alta Traición y, poco después, se convirtió en la primera gobernadora civil que hubo en España, cargo que ejerció entre 1937 y 1938 en la provincia de Ciudad Real. Diez años después, en 1948, moría en el exilio, en México.

AMADOR MILLÁN, Ángeles (Madrid, 1949). Ministra de Sanidad con Felipe González y diputada socialista durante seis años, dejó la política en 2002, dos años después de la llegada a la Secretaría General del PSOE de José Luis Rodríguez Zapatero. Abogada y doctora en Derecho llegó a la política con el segundo Gobierno del PSOE, cuyo ministro de Obras Públicas y Urbanismo, el guerrista Javier Sáenz Cosculluela, la fichó como secretaria general, su primer cargo público. Hasta entonces estaba dedicada al ejercicio de la abogacía desde su despacho en Madrid, ciudad en cuyo Colegio de Abogados llegó a participar en la dirección como diputada de la Junta de Gobierno.

A pesar de no estar afiliada al partido, siguió escalando cargos con sus gobiernos debido a su probada capacidad profesional. Julián García Valverde, ministro de Sanidad en 1991, la nombró subsecretaria de su departamento debido a que era «una gran conocedora del funcionamiento administrativo» y tenía «una sólida formación jurídica». Se mantuvo en el cargo con el siguiente ministro, José Antonio Griñán, y tras las elecciones de 1993 Felipe González la nombró ministra de Sanidad, convirtiéndose en la segunda mujer titular de esta cartera en la historia de España después de Federica Montseny, a quien nombró otro socialista, Francisco Largo Caballero.

En las siguientes elecciones, las que perderían los socialistas, González fuerza que, como ministra de su Gobierno, encabece la candidatura del PSOE por Segovia a pesar de su mantenida condición de independiente. Ya diputada, es nombrada portavoz del grupo socialista en la Comisión de Sanidad del Congreso y se convierte en la principal crítica a la política sanitaria de Aznar, tendente a la privatización de la gestión del servicio.

Después de la marcha de González, Joaquín Almunia continuó contando con ella e, incluso, la colocó como número dos de la candidatura, que él mismo encabezaba, a las elecciones generales por Madrid.

La mayoría absoluta del PP, la dimisión de Almunia y la llegada de Zapatero a la cúpula socialista, sin embargo, marcaron su desencuentro con el PSOE. Aunque vicepresidenta de la Comisión Constitucional del Congreso y miembro de la Comisión de Sanidad, se sintió olvidada y desaprovechada en el nuevo reparto de portavocías realizado por Zapatero y Caldera y, sin esperar a las siguientes elecciones, dimitió a mitad de legislatura, en 2002. Retornó a su despacho de abogada donde sigue trabajando desde entonces alejada de toda actividad política.

ARNEDO SORIANO, Elena (Madrid, 1941). Pudo haber sido ministra de Sanidad en los primeros gobiernos de Felipe González. Prestigio, militancia, compromiso y relaciones con la cúpula del partido y el Presidente no le faltaban, pero ser, por aquel entonces, mujer de Miguel Boyer, el primer ministro de Economía del PSOE, le cerró muchas puertas. Ginecóloga y activa feminista, es hija de la escritora Elena Soriano, fundadora de la revista literaria *El Urogallo* y autora de numerosas novelas.

Con veintitrés años se casó con Miguel Boyer, con quien tuvo dos hijos, y formó parte del núcleo de mujeres socialistas que introdujeron la lucha por la liberación femenina entre los objetivos del partido. Abrió, en 1974, un clandestino centro de planificación familiar en un piso de Madrid, que posteriormente apoyaría el PSOE financiando el alquiler; este centro, que pasaría a llamarse Pablo Iglesias, fue uno de los primeros que empezaron a funcionar en España tras la muerte de Franco y que realizaban abortos. Militante del Frente de Liberación de la Mujer (FLM) y activa feminista en los debates internos de la Federación Socialista Madrileña no llegó a entrar en la política activa hasta 2003.

Para entonces, ya hacía casi veinte años que se había divorciado de Miguel Boyer, casado en segundas nupcias con la conocida Isabel Preysler, y que había dado el salto ideológico hacia el PP hasta el punto de convertirse en asesor de José María Aznar durante sus años de Gobierno a través de su fundación.

Arnedo fue reclutada para dar mayor peso a la candidatura de Trinidad Jiménez a la alcaldía de Madrid en las elecciones municipales de junio de 2003, a las que concurrió como número tres de la lista. Tras la derrota, se mantuvo como concejala en la oposición hasta que un problema de salud la llevó a abandonar su cargo a comienzos de 2004. Ha escrito diversos libros de temática femenina, además de artículos periódicos en prensa sobre sexualidad y feminismo.

BALLETBÓ I PUIG, Anna (Santpedor, Barcelona, 1943). Su condición de mujer la hizo ser la primera diputada en salir del Congreso la fatídica noche del 23-F cuando todos los diputados y el Gobierno estaban secuestrados por el teniente coronel Antonio Tejero y un grupo de guardias civiles: estaba embarazada de gemelos y los golpistas permitieron que se marchara.

Periodista y veterana dirigente del Partit dels Socialistes de Catalunya (PSC), Balletbó forma parte de las pioneras que lucharon dentro del socialismo por conseguir la participación de la mujer a través de la cuota. En 1977 figuró en las listas de su partido por Barcelona, aunque entonces no resultó elegida. Sí lo fue en 1979, y desde entonces se ha mantenido como diputada socialista ininterrumpidamente hasta las elecciones generales del año 2000.

Participó activamente en la aprobación de la primera cuota femenina decidida por un partido político en España: era 1982 y el 3 congreso de los socialistas catalanes aprobó que en sus órganos debía figurar obligatoriamente un 12 por ciento de mujeres.

Profesora de Ciencias de la Información en la Universidad Autónoma de Barcelona, trabajó básicamente como periodista en distintos medios y, sobre todo, en Radiotelevisión Española, a cuya plantilla pertenece y donde colaboró en la fundación de la sección sindical de UGT, hasta su plena dedicación a la política. El PSC dejó de contar con Balletbó como diputada en las elecciones de 2000 tras las que Zapatero se hizo con el poder dentro del partido. Durante los últimos años ha sido miembro del consejo de administración de RTVE, a propuesta del PSOE, y presidenta de la Fundación Internacional Olof Palme.

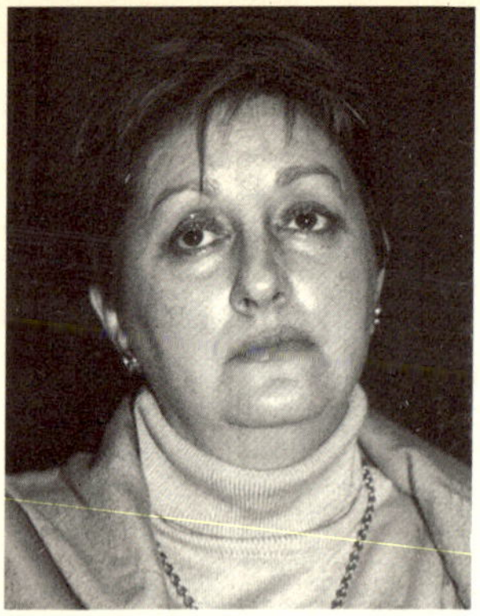

BLANCO TERÁN, Delia (Valladolid, 1952). Diputada socialista por Madrid desde 2000. Como presidenta de la Comisión Española de Ayuda al Refugiado (CEAR) y vicepresidenta de la Fundación CEAR se ha movido en el mundo de las asociaciones desde el que las mujeres del PSOE han hecho valer su influencia como tales. Participó de la creación del *lobby* que se gestó alrededor de Micaela Navarro, secretaria federal de Igualdad entre 1997 y 2004, convocando determinadas reuniones y encuentros. En el Congreso, además de presidir la Comisión de Cooperación Internacional para el Desarrollo en la legislatura 2004-2008 (es una de las cinco diputadas socialistas que presiden alguna de las comisiones legislativas), representa al PSOE en la Comisión Mixta de los Derechos de la Mujer y de la Igualdad de Oportunidades.

BLAT GIMENO, Teresa (Segorbe, Castellón, 1949). Es abogada laboralista y fue miembro activo del *lobby* de mujeres renovadoras que peleó contra las guerristas por el poder femenino dentro del partido durante los años noventa. Esposa de Ciprià Ciscar, secretario de Organización Federal desde 1994 hasta la llegada a la Secretaría General de Zapatero en 2000, su etapa de mayor influencia coincide con el último mandato de Felipe González y el primero y único de Joaquín Almunia, al círculo de influencia de cuya mujer, Milagros Candela, también pertenece.

Fue subdirectora del Instituto de la Mujer durante el último Gobierno socialista (1993-1996) con la socióloga catalana Marina Subirats como directora y Cristina Alberdi como ministra de Asuntos Sociales. Su trayectoria política y feminista, sin embargo, se prolonga a través de la Federación de Mujeres Progresistas, asociación fundada y dirigida por mujeres del PSOE a cuya junta directiva ha pertenecido, y, sobre todo, a través de la CELEM, la Coordinadora Española del Lobby Europeo de Mujeres, creada en 1995, un año antes de que los socialistas perdieran las elecciones, y de la que ha sido vicepresidenta entre 1999 y enero de 2004. Su peso ha ido cayendo a la par que el equipo de Zapatero se hacía con las riendas del poder. Su marido se mantiene como diputado en la presidencia de la Comisión no Permanente de Políticas de Ayuda a la Discapacidad.

BUSTELO GARCÍA DEL REAL, Carlota (Madrid, 1939). Considerada por muchos como la primera teórica del feminismo dentro del PSOE, esta licenciada en Ciencias Políticas y Económicas y miembro de una familia de políticos (prima de Leopoldo Calvo-Sotelo, presidente del Gobierno con UCD, y hermana de Carlos Bustelo, ministro con Adolfo Suárez), fue la primera directora del Instituto de la Mujer, a cuya creación por parte del primer Gobierno socialista contribuyó decisivamente.

Mujer cultivada, vivió varios años de su juventud en París donde, además de estudiar y dar clases, se empapó del feminismo y el ambiente político que bullía en la capital francesa en los años sesenta. Tras regresar a España, milita activamente en todos los movimientos feministas que alumbra el final del franquismo, siendo el más representativo el Frente de Liberación de la Mujer, situado en la tendencia denominada «feminismo socialista», del que fue fundadora.

Militante del PSOE desde el principio, en las primeras elecciones tras la muerte del dictador, en 1977, es elegida diputada por Madrid, aunque en 1979 renuncia a ir en las listas y abre un paréntesis en su trayectoria dedicándose a la actividad privada. Tras la victoria socialista de 1982 vuelve a implicarse en la política activa y entra como asesora ejecutiva del ministro de Cultura, Javier Solana, y en la Subdirección General de la Mujer, a partir de la cual se crea el actual Instituto de la Mujer. En 1988 es nombrada subsecretaria del Ministerio de Asuntos Sociales con Matilde Fernández como ministra, con quien mantuvo una relación difícil.

Dos años después dimite alegando «cansancio». Un mes más tarde se declara públicamente partidaria de una «ley de plazos» en la que la mujer decidiera libremente cuándo abortar, en tanto que el Gobierno socialista sólo había propuesto una moderada despenalización de la interrupción voluntaria del embarazo circunscrita a tres causas concretas.

A partir de entonces su figura se desdibuja en la escena política nacional y ejerce como miembro del Comité para la no Discriminación de la Mujer de Naciones Unidas. El último Gobierno del PSOE la propuso como consejera del Consejo Económico y Social, donde ha estado hasta que a comienzos de 2000 su salud se lo impidiera. Su última aparición pública fue para recibir el premio Rosa Manzano por su trayectoria en defensa de la mujer, que concede la Secretaría Federal de Igualdad del PSOE. Fue José Luis Rodríguez Zapatero, ya secretario general del partido, quien se lo entregó en un emotivo acto que a la prensa le pasó desapercibido.

CABRERA CALVO-SOTELO, Mercedes (Madrid 1951). Doctora y catedrática de Historia del Pensamiento y de los Movimientos Sociales y Políticos de la Universidad Complutense de Madrid, se convirtió, para sorpresa de la mayoría, en la candidata número dos de la lista del PSOE por Madrid en las elecciones de marzo de 2004 que por primera vez encabezaba José Luis Rodríguez Zapatero.

Esta desconocida catedrática vino a ocupar el anunciado puesto para «una mujer de prestigio» decidido por el nuevo líder socialista después de que el equipo de Ferraz barajara varios nombres femeninos. También es sobrina de Leopoldo Calvo-Sotelo, al igual que Carlota Bustelo, y su marido, Carlos Arenillas, ha sido nombrado por el Gobierno de Rodríguez Zapatero, vicepresidente de la Comisión Nacional del Mercado de Valores.

Aunque su nombre no sonase para el gran público hasta la campaña electoral, Cabrera es una reconocida investigadora en el ámbito académico por libros como *El poder de los empresarios. Política y Economía en la España contemporánea (1875-2000)* y, aunque independiente, llevaba tiempo colaborando con el Partido Socialista antes de ser llamada por Zapatero. Miembro del patronato de la Fundación Pablo Iglesias y presidenta de la Asociación de Amigos de la Residencia de Estudiantes, ya en la etapa de Joaquín Almunia como secretario general socialista formó parte de la comisión encargada de elaborar el programa electoral del partido para las generales de 2000.

Su nombre sonaba como posible ministrable en caso de triunfo, pero después del 14 de marzo ha permanecido como diputada en el Congreso en un puesto de prestigio aunque de escaso peso político, el de presidenta de la Comisión de Educación y Ciencia.

CAFFAREL SERRA, Carmen (Barcelona 1954). Vicerrectora de Alumnos y Relaciones Internacionales de la Universidad Rey Juan Carlos de Madrid, fue otra de las sorpresas llegadas del mundo académico en la primera administración de José Luis Rodríguez Zapatero. El líder socialista la sacó de las aulas para meterla nada menos que en el despacho de directora general de Radiotelevisión Española.

Hija del popular actor José María Caffarel, ya fallecido, es doctora en Lingüística Hispánica y catedrática de Comunicación

Audiovisual, habiendo desarrollado toda su carrera profesional en el mundo universitario. Autora de diversos manuales de comunicación y con amplio currículo en congresos y seminarios académicos, Caffarel se convirtió en la apuesta de Zapatero —a sugerencia de su secretario de Estado de Comunicación y hombre de confianza en materia de imagen, Miguel Barroso— para dirigir la nueva RTVE neutral que había prometido en su campaña, al menos transitoriamente, hasta que el futuro modelo sea debatido en el Congreso. Aunque Barroso no la conocía personalmente, su amigo y también asesor del Presidente en materia audiovisual, José Miguel Contreras, había dado clases en la Universidad Rey Juan Carlos con ella en su mismo departamento y no dudó en apoyar su elección. A pesar de que no se ha significado en los ambientes feministas y no tiene carné del PSOE, sí es miembro activo de diversas ONG como Médicos sin Fronteras o Amnistía Internacional.

CALVO POYATO, Carmen (Cabra, Córdoba, 1957). Ministra de Cultura del primer Gobierno de José Luis Rodríguez Zapatero. Se afilió al partido unos meses antes de las elecciones generales de marzo de 2004 aunque hacía ocho años que Manuel Chaves la había fichado para el gobierno de la Junta de Andalucía.

Proveniente, como tantos otros fichajes femeninos del PSOE de los últimos años, del mundo universitario, Carmen Calvo es doctora en Derecho Constitucional por la Universidad de Córdoba, donde llegó a ser vicedecana de su facultad de Derecho. Concurrió por primera vez a unas elecciones como independiente en las autonómicas andaluzas de 1996, tras las cuales pasó a formar parte del gobierno andaluz. Ocupó la cartera de Cultura durante ésa y la siguiente legislatura, empezando a ser conocido su nombre fuera de la esfera andaluza a raíz de la inauguración del Museo Picasso de Málaga, proyecto en el que se implicó muy directamente y que convirtió en el buque insignia de su carrera política.

Chaves la promocionó ante Zapatero cuando éste decidió crear un comité de notables que le asesorase a comienzos de 2004 y en el que la incluyó. Desde entonces su nombre figuraba claramente entre sus posibles futuros ministros. Tras la victoria, fue nombrada titular de Cultura.

CANDELA CASTILLO, Milagros (Murcia, 1950). Genetista y doctora en Ciencias Biológicas, su perfil político viene marcado por el hecho de ser la mujer de Joaquín Almunia, ministro en el primer Gobierno de Felipe González, sucesor de éste como secretario general del PSOE y comisario de Economía de la Unión Europea en la etapa de Rodríguez Zapatero.

Siendo su carrera como investigadora reseñable —ha sido gestora del Programa Nacional de Biotecnología y ha publicado numerosos ensayos e informes de su especialidad en España y el extranjero— dentro del PSOE es conocida su activa militancia feminista que inició como miembro de la Federación de Trabajadores de la Enseñanza de la UGT, a la que pertenece desde 1974.

Ha sido presidenta de la Asociación para la Acción y la Reflexión Feminista (ARAF) y miembro activo de la Federación de Mujeres Progresistas, la más importante asociación de mujeres socialistas. Desde ella lideró una reconquista del poder dentro del aparato del partido contra las guerristas y a favor de la renovación. Después del fracaso electoral de su marido en las elecciones de 2000 su influencia en el movimiento feminista del PSOE se ha visto muy reducida y su trayectoria se ha circunscrito en los últimos años a su carrera profesional.

CHACÓN PIQUERAS, Carme (Esplugues de Llobregat, Barcelona, 1971). Una de las mujeres de mayor confianza política de José Luis Rodríguez Zapatero y que formó parte del núcleo inicial de Nueva Vía con el que se aupó a la Secretaría General del PSOE.

Chacón es doctora en Derecho y entra en el Congreso de los Diputados en 2000 promocionada por su mentor político en Cataluña, el primer secretario de los socialistas catalanes, José Montilla. En esa legislatura conoce a Zapatero y se implica con él y con el grupo de jóvenes diputados que se agrupan a su alrededor para formar una alternativa de cara al 35 congreso.

La diputada catalana, no obstante, ya acumulaba una importante experiencia política previa, a pesar de su juventud. Además de ser profesora de Derecho Constitucional en la Universidad de Girona, en 1999 es elegida concejala de su pueblo natal y nombrada primer teniente de alcalde de Servicios Económicos, Recursos Humanos y Seguridad Ciudadana. Al año siguiente Montilla la integra en la ejecutiva del PSC como responsable de Justicia y pasa a formar parte del sector de los denominados «capitanes» del PSC con un indudable peso dentro del aparato.

Después de la victoria de Zapatero en el 35 congreso entra en su equipo como secretaria de Educación y Cultura y el nuevo líder confía en ella para tareas tan delicadas como formar parte de la comisión de seguimiento del pacto antiterrorista firmado por el PP y el PSOE o, incluso, ser designada portavoz de la ejecutiva federal y del comité electoral a seis meses vista de la convocatoria de las generales.

Ya es muy conocida en Madrid como una de las caras del nuevo PSOE de Zapatero y nadie dudaba de que sería ministra en caso de victoria cuando, tras el 14-M, el nuevo Presidente la coloca en un puesto de segunda fila, aunque de indudable prestigio institucional, en la pelea política: vicepresidenta del Congreso de los Diputados. A pesar de ello Zapatero quiso dar una señal de que continúa formando parte de su círculo más cercano incluyéndola en la nueva ejecutiva federal elegida en el 36 congreso como titular de la Secretaría de Cultura.

CHICANO JAVEGA, Enriqueta (Madrid, 1949). Es una de las veteranas de la lucha feminista dentro del PSOE. Abogada y funcionaria, actualmente trabaja en la sección de Fiscalización del Tribunal de Cuentas como subdirectora del Departamento Séptimo, aunque su trabajo político lo desarrolla como presidenta de la Federación de Mujeres Progresistas, cargo que ocupa desde 1998.

Chicano participó en las primeras administraciones del PSOE cerca de Felipe González ya que entró en Moncloa como vocal asesor del gabinete de Presidencia en 1985. Dos años más tarde se fue con el ministro Javier Sáenz de Cosculluela a Obras Públicas y Urbanismo, donde fue subdirectora de su Secretaría General Técnica. Desde allí ascendió un año más tarde a subdirectora general de Relaciones con el Senado, alcanzando su cargo político de mayor altura en 1993 como directora general de Relaciones con el Senado.

En el PSOE, sin embargo, es mucho más conocida por su trayectoria feminista habiendo sido la representante del Ministerio de la Presidencia en el Consejo Rector del Instituto de la Mujer o miembro del Comité Nacional en la IV Conferencia Mundial sobre las mujeres, celebrada en Pekín. Gracias a este recorrido llega a presidir la Federación de Mujeres Progresistas en 1998, cargo desde el que intenta superar la grave crisis que para la misma organización suponen los enfrentamientos entre guerristas y renovadores, que se trasladan a las mujeres del partido. Bien conectada con el equipo de Zapatero —su nombre llegó a sonar como posible secretaria general de Igualdad— no mantiene, sin embargo, la influencia que podría esperarse de la presidencia que ocupa.

CONDE GUTIÉRREZ DEL ÁLAMO, Rosa (Málaga, 1947). Primera directora del Centro de Investigaciones Sociológicas (CIS) y una de las dos primeras ministras nombradas por Felipe González.

Profesora de Ciencias Políticas y Sociología en la Complutense de Madrid, Rosa Conde se inicia en la Administración como asesora del gabinete técnico del CIS durante el último Gobierno de UCD. Después de ganar los socialistas, en 1982, asciende a jefa del mismo gabinete y en 1987 es nombrada directora del Centro en unos años en los que aún había pocas mujeres en puestos relevantes de la Administración.

A pesar de no ser afiliada al PSOE, en 1988 Felipe González la nombra ministra Portavoz a la vez que incluye a Matilde Fernández en su Gobierno como ministra de Asuntos Sociales. Fueron las primeras. Su rostro, entonces, empieza a hacerse conocido a los españoles como la cara y la voz del Gobierno, que tras cada Consejo de Ministros explicaba ante la televisión los acuerdos adoptados.

Sólo en las siguientes elecciones, las de 1989, entra en las listas y accede al Congreso de los Diputados como independiente, escaño que mantendrá hasta las elecciones de marzo de 2004 en las que Rodríguez Zapatero no encontró hueco para ella. Afiliada al partido en 1990 y ministra hasta 1993, fue considerada en esos años una mujer muy cercana a Felipe González, con quien continuó hasta la derrota de 1996 ya que siguió ocupando un alto cargo en Moncloa como secretaria general de Presidencia.

Con Aznar como presidente y el PSOE hundido en una de sus peores crisis, Conde transitó como diputada hasta la llegada al poder de Zapatero y su gente. En las candidaturas a las elecciones de 2004 ya no figuró en ninguna lista pero, después de la victoria, el nuevo Gobierno socialista promovió su nombramiento como directora de la Fundación Carolina como «premio de consolación». Se trata de una entidad creada en 2000 a instancias del Gobierno de Aznar, dependiente del Ministerio de Exteriores, y en la que participan numerosas empresas privadas españolas como puente cultural y económico entre España y Latinoamérica.

DÍEZ DE BALDEÓN GARCÍA, Clementina (Ciudad Real, 1953). Es la mujer más relevante del PSOE en uno de sus feudos electorales, Castilla-La Mancha, un territorio donde tampoco abundan los cargos políticos femeninos, y ha ejercido de mujer de confianza de quien todavía maneja los destinos de esta federación, José Bono.

Es doctora en Historia del Arte y licenciada en Filosofía y Letras además de profesora de la Universidad de Castilla-La Mancha, de la que llegó a ser vicerrectora de alumnos. Entra en la política apadrinada por su marido, José María Barreda, que fuera durante años la mano derecha de Bono y que, tras la formación del primer Gobierno de José Luis Rodríguez Zapatero y la marcha del presidente manchego a ocupar la cartera de Defensa, es el actual presidente del gobierno autonómico.

Díez de Baldeón asistió en 1994 a su primer congreso del PSOE como militante de base y salió miembro de la ejecutiva federal. En este 33 cónclave se escenificó el declive del guerrismo y Txiqui Benegas hubo de ceder la Secretaría de Organización al renovador Ciprià Ciscar. El ex guerrista Bono también jugó sus bazas y, entre otras, «coló» a Clementina en la ejecutiva como miembro femenino de su cuota territorial, aunque sólo como vocal sin cartera.

Circunstancias posteriores, sin embargo, la encumbraron a miembro de la Permanente: la secretaria de Participación de la Mujer, la andaluza Carmen Hermosín, al ser nombrada consejera de Gobernación de la Junta de Andalucía, tuvo que dejar la cartera. Como este puesto había sido objeto de tensiones durante el congreso —Cristina Alberdi, entre otras, había peleado por él— se decidió que el nombre de Díez de Baldeón no sería conflictivo. Un comité federal aprobó la sustitución y a partir de ahí la «mujer de Bono en Madrid», como empezó a ser conocida, inició una brillante carrera ascendente.

En las elecciones generales de 1996 encabezó la lista del PSOE por Ciudad Real y se convirtió en diputada nacional, puesto que no le arrebató nadie ni en las de 2000 ni en las de 2004. En el congreso en el que salió elegido Almunia cedió la Secretaría de la Mujer a la entonces novata Micaela Navarro y se hizo con la de Bienestar Social.

Aunque tras el triunfo de Zapatero sobre Bono en el 35 congreso dejó, obviamente, de pertenecer a la comisión ejecutiva y se mantuvo como miembro silente de la tensa oposición que buena parte de los barones territoriales ejercieron contra el joven líder hasta las elecciones de 2004, la reconquista de La Moncloa ha dado un vuelco a la situación.

Bono es nombrado ministro de Defensa y su marido, hasta entonces vicepresidente del gobierno regional, se convierte en su sucesor. Díez de Baldeón, aunque no alineada en primera fila con las más «zapatistas» del partido, sí mantiene un estatus en el Congreso de los Diputados, tanto por Bono como por Barreda, y ocupa la presidencia de la Comisión de Cultura.

DÍEZ GONZÁLEZ, Rosa (Sodupe, Vizcaya, 1952). Es una de las pocas mujeres del PSOE que no se han entendido en absoluto con Zapatero. Y no porque fuera, al igual que Matilde Fernández o José Bono, una de las que le disputó la Secretaría General del partido, sino por su radical posición antinacionalista en la política del País Vasco.

Rosa Díez se inició en la política vasca como diputada foral de Vizcaya, en cuyas Juntas llegó a ser vicepresidenta para, posteriormente, convertirse en diputada en el Parlamento vasco. Se dio a conocer a una mayoría de españoles cuando, en los años de los gobiernos de coalición PNV-PSE-PSOE, fue nombrada consejera de Comercio, Consumo y Turismo del gobierno vasco. Durante su mandato hizo popular el eslogan de «Ven y cuéntalo» para promocionar el turismo en Euskadi en unos años en que ETA aún no había iniciado su cuesta abajo.

A partir de ahí, y de recibir en su casa un paquete bomba que no llega a estallar, Díez inicia una peleona carrera en el escenario político que llamó la atención por el contraste entre su frágil figura y su contundente verbo, además de por tratarse de una dirigente que no contaba con los suficientes apoyos en el aparato del PSE-PSOE.

Aun así no se arredró y disputó la Secretaría General del partido en Euskadi a Nicolás Redondo Terreros, el candidato oficial entonces, en las primarias celebradas en 1998. Perdió, pero su campaña fue valorada y Joaquín Almunia, que, tras un año en el sillón heredado de Felipe González, peleaba por poner orden en un partido hundido en el que las navajas circulaban en reuniones y pasillos, la elige como cabeza de lista para las europeas de 1999 al representar un rostro fresco ante el electorado del resto del país.

En la campaña se revela como un nuevo valor e, incluso, consigue mejorar los resultados frente al PP, aunque salga derrotada. Este salto a la escena nacional la anima al año siguiente, tras la estrepitosa derrota frente a Aznar y la dimisión de Almunia, a disputar la Secretaría General del partido.

Fue la candidata que consiguió menos votos ya que se presentaba como una auténtica *outsider*, sin apoyos territoriales, orgánicos ni de grupo ideológico.

Fue entonces cuando se inició su declive como dirigente. Zapatero tenía tantos problemas que solucionar mientras intentaba hacerse líder de verdad que no quiso remover el grupo socialista de la eurocámara que Díez encabezaba, pero era notorio que no había ninguna sintonía entre ella y el nuevo Ferraz. En las siguientes elecciones europeas, Zapatero recuperó a José Borrell para encabezar la candidatura socialista y, aunque fiel a su estilo de «no hacer sangre», la dejó ocupar el número dos de la lista, tras los comicios no ha ocupado ningún puesto en la dirección del grupo en el Europarlamento. Zapatero ha apostado claramente por la vía moderada de Patxi López en la estrategia socialista para Euskadi y Rosa Díez no se ha movido un ápice de sus arengas anti-PNV, por lo que se apunta muy difícil que pueda encontrar un hueco en esta nueva etapa del PSOE.

ESPINOSA DÍAZ, Sonsoles (Ávila, 1961). Sin duda alguna, la mujer más importante en la vida de José Luis Rodríguez Zapatero. Es su esposa, su única novia formal conocida y, según los que conocen a la pareja, «el amor de su vida» tal como en las novelas y en las películas clásicas se entiende éste. Incluso después de pasar a ser ambos inquilinos del Palacio de La Moncloa sus apariciones públicas no han desmentido en absoluto esta apreciación.

El presidente del Gobierno conoce a su mujer desde que ambos eran estudiantes de Derecho en la Universidad de León. Él, veintidós años; ella, veintiuno. En León cuentan que el flechazo fue total y que desde entonces no se han separado un minuto.

Sonsoles Espinosa es la primera que rompe el esquema de sus antecesoras dentro del PSOE de después de Suresnes. Tanto Carmen Romero, esposa de Felipe González y diputada durante varias legislaturas, como Milagros Candela, mujer de Joaquín Almunia y ex miembro del Comité Regional de la FSM, o Cristina Narbona, compañera desde hace años del efímero candidato a la presidencia José Borrell y hoy ministra, han sido, con mayor o menor discreción, activas militantes socialistas y han desarrollado una trayectoria política y de reivindicación feminista a la que no han sido ajenas sus parejas.

A Sonsoles, sin embargo, no se le conoce carné del partido. Los años que lleva viviendo con un profesional, además de apasionado de la política, no la han llevado a dar ningún paso adelante hacia la vida pública ni de partido.

Su pasión, según sus amigos, es la música. Aunque terminó Derecho nunca llegó a ejercer de abogado. Su carrera profesional estaba en el canto y en la voz de soprano, que es la que comenzó a cultivar en el coro Universitario de León, con el que ha realizado numerosas giras.

La mujer de Zapatero es hija de militares, igual que Carmen Romero. Nació en Ávila, uno de los destinos de la carrera de su padre, burgalés de nacimiento, que posteriormente la llevaría a León, donde ha pasado la mayor parte de su vida. Allí estudió y trabajó dando clases de música en el Colegio Leonés, el centro privado donde tanto ella como su futuro marido habían sido alumnos sin llegar a conocerse. Se casaron por la Iglesia en la ermita de Nuestra Señora de Sonsoles de Ávila en 1990 y son padres de dos hijas, Laura y Alba, nacidas en 1993 y 1995.

De padre con talante progresista y laico y madre profundamente religiosa, Sonsoles Espinosa no ha llegado a heredar ninguna pasión política salvo su determinación por ser una mujer trabajadora e independiente. Es por eso que llevó muy mal abandonar su querido León para seguir a su marido a Madrid cuando fue elegido secretario general de los socialistas.

Ya en la capital, no quiso recluirse con la excedencia de su trabajo en el cajón y se preparó para intentar entrar en el principal coro público de Madrid, el del Teatro Real. Lo consiguió en junio de 2001 como soprano segunda suplente.

Su vida volvió a dar un giro insospechado el día que el PSOE ganó las elecciones generales en 2004. Cuenta Leslie Crawford, la jefa de reporteros del *Financial Times* en España, que un amigo de la pareja le contó la primera frase que salió de Sonsoles la noche electoral cuando se confirmó la victoria: «Mis hijas, mis hijas, ¿qué será de ellas?» Antes madre y esposa que política. Tampoco tiene nada que ver con Ana Botella.

Sin embargo, pese a su conocida discreción, desde que se ha convertido en la mujer del Presidente sus apariciones públicas no demuestran ningún rechazo a la situación. Se la ve «feliz», como le gusta decir a Zapatero que está, a pesar de los agobios del ejercicio del poder. Posó sonriente con su marido en sus primeras vacaciones «presidenciales» en Menorca, le abrazó efusivamente ante los fotógrafos tras el discurso del último congreso del partido e, incluso, ha aceptado formar parte del patronato de la Fundación Barenboim, el reconocido director de orquesta judío que acababa de tener un sonoro encontronazo con la presidenta de la Comunidad de Madrid, Esperanza Aguirre. ¿Mínima señal de un cierto paso adelante en la escena pública?

ESPINOSA MANGANA, Elena (Orense, 1960). Ministra de Agricultura y Pesca en el primer Gobierno de José Luis Rodríguez Zapatero. Es la única de sus ministras a la que el presidente no conocía personalmente antes de elegirla para el puesto. Su llegada al Gobierno se debe al secretario de Organización del PSOE, José Blanco, gallego, quien buscó para el jefe una mujer adecuada para el puesto una vez que los siempre complicados equilibrios del Gobierno dijeran que la cartera de Agricultura tenía que ocuparla una mujer para cumplir con la paridad.

Emilio Pérez Touriño, secretario general del PSG, y Abel Caballero, ex ministro de Transportes con Felipe González y también gallego, terminaron de dirigir a Zapatero hacia Elena Espinosa. Es una brillante economista y precoz profesional de la gestión. Pérez Touriño la conocía como estudiante desde que fue su profesor en la Universidad de Santiago y Caballero como gestora en su etapa en el Ministerio —con Touriño de subsecretario— cuando ocupaba la gerencia del puerto de Vigo.

Aunque no ha ocupado cargos ni ha hecho vida activa en el partido, su compromiso con el PSOE al igual que su carné de militante datan de sus años de estudiante. Su primer cargo público lo tuvo con apenas veinticinco años cuando fue nombrada gerente de la Zona de Urgente Reindustrialización (ZUR) de Vigo, instrumento creado por los socialistas para dar salida a los excedentes laborales de la reconversión industrial, un puesto nada fácil para una mujer joven pero que ejerció con tal aplomo que tres años después la llevó a ser presidenta del Puerto de Vigo.

En este cargo ha estado ocho años, hasta la llegada del PP al poder en 1996, cuando reorienta su actividad hacia el sector privado. En un primer momento trabajó como asesora del Instituto Galego de Medicina Técnica (Medtec), entidad pública aunque de gestión privada, pero Blanco la encontró en su despacho de adjunta a la presidencia de la compañía de construcción naval Rodman, en Vigo, cuando buscaba ministra gallega para el primer Gobierno.

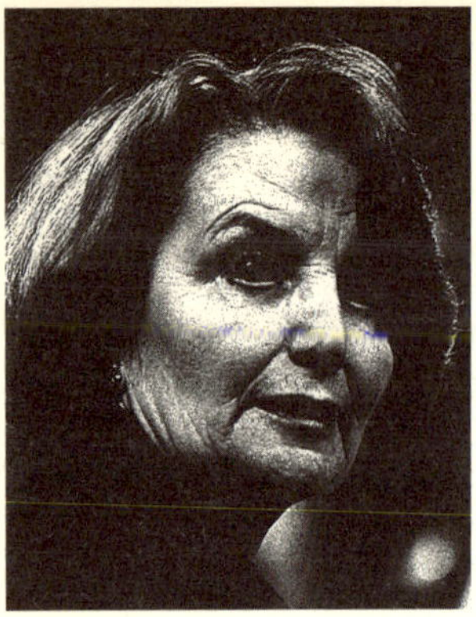

FERNÁNDEZ FELGUEROSO, Paz (Gijón, Asturias, 1937). Actual alcaldesa de Gijón, esta veterana militante socialista fue una de las primeras mujeres en ocupar puestos de relieve en cuanto el PSOE consiguió el Gobierno en 1982. Fue la primera mujer nombrada secretaria general de Comunicaciones, en 1985, cuando el cargo llevaba aparejado ser presidente de la Caja Postal.

Abogada y asistente social, Fernández Felgueroso desciende de una familia que tuvo un destacado protagonismo en la historia minera asturiana e inició pronto su militancia política, primero en el Partido Socialista Popular (PSP), que fundara Tierno Galván, y, luego, tras su fusión con el PSOE, en el partido que ya lideraba Felipe González.

En los cargos públicos también madrugó. Fue directora general de Medio Ambiente en el órgano preautonómico de Asturias y delegada del Gobierno en la Telefónica, cuando ésta era una compañía estatal. Tras su paso por la Secretaría General de Comunicaciones, y unos años dedicada a la política regional asturiana en los que vivió en primera persona las peleas entre los guerristas y los renovadores, en 1993 fue nombrada secretaria de Estado de Asuntos Penitenciarios, convirtiéndose así en la segunda mujer en la historia de España encargada de gestionar las cárceles después de Victoria Kent, que durante la Segunda República fue directora general de Prisiones.

Con la llegada al poder del PP volvió a hacer política en Asturias y fue elegida por su agrupación candidata a la alcaldía de Gijón después de que el alcalde, Vicente Álvarez Areces, se fuese a disputar la presidencia regional. Paz Fernández Felgueroso se mantiene de alcaldesa de su ciudad natal desde 1999.

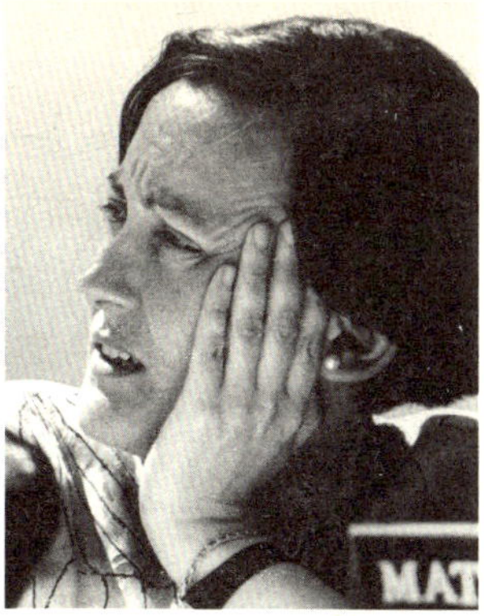

FERNÁNDEZ SANZ, Matilde (Madrid, 1950). Vieja guardia, guerrista, sindicalista, feminista, ex ministra, candidata, en su día, a la Secretaría General del PSOE... Matilde Fernández es una de las mujeres clave en la historia femenina del PSOE y una de las pocas que aún sigue activa en política como diputada en la Asamblea Regional de Madrid, aunque a cierta distancia de la actual dirección del partido.

Matilde, como se la conoce entre los socialistas, es militante desde la clandestinidad y desarrolla la primera parte de su trayectoria política en UGT. Licenciada en Filosofía y Letras y especializada posteriormente en Psicología Industrial y Social, empieza a trabajar en distintas empresas del sector químico dando rápidamente el salto desde ahí al trabajo sindical entrando en la ejecutiva de la Federación de Industrias Químicas ugetista en 1975 para, dos años después, ser elegida secretaria general, puesto que mantuvo hasta 1984.

Desde el sindicato y, sobre todo, después de la victoria del 82, da el salto al partido y entra en la ejecutiva federal en el 30 congreso de 1984 como mujer de confianza de Alfonso Guerra. En la dirección federal, que aún no cuenta con una Secretaría de la Mujer como tal, se convierte en su primera impulsora y en una de las principales luchadoras por la primera cuota femenina para cargos del partido, la del 25 por ciento que, finalmente, fue aprobada en el 31 congreso de 1988. Seis meses más tarde, Felipe González la convierte en una de sus dos primeras ministras junto a Rosa Conde.

Como titular de Asuntos Sociales, bajo cuya órbita estaba el Instituto de la Mujer, continúa trabajando por los derechos de la mujer desde el Gobierno aun con roces con otras destacadas compañeras del partido, como Carlota Bustelo, primera directora del Instituto y subsecretaria de su propio departamento. Las dos peleaban, sin embargo, por una ley de plazos para la despenalización de la interrupción voluntaria del embarazo, que no consiguieron. En el transcurso de esa lucha Matilde Fernández no tuvo reparos en reconocer públicamente que ella misma había abortado a los 18 años.

Repite como ministra en el Gobierno nombrado en 1991 pero lo abandona en 1993, cuando González abre la puerta a tres mujeres independientes: Carmen Alborch, Ángeles Amador y Cristina Alberdi. Nada que ver con el estilo ni la estrategia de la sindicalista y veterana militante. Las luchas entre guerristas y renovadores empiezan a aflorar como un auténtico desgarro interno y Matilde Fernández se mantiene siempre fiel al vicesecretario general. Vivió estas luchas como diputada, entre el 89 y el 99, y, posteriormente, desde la política madrileña, a la que es aupada por los guerristas madrileños como número dos, tras el candidato Fernando Morán, en la lista a la alcaldía de Madrid.

Retorna al primer plano de la política nacional al verano siguiente, después de la victoria por mayoría absoluta de Aznar en las elecciones y la dimisión de Almunia. Alfonso Guerra le pide que se presente como candidata a la Secretaría General del partido en representación de su sector. La ex ministra acepta aun a sabiendas de que es caballo perdedor y de que ha habido antes otros candidatos masculinos que han rehusado la oferta. Consigue un 10,98 por ciento de los votos, por detrás de Zapatero y Bono, después de que un sector del guerrismo cambiase su voto a última hora para evitar la victoria del presidente manchego.

Tras la experiencia se mantuvo esa legislatura como concejala de la oposición, convirtiéndose en el azote de las macrooperaciones urbanísticas del alcalde Álvarez del Manzano y de sus beneficiarios, entre los que se encontraba el presidente de la constructora ACS y del Real Madrid, Florentino Pérez. En 2003, después de la traición de los diputados socialistas Tamayo y Sáez y la repetición de elecciones autonómicas en Madrid, Rafael Simancas la rescata del ayuntamiento y la coloca como número dos para reforzar su candidatura, en un movimiento que no fue bien visto en Ferraz. Las elecciones las ganó Esperanza Aguirre, y Matilde Fernández ocupa desde entonces el puesto de portavoz adjunto en la Asamblea madrileña.

FERNÁNDEZ DE LA VEGA, María Teresa (Valencia, 1949). Su nombre quedará grabado en la historia. Ha sido la primera vicepresidenta del Gobierno de España y la primera mujer que, interinamente, en ausencia del Presidente, ha ocupado su puesto en el Consejo de Ministros. La primera vez que esto ocurrió fue el 28 de mayo de 2004, cuando Rodríguez Zapatero, investido hacía menos de un mes, asistía en México a una cumbre internacional.

Fernández de la Vega, además, comparte la condición de veterana activista del partido (su condición de juez le ha impedido estar afiliada formalmente) desde las peleas por conseguir la primera cuota femenina del 25 por ciento para cargos internos, con la de mujer de confianza del nuevo PSOE de Rodríguez Zapatero. Ha podido discurrir entre tan decisivos años para los socialistas manteniendo intacto, y creciente, su reconocimiento y estatus en el partido por dos claves que definen su forma de entender la política: su calidad profesional como jurista a la que une una extraordinaria capacidad de trabajo, según quienes la conocen, y su escaso interés por hacer vida orgánica dentro del partido, lo que la ha apartado de muchas peleas y ha permitido que su nombramiento no provocara conflictos internos.

Fernández de la Vega es doctora en Derecho. Se licenció en Madrid y se doctoró en Barcelona y, después de una inicial y corta etapa de profesora en la universidad, aprobó la oposición al cuerpo de secretarios jurídicos laborales en 1974 con el número uno de su promoción, siendo su primer destino la Magistratura de Trabajo número 1 de Barcelona. Allí inició, también, su activismo político dentro del PSUC, el partido comunista de Cataluña, y participó en la constitución de Justicia Democrática, embrión de la conocida asociación Jueces para la Democracia.

Unos años más tarde ingresó en la carrera judicial cuyos destinos la llevaron primero a Ávila y luego a Madrid, donde se encontraría definitivamente con los socialistas. El primer ministro de Justicia del PSOE, Fernando Ledesma, la nombró jefa de su gabinete en 1982 y, desde entonces, distintos han sido sus cargos al calor de la Administración socialista.

Directora general, miembro del Consejo General del Poder Judicial a propuesta del PSOE y, finalmente, secretaria de Estado de Justicia con el «biministro» de Justicia e Interior Juan Alberto Belloch en el último Gobierno socialista. En la etapa del PP en el poder, Fernández de la Vega entró como diputada en el Congreso y ejerció un papel fundamental en el grupo parlamentario al ser nombrada, primero por Borrell, luego confirmada por Almunia y, posteriormente, ratificada por Zapatero, secretaria general del mismo, puesto desde el que sintonizó perfectamente con Jesús Caldera y el nuevo líder que no dudó en contar con ella para su primer Gobierno.

Ferviente feminista, procede de una familia en la que se encuentran destacadas precursoras de la liberación de la mujer, como sus dos tías, Elisa y Jimena Fernández de la Vega, que fueron las primeras mujeres que estudiaron medicina en la Universidad de Santiago y que ejercieron la medicina en Galicia.

FLORES VALENCIA, Elena (Madrid, 1945). Una de las primeras mujeres que ocuparon plaza en la comisión ejecutiva federal del PSOE y la primera titular de la Secretaría de Relaciones Internacionales, lo que siempre le procuró un sitio cercano a Felipe González.

Licenciada en Ciencias Políticas y afiliada al partido en los primeros años de la transición, fue profesora en la universidad madrileña hasta que en 1984 pasa a formar parte de la dirección socialista. Primero colaboró con Luis Yánez, primer encargado del área exterior, y luego junto al secretario general, y ya presidente del Gobierno, Felipe González.

Su trayectoria ha estado siempre más tiempo fuera que dentro de España. En 1983, en el XVI congreso de la Internacional Socialista que presidía Willy Brandt, llegó a ser propuesta por éste como candidata para sustituir al entonces secretario general Bernt Calsson.

Diputada, senadora y europarlamentaria por el PSOE en distintas etapas, Elena Flores se vio implicada por su hermano, Alberto Flores, en el caso Filesa, relativo a la presunta financiación irregular del PSOE y en cuyo sumario estaba imputado como propietario y gerente de la empresa matriz de Filesa al señalar que ella sabía lo mismo que él. Elena se manifestó desde el principio absolutamente ajena a su hermano y no llegó a ser citada judicialmente.

Volcada desde hace tiempo en el ámbito exterior, en la etapa Zapatero no ha entrado en las Cortes, ni como diputada ni como senadora, aunque mantiene un lugar en el partido a través de la Fundación Pablo Iglesias, donde dirige el departamento internacional desde 1996.

GARCÍA BLOISE, Carmen (Madrid, 1937). Histórica dirigente socialista que asume en su currículo haber sido la primera mujer, después de Virginia González, pionera de principios de siglo, que entró a formar parte de la dirección del PSOE. Fallecida en 1994 tras un doble trasplante de hígado, se mantuvo durante toda su trayectoria como figura indiscutida por las distintas familias enfrentadas a lo largo de la historia del partido.

Esta condición le viene por ser hija del exilio. Ella nació en Madrid, al año de comenzar la guerra civil, y, después de que su padre se exiliara a París nada más concluir ésta, ella y su madre se reunieron con él en 1948. En la capital francesa inició García Bloise su compromiso político, como algo natural en su familia. Allí estudió y se hizo perito mercantil y técnico en organización de empresas aunque trabajó poco en la empresa privada ya que rápidamente, de la mano de su padre, entró en la organización del partido en el exilio y cuando, tras Suresnes, en el primer congreso del partido en Madrid, en 1976, los jóvenes Felipe González y Alfonso Guerra seleccionan su ejecutiva la incluyen como secretaria de Administración, cargo organizativo y de circuito interno en el que se había destacado como muy eficaz en su etapa francesa. García Bloise ha permanecido en la ejecutiva federal desde entonces hasta su fallecimiento.

Considerada por todos como una dirigente «puente» entre el partido del exilio y el del interior, su autoridad se ha visto reconocida en ocasiones, como cuando, tras la dimisión de Felipe González en el congreso del 79 para forzar el abandono del marxismo, una comisión gestora hubo de organizar otro extraordinario: García Bloise formó parte de la misma con otros cuatro históricos dirigentes entre los que estaba el desaparecido presidente Ramón Rubial. Sus años de mayor influencia fueron entre 1979 y 1984, cuando fue secretaria de Organización a las órdenes de Alfonso Guerra. Siempre apoyó la presencia de mujeres en la dirección y, aunque de un perfil bien distinto a las feministas de la España de la Transición, presionó en su día para que el partido apoyara y prestara el dinero para montar el primer centro de planificación familiar abierto en Madrid por la joven ginecóloga Elena Arnedo antes de la muerte de Franco, en 1974.

GARCÍA-HIERRO CARABALLO, Dolores (Urda, Toledo, 1958). Una de las clásicas del socialismo madrileño. Diputada desde 1996 inició su trayectoria política en UGT donde en los primeros años de la transición llegó a ser miembro de la Unión de Madrid. Considerada una mujer con carácter, ha militado activamente en la siempre complicada Federación Socialista Madrileña, hoy Partido Socialista de Madrid, a cuya ejecutiva ha pertenecido, al igual que al comité federal del partido.

Destacada feminista, participó en la fundación de la Federación de Mujeres Progresistas. La mayor parte de su carrera se ha desarrollado en la política madrileña; fue concejala en el ayuntamiento de la capital desde 1987 hasta 1995 y portavoz del grupo socialista entre 1991 y 1993, con el PSOE en la oposición.

Entró en el Congreso en la legislatura en que el PSOE perdió el poder y ha mantenido su escaño en la etapa de Zapatero, quien la incluyó en la apretada lista que él encabezaba por Madrid.

GARCÍA PÉREZ, Iratxe (Baracaldo, Vizcaya, 1974). Fiel ejemplo de las socialistas a las que Rodríguez Zapatero ha dado alas desde que asumió el poder en el partido. Iratxe García pertenece a la federación de origen del presidente y era la secretaria general de las Juventudes Socialistas de la región. Como tal entró en las listas por Valladolid en la legislatura del desastre, en el 2000, cuando Aznar arrasa, consigue mayoría absoluta, Almunia dimite y el partido se sume en una crisis insondable.

La joven Iratxe, recién llegada a Madrid, se une pronto a los diputados que circulan alrededor de Zapatero y conforman Nueva Vía. A pesar de su juventud, la dirección del grupo le da oportunidades para hacer preguntas orales en los plenos y, sobre todo tras la victoria del leonés en el 35 congreso, pasa a formar parte del grupo de diputadas que Caldera y Fernández de la Vega utilizaron como ariete de determinados ministros del PP a los que ponía muy nerviosos que les hicieran preguntas parlamentarias tan jóvenes.

Diplomada en Trabajo Social y plenamente identificada con el equipo del nuevo líder, Iratxe García tuvo que asumir, no sin disgusto, un nuevo destino político después de la victoria del 14 de marzo. El jefe, que no se había sentido nada identificado con el grupo socialista que dirigía Rosa Díez en el Parlamento Europeo desde las anteriores elecciones europeas, decide incluirla en la lista a Estrasburgo en un puesto seguro. Aunque ahora a cierta distancia, continúa siendo una de las socialistas de referencia en el entorno de Zapatero, debido también, en parte, a la amistad que entabló con Leire Pajín, secretaria de Estado de Cooperación Internacional y una de las mujeres de mayor confianza del Presidente, cuando ambas debutaron en el Congreso.

GONZÁLEZ, Virginia (Valladolid, 1873). Dirigente obrera y feminista, fue la primera mujer que entró en la dirección del PSOE. Guarnecedora de calzado y trabajadora desde los nueve años (sus padres eran mecánico tornero y tejedora y tenía nada menos que veintiún hermanos), se cultivó por su cuenta y pronto pasó de las lecturas de folletines a las de los primeros anarquistas y socialistas.

Tras casarse con Lorenzo Rodríguez se traslada a Bilbao donde en 1904 fundó un inédito Grupo Feminista al que estaban adheridas 150 afiliadas. Dos años después y a partir de él se crea en Madrid el Grupo Femenino Socialista de Madrid que en 1908 ingresa en el PSOE, aunque manteniendo su propia organización.

El carácter minúsculo de su grupo y su escasa importancia entre las mujeres de la época no impiden que la propia Virginia González entre, como líder del mismo, en el entonces denominado Comité Nacional del PSOE que presidía Pablo Iglesias, con Julián Besteiro como vicepresidente, en 1915. Era una mujer entre diez hombres y su puesto sólo era de vocal. En el siguiente congreso, el número 11 de la historia del partido, desarrollado en diciembre de 1918, Virginia González es reelegida miembro del Comité Nacional, esta vez, además, como responsable de una recién creada Secretaría Femenina. Su vida fue efímera ya que a los doce meses un congreso extraordinario alumbra un nuevo comité en el que ya no figura Virginia ni ninguna otra mujer.

La dirigente obrera había iniciado otro camino divergente de los socialistas. Se adhiere a la Tercera Internacional y participa, primero, en la creación del Partido Comunista Obrero Español y en 1921 en la fundación del Partido Comunista de España (PCE) en cuyo primer Comité Central figura como miembro y responsable de su Secretaría Femenina. Gravemente enferma, muere en 1923. Dos meses antes de su fallecimiento había participado en un mitin contra la guerra de Marruecos. El Grupo Feminista que ella había fundado en Bilbao desaparece en 1927.

GOROSTIAGA SAIZ, María Dolores (Vioño de Piélagos, Cantabria, 1957). Una de las pocas mujeres socialistas con auténtico poder orgánico dentro del partido. Es la secretaria general del PSOE de Cantabria y actual vicepresidenta del Gobierno regional después del pacto suscrito con el Partido Regionalista de Cantabria (PRC) que concedía la presidencia a su líder, Miguel Ángel Revilla, a pesar de haber sido el partido menos votado en las elecciones.

Licenciada en Filosofía y Letras, inició su carrera política como concejala en el Ayuntamiento de Piélagos en 1983, cargo que revalidó en las elecciones locales del 87, el 91 y el 95. Ya en 1991 comenzó a sobresalir y fue elegida diputada autonómica. En 1993 dio el salto al Congreso de los Diputados de Madrid y en 1996 cambia de cámara y pasa a ser senadora electa.

A la par, desarrolla dentro de la organización una carrera poco habitual en las mujeres del partido. Después de ocupar la tradicional Secretaría de la Mujer en el Partido Socialista de Cantabria (PSC) alcanza la poderosa Secretaría de Organización y en noviembre de 2000, después de que Zapatero hubiera alcanzado el primer puesto en el PSOE, Gorostiaga se presenta a secretaria general del PSC. Gana y en las siguientes elecciones autonómicas, en 2003, es la candidata a la presidencia autonómica.

Los socialistas salen segundos tras el PP, que no consigue mayoría absoluta. Gorostiaga emprende una difícil negociación con el que se ha convertido en el partido bisagra y que tiene la llave de la gobernabilidad, los regionalistas de Miguel Ángel Revilla, y acepta cederle la presidencia a cambio de gobernar, convirtiéndose ella en vicepresidenta.

GRANADO PANIAGUA, Carmen (Ceclavín, Cáceres, 1956). Senadora por Cáceres y miembro del sector guerrista del partido, esta licenciada en Derecho ha hecho la mayor parte de su carrera política en Extremadura y en la Cámara Alta. Llegada al partido desde la Agrupación Socialista Universitaria (ASU), en los comienzos de la transición se convirtió en la primera funcionaria del Parlamento extremeño tras ganar su plaza como jefa del Servicio de Documentación.

Antes socialista que feminista, Granado fue concejala del Ayuntamiento de Mérida hasta que resultó elegida senadora en 1996, legislatura en la que presidió la Comisión de Peticiones. Ha sido mujer de referencia durante años en un territorio en el que, hasta hace bien poco, era difícil encontrar una dirigente femenina con puestos de relieve.

Miembro del sector guerrista, en el 35 congreso su candidata a secretaria general era Matilde Fernández aunque, al igual que buena parte del guerrismo, hoy se muestra fiel aliada del nuevo líder. En las elecciones de 2004 fue elegida de nuevo senadora por Badajoz y es vicepresidenta primera de la Comisión Constitucional.

HERAS PINILLA, Patrocinio de las (Soria, 1944). Activa militante socialista, ha sido concejala del Ayuntamiento de Madrid durante la década de los 90. Pertenece a la «vieja guardia» de las feministas del partido y ha presidido la Federación de Mujeres Progresistas durante los últimos años de Gobierno del PSOE.

Funcionaria de la Seguridad Social y Asistente Social, fue directora general de Acción Social en el primer Gobierno de Felipe González siendo ministro de Trabajo Joaquín Almunia. Buena amiga de su mujer, Milagros Candela, tras su llegada a la presidencia de la Federación de Mujeres Progresistas formó grupo con las «renovadoras» y se enfrentó desde la organización a guerristas tan significadas como Matilde Fernández o Josefa Pardo. Tras su paso por el ayuntamiento entró en las listas a la Asamblea regional, donde actualmente es diputada.

HERMOSÍN BONO, Carmen (Alcalá de Guadaira, Sevilla, 1945). Una de las históricas dirigentes femeninas del PSOE, formó parte del núcleo sevillano del partido que, con Felipe González y Alfonso Guerra como líderes, arrebató el poder a los dirigentes del exilio tras pactar con los socialistas vascos.

Hermosín figura en la histórica «foto de la tortilla», donde unos jóvenes Felipe y Alfonso comparten un relajado día de campo con sus amigos, entre los que están Manolo Chaves y Luis Yánez, marido de Carmeli, como es más conocida dentro del partido.

Su trayectoria ha estado básicamente centrada en el PSOE andaluz aunque también ha sido una de las primeras mujeres en entrar en la comisión ejecutiva federal, cargo al que llegó por primera vez en 1988, en el 31 congreso que aprobó la histórica cuota femenina del 25 por ciento para los cargos internos. Desde entonces ha mantenido su puesto en la dirección federal hasta el congreso en el que Rodríguez Zapatero fue elegido secretario general.

Considerada en sus inicios bajo la tutela política de Alfonso Guerra, pronto se alineó con Manuel Chaves cuando se iniciaron las disputas internas pasando a convertirse en una de las dirigentes imprescindibles para el presidente de la Junta de Andalucía, no sólo para su equipo de gobierno sino para el asalto al aparato de los renovadores frente a los guerristas. Ha sido consejera de sus distintos gobiernos hasta las elecciones de 2004, ocupando las carteras de Asuntos Sociales, Gobernación y Justicia en distintas etapas y secretaria general del PSOE de Sevilla en los momentos de mayor división entre los partidarios de Guerra y la renovación.

Nunca ha destacado como activa feminista aunque llegó a ocupar unos meses, hasta que dimitiera para permanecer en el gobierno andaluz, la Secretaría de Participación de la Mujer. Tras la victoria de Zapatero las relaciones entre éste y Chaves han pasado por diferentes etapas no exentas de acuerdos en los que el presidente andaluz ha preferido promocionar en Madrid a dirigentes femeninas de nuevo cuño y menos implicadas en la historia del partido, como las ministras Carmen Calvo o Magdalena Álvarez.

De cara a las elecciones de 2004, Chaves no quiso contar con ella una vez más para formar parte de su futuro gobierno al que quería dotar de aires nuevos y, aunque le ofreció la posibilidad de presidir el Parlamento regional, prefirió volver a ser diputada en Madrid, como ya lo había sido años atrás, y ocupó el número dos en la lista del PSOE por Sevilla, después de Alfonso Guerra. En la actual legislatura preside la Comisión de Interior.

IZQUIERDO ROJO, María (Oviedo, 1946). Antes de la llegada de las primeras ministras a los gobiernos de Felipe González, esta socialista entró en su primera Administración como secretaria de Estado para las Comunidades Autónomas, con Tomás de la Quadra-Salcedo como ministro de Administración Territorial.

Aunque nacida en Asturias, inició su carrera política en Andalucía, a donde la llevó su trabajo como profesora de Filosofía en la Universidad de Granada. Allí inauguró su militancia en el PSOE y UGT en 1973 y empezó a escalar puestos dentro del aparato llegando a ser secretaria general de la Agrupación granadina y consejera de la primera Junta de Andalucía. En las primeras elecciones tras la muerte de Franco, las de 1977, ya figura en las listas y ejerce como diputada en las denominadas Cortes Constituyentes.

En 1979 llega a la ejecutiva federal y se convierte, junto a Carmen García Bloise, en la única mujer presente en la cúpula del partido. Su cargo, secretaria de Política Autonómica.

Tras la victoria del 82 Felipe cuenta con ella y pasa a ser la primera secretaria de Estado del Gobierno socialista. Tal carrerón fue lentamente palideciendo aunque no ha dejado de figurar en alguna de las candidaturas del partido en los últimos años. Mantuvo su escaño en el Congreso hasta 1989, cuando es desplazada por la dirección socialista a las listas europeas, centrando, a partir de entonces, su trayectoria en el ámbito de la Unión Europea y viéndose alejada tanto de la agitada vida del partido, de cuya ejecutiva ya no forma parte, como de la política nacional. Repite como candidata y europarlamentaria en las elecciones de 1994 y en las de 1999. Zapatero ya no ha contado con ella en el renovado grupo que lideraba Borrell como cabeza de lista formado tras las elecciones de 2004.

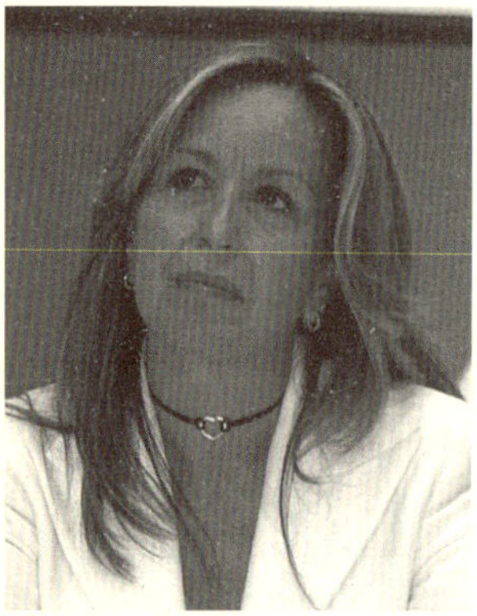

JIMÉNEZ GARCÍA-HERRERA, Trinidad (Málaga, 1962). Podría decirse que es la mujer de mayor confianza política de José Luis Rodríguez Zapatero. Al menos así lo demuestra el empeño del líder socialista en ubicarla en los distintos puestos que ha ido ocupando dentro del partido, a pesar de las nada escasas resistencias a sus deseos. Su nombre está asociado indisolublemente a la llegada del leonés al poder del PSOE y eso, como más de uno reconoce como su principal valor, «Zapatero nunca lo va a olvidar».

Jiménez era una desconocida para los españoles hasta que estalló la crisis socialista después de las elecciones de 2000 y se produjo la inmediata dimisión de Almunia. Hasta entonces fue una más de las técnicas que trabajaba en la sede central del partido. Bueno, una más quizá no, porque su adscripción a la Secretaría de Relaciones Internacionales y su trabajo preparando y acompañando en viajes a Felipe González la había proporcionado una intimidad con el ex presidente valiosísima para el futuro.

La hoy concejala del Ayuntamiento de Madrid procede de una familia de juristas —su padre ha sido magistrado del Tribunal Supremo y su tío jefe de la fiscalía anticorrupción— y después de licenciarse en Derecho, casarse con un diplomático, vivir fuera de España varios años, divorciarse y regresar a la capital entra en Ferraz como parte del equipo de Internacional, área en la que ya había colaborado con el partido, al que se afilió en 1984, desde el exterior.

Tres días después de la estrepitosa derrota de 2000 en las urnas, la desconocida «funcionaria» de Ferraz publica un artículo en el diario *El País* titulado «La renovación necesaria» en el que apunta el camino que debe iniciar el partido para salir de la crisis. A raíz de aquello se inicia el movimiento de diputados alrededor de Zapatero, las reuniones en su casa y el nacimiento de Nueva Vía. Su nombre ya suena entre los socialistas aunque no es hasta el 35 congreso cuando la prensa puede hacerle una foto.

Después de tomado el poder, Jiménez pasa, de golpe, de ser la subordinada a la jefa en la Secretaría de Internacional y a formar parte del núcleo más cercano al nuevo líder.

Su definitivo salto a la arena política lo da cuando Zapatero la promociona como candidata a la alcaldía de Madrid en las municipales de 2003. El todavía débil secretario general ha de enfrentarse a la federación madrileña, que prefiere otro candidato más veterano y que, incluso, ha contactado ya con Javier Solana. Zapatero es inflexible, y desde entonces Trinidad Jiménez se sabe protegida por él.

Perdió ante Ruiz-Gallardón, candidato inesperado del PP después de que Jiménez ya estuviera designada. Renunció a su puesto como responsable de exteriores del partido para hacer la campaña, perdió y hubo de resignarse a su despacho de jefe de la oposición en el ayuntamiento, desde el que miraba de reojo los pasos de su líder y amigo en política nacional.

El 14 de marzo, sin embargo, todo cambió. Con Zapatero convertido en presidente del Gobierno, aunque aún no le haya llegado el tiempo de ser ministra, Trinidad Jiménez recuperó su sitio en Ferraz. El 36 congreso, ya completamente controlado por el vencedor Zapatero y los suyos, no sólo la ha vuelto a nombrar responsable de Relaciones Internacionales, sino que también ha elegido a uno de sus fieles, el líder gay Pedro Zerolo que ella reclutó para su candidatura al ayuntamiento y hoy comparte despacho de concejal en su grupo, como responsable de la Secretaría de Relaciones con las ONG y los Movimientos Sociales. Su principal despacho sigue estando en la plaza de la Villa madrileña pero desde julio de 2004 cada vez pasa más tiempo en su recuperada mesa de Ferraz.

LEJÁRRAGA Y GARCÍA DE MARTÍNEZ SIERRA, María (San Millán de la Cogolla, La Rioja, 1874). Una de las cinco diputadas que tuvo el PSOE durante las Cortes de la Segunda República. Mujer culta e intelectual, desarrolló una intensa carrera literaria junto con su marido, Gregorio Martínez Sierra, con cuyo nombre firmaba sus obras a la vista de que las presentadas con el suyo eran despreciadas por crítica y público. No sólo escribe, sino que forma una compañía de teatro y participa en la fundación de la revista cultural *Helios*, con Juan Ramón Jiménez.

En 1920 escribe *La mujer moderna*, donde recoge opiniones de destacadas mujeres del momento sobre la condición femenina. Tras la proclamación de la República se vuelca en la actividad política y es elegida diputada del PSOE por Granada en 1933. Aunque en las elecciones de febrero de 1936 ya no renovara su acta de parlamentaria, tras el estallido de la guerra colabora activamente con el Gobierno republicano trabajando primero en el departamento de heridos de guerra y, ya fuera de España, como agregada comercial en Suiza, enviada por el mismo Gobierno. Su exilio recorrió Francia, Nueva York, México y Argentina, donde murió en Buenos Aires, en 1974, un año antes de la muerte del dictador.

LÓPEZ GONZÁLEZ, María José (Granada, 1960). Nacida el mismo año que Zapatero, la actual consejera de Justicia de la Junta de Andalucía es un perfecto ejemplo de las socialistas que han dado el salto al despacho de las decisiones con su llegada al poder.

María José López era una brillante abogada, que además daba clases en la Escuela de Práctica Jurídica del Colegio de Abogados de Granada, y tenía una reseñable trayectoria política dentro del PSOE como concejala del ayuntamiento de su ciudad, en el que ha sido delegada de Presidencia y de Deportes. En las elecciones de 2000 el PSOE andaluz la mete en las listas y se estrena como diputada con el mazazo de la mayoría absoluta recién conseguida por el PP de Aznar. María José no cae en la melancolía de diputados más veteranos y pronto se convierte en una diputada sorpresa.

Aunque no optara por Zapatero desde el principio, dada su fidelidad a la federación andaluza, el equipo de dirección del grupo capitaneado por Jesús Caldera toma nota rápidamente de su impulso político y su capacidad y le encargan la responsabilidad de ser portavoz adjunta en la Comisión de Justicia e Interior, algo nada común entre los parlamentarios novatos.

Los periodistas parlamentarios de Madrid la votan como diputada revelación, y, además de su trabajo en las distintas comisiones a las que está adscrita, enseña su perfil feminista y preside entre 2001 y 2003 el grupo socialista de Mujeres Parlamentarias así como la subcomisión de Violencia Doméstica de la Asamblea Parlamentaria del Consejo de Europa, organismo al que llega en representación del Parlamento español.

Todo un descubrimiento que Chaves, deseoso de renovar su gobierno tras las últimas elecciones, reclama para sí. En mayo de 2004 es nombrada consejera de Justicia y Administración Pública de la Junta de Andalucía.

MADRE ORTEGA, Manuela de (Huelva, 1954). Podría haber sido una de las mujeres claves del primer Govern de Cataluña conseguido por los socialistas, o la sucesora de Pasqual Maragall en la candidatura del PSC a la Generalitat si un diagnóstico médico, que hace que mantenga a medio gas su participación política, no la hubiera obligado a renunciar a su cargo de alcaldesa de Santa Coloma de Gramanet.

En 2002 informó de que padecía fibromialgia, enfermedad también conocida como síndrome de fatiga crónica, que impide llevar una vida activa normal. Fue entonces cuando dimitió de alcaldesa, aunque se mantuvo como diputada autonómica. Hasta ese momento, Manuela de Madre fue una de las mujeres más destacadas del socialismo catalán desde que resultara elegida concejala en las primeras elecciones municipales democráticas de 1979. Ha sido diputada en el Congreso entre 1982 y 1984, legislatura en la que fue la parlamentaria más joven y, dentro del PSC ha desarrollado una destacada trayectoria. Miembro de su comisión ejecutiva durante años, entre 1988 y 1991 fue la secretaria de Participación de la Mujer. Precisamente, su trabajo a favor de la emancipación femenina le valió en 2003 uno de los premios Rosa Manzano que concede el partido a quienes se destacan por su defensa de la igualdad. Tras el último congreso de los socialistas catalanes, ya con Maragall en el Palacio de Sant Jaume y Zapatero en el de la Moncloa, De Madre se ha incorporado a la cúpula del PSC como vicepresidenta.

MANZANO GETE, Rosa (Villanueva de Gumiel, Burgos, 1949). Fallecida en junio de 1988 en un accidente de helicóptero en el ejercicio de su cargo, da nombre a los premios que, cada año, concede la ejecutiva federal del PSOE a quienes se hayan destacado en la lucha por la igualdad y los derechos de las mujeres.

Rosa Manzano fue la primera mujer que ocupó la Dirección General de Tráfico, todo un símbolo del estereotipo del poder masculino en España. La nombró en 1987 José Barrionuevo, ministro del Interior.

Su carrera profesional estuvo centrada en el derecho y la política. Después de ingresar por oposición en el cuerpo de letrados de la AISS (Administración Institucional de Servicios Socioprofesionales) y de trabajar como juez de paz en un pueblo, fue destinada al Gobierno Civil de Burgos para llegar, posteriormente, a la administración regional de Castilla y León como jefa del Servicio Provincial de Burgos. Su primer cargo político fue el de concejala y teniente de alcalde de la capital burgalesa.

Después de la llegada al poder del PSOE, en diciembre del 82 fue nombrada gobernadora civil de Palencia, siendo la primera mujer en nuestro país que desempeñaba dicho cargo, en el que se mantuvo durante cinco años. Tras ellos volvió a convertirse en pionera al ser nombrada directora general de Tráfico. El helicóptero en el que viajaba hacia Palencia para asistir a la entrega del premio Europa Nostra se estrelló en la sierra de Madrid debido a una tormenta.

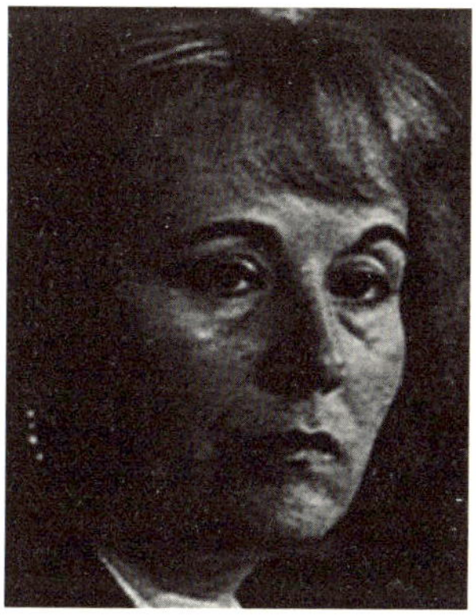

MARTÍNEZ GARCÍA, María Antonia (Molina de Segura, Murcia, 1953). Actual senadora, ha sido la primera mujer que ha presidido una comunidad autónoma en España y la única socialista que ha ocupado este puesto. Presidenta de la Comunidad de Murcia entre 1993 y 1995, ha ocupado, además, la Secretaría Regional del partido desde 1994 hasta 2000, cuando, después de que dimitiera Joaquín Almunia, la misma noche electoral anunció su dimisión irrevocable por los malos resultados obtenidos en Murcia.

Abogada laboralista, llegó a la política de la mano de UGT y desde 1983 ha ocupado diversos puestos en el gobierno autónomo murciano. Fue consejera de Relaciones Autonómicas, de Economía y Hacienda y, finalmente, vicepresidenta, cargo que la llevó a convertirse en presidenta por la dimisión de Carlos Collado, acusado de diversas irregularidades en su gestión.

En las siguientes elecciones, aunque cabeza de lista y convertida ya en la líder territorial del PSOE, pierde frente al popular Ramón Luis Valcárcel, y se convierte en la jefa de la oposición en el Parlamento regional. La cámara la designa senadora por la Asamblea, puesto que ha mantenido en las sucesivas elecciones, incluidas las últimas de 2003.

MARTÍNEZ TEN, Carmen (Madrid, 1953). Segunda directora del Instituto de la Mujer, ginecóloga y mujer de Ludolfo Paramio, uno de los destacados intelectuales orgánicos del PSOE, ha tenido un relevante papel en la historia del *lobby* femenino socialista.

Ya en sus inicios profesionales destacó su perfil feminista, además del político: participó en la fundación de la Asociación Universitaria para el Estudio de la Mujer (AUPEM) y se inició en su profesión en los primeros centros de planificación familiar que empezaron a funcionar en Madrid al comienzo de la transición. Durante años trabajó como ginecóloga y tocóloga en el sistema público de salud en distintos centros sanitarios hasta que fue llamada a sustituir a Carlota Bustelo al frente del Instituto de la Mujer en 1988, cargo que abandonó tres años después.

Políticamente ha militado en el bando renovador de la FSM y ha sido diputada autonómica desde 1999 hasta 2003. Como activista del feminismo fue la segunda presidenta de la Federación de

Mujeres Progresistas, cuya primera responsable también fue una médico, María Sainz, fundadora de la Asociación en Defensa de la Salud Pública, ADEPS, y miembro de la Coordinadora Española para el Lobby Europeo de Mujeres, CELEM, creado en 1995, así como coordinadora de la Tertulia de Mujeres de la Residencia de Estudiantes.

En la actualidad, aunque perteneciente a la denominada «vieja guardia» por edad y trayectoria, el hecho de que su marido haya sido nombrado por Zapatero director de uno de los departamentos de su gabinete en Moncloa la ha puesto en relación con el nuevo PSOE.

MESTRE VERGARA, Carmen (Bilbao, 1943). Los prebostes de las compañías eléctricas españolas, entre los que se encontraba lo más rancio y reaccionario de la derecha española, la llamaban «caperucita roja», en inútil desprecio a la autoridad de su cargo cuando fue nombrada directora general de la Energía en el primer Gobierno del PSOE. Economista y activa feminista, participó decididamente tanto en la vida interna del partido como en la Administración pública hasta que un escándalo que la salpicó cuando era presidenta de la Cruz Roja la apartó de la vida pública.

De padre catalán y madre vasca, estudió en Barcelona antes de trasladarse a Madrid y entrar a trabajar en el antiguo Instituto Nacional de Industria, donde se especializó en el sector energético. Políticamente se inició en el Movimiento Comunista, aunque en la primera transición participó en la fundación del Frente de Liberación de la Mujer e ingresó en el PSOE. En 1981 entra en la ejecutiva federal socialista con Carmen García Bloise y María Izquierdo, formando un inédito trío de mujeres en la dirección.

Desde allí comienza a organizar el denominado Grupo Federal de Mujeres, antecedente de lo que años más tarde será la Secretaría de la Mujer. También fue la primera socialista española que ocupó la vicepresidencia de la Internacional Socialista de Mujeres, entre 1979 y 1985.

Junto a este activismo femenino, Mestre va escalando cargos públicos. Tras su primera etapa como látigo de las eléctricas desde la Dirección General de la Energía, fue presidenta del Instituto de Fomento Regional de Asturias y secretaria general de Comunicaciones, con Abel Caballero como ministro.

En 1990 es nombrada presidenta de Cruz Roja, cargo que cavaría su tumba política. Una operación de permuta de terrenos, criticada por el PP, la convierte en la diana de la estrategia de la oposición y, al no sentirse apoyada por la nueva ministra de Asuntos Sociales, Cristina Alberdi, dimite en 1994. A partir de entonces abandonó toda actividad pública y retornó a su profesión de economista y a Cataluña, donde trabaja en una oficina del INEM en Girona.

MIRANDA DE LAGE, Ana (San Sebastián, 1946). A finales de los 80 fue una de las caras femeninas más conocidas del PSOE. En 1988 fue nombrada secretaria de Comunicación de la ejecutiva federal, lo que equivalía a portavoz del partido, un puesto que no volvió a ocupar una mujer desde entonces hasta que Carme Chacón lo asumiera durante unos meses antes de las elecciones de 2004.

Inició su carrera política en el gobierno vasco, en cuya consejería de Interior consiguió su primer cargo político como jefa de gabinete. Apoyada por Txiqui Benegas, entonces secretario general de los socialistas vascos y secretario de Organización en Ferraz, primero es designada senadora por la cámara vasca en sustitución del asesinado Enrique Casas en 1984, y dos años más tarde, elegida por el Senado como diputada para el Parlamento europeo tras el ingreso de España en la Comunidad Europea.

Salió elegida en las primeras elecciones europeas, teniendo desde entonces en Estrasburgo su principal destino político; mantuvo el escaño en las elecciones del 89 y del 94 hasta 1999. Su paso por la ejecutiva federal sólo duró dos años y tras salir de ella entró en la del PSE-PSOE. En 1994 recibió, junto a las otras cinco eurodiputadas del PSOE, el segundo premio Rosa Manzano instituido por la Secretaría de Participación de la Mujer del partido por su defensa de la igualdad y los derechos de la mujer.

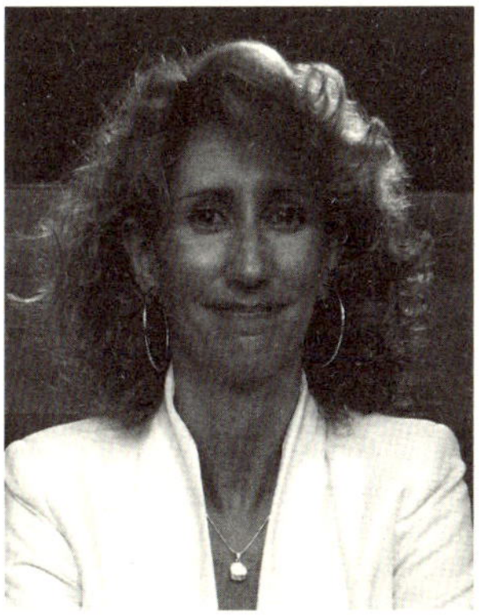

MONTAÑO REQUENA, María Isabel (Carmona, Sevilla, 1962). Es la secretaria de Igualdad de la ejecutiva federal del PSOE elegida en el 36 congreso en julio de 2004, después de que Rodríguez Zapatero ya ocupara La Moncloa. Su elección fue una sorpresa ya que se trata de una desconocida en la política nacional y en los ámbitos feministas del partido, pero Manuel Chaves y la federación andaluza hicieron valer su fuerza para designar a una de las suyas para un puesto que, tras la implantación de la democracia paritaria, tiene mucha más relevancia de la que en sus inicios podía representar.

Licenciada en Geografía e Historia y funcionaria del ayuntamiento de su pueblo natal como técnico de actividades culturales, entró en la política activa de la mano de Alfredo Sánchez Monteseirín, de quien fue asesora entre 1995 y 1999 cuando era presidente de la diputación de Sevilla, aunque ella militaba en el partido desde el año 1990.

En Carmona se presenta candidata a la alcaldía en las elecciones del 95 y del 99 y en ambas consigue ganar, pero no llega a ser alcaldesa debido a los pactos entre PP e IU. Después de la diputación de Sevilla pasa a la administración autonómica como delegada provincial en Sevilla de la consejería de Cultura, cargo a través del que conoce a Carmen Calvo, entonces consejera y futura ministra de Rodríguez Zapatero. Ya en 2000 se convierte en la líder de su agrupación local al ser elegida secretaria general y en las elecciones autonómicas de 2004 Chaves la incluye en las listas, pasando a ser diputada en el Parlamento regional. A los pocos meses se tiene que trasladar a Madrid al ser propuesta por el presidente andaluz para la ejecutiva federal.

MORENO RUIZ, María del Mar (La Carolina, Jaén, 1962). Es la presidenta del Parlamento andaluz, primera mujer que ocupa ese cargo, y una de las mujeres del círculo de mayor confianza de Manuel Chaves. Licenciada en Derecho por la Universidad de Granada, Moreno se ha aupado a un puesto clave del socialismo andaluz trabajando, básicamente, en puestos orgánicos por lo que, hasta que en 2004 fuera propuesta para la presidencia del Parlamento regional, no era demasiado conocida por la población.

Sus comienzos en el partido están muy ligados a quien fuera alcalde de su pueblo natal, Francisco Vallejo, futuro consejero de salud de Manuel Chaves. Ingresó en el PSOE en 1991, fecha a partir de la cual empezó a ocupar cargos de responsabilidad interna: vicesecretaria general de la agrupación local, primero, y secretaria general de la ejecutiva provincial de Jaén, después. Para entonces ya la conocía Gaspar Zarrías, consejero de Presidencia y mano derecha de Chaves en el partido, y procedente también de Jaén.

La Junta la nombra delegada en la provincia, primero de la consejería de Trabajo y, posteriormente, del Gobierno y ocupando ese cargo le llega en 2000 el espaldarazo de Chaves que la sitúa en primera línea entre las socialistas: en el congreso de diciembre el presidente andaluz la propone como su número dos en el partido y se convierte en la vicesecretaria general del PSOE de Andalucía, la federación más numerosa y fuerte de todo el partido.

Es éste un cargo inédito entre las mujeres del PSOE y refleja el interés que ha tenido Chaves en los últimos tiempos por ir renovando su plantilla femenina, dado que Mar Moreno es casi veinte años más joven que él. El nombre de Mar Moreno figura, incluso, en las quinielas internas que ya barajan la sucesión del presidente andaluz.

MURILLO DE LA VEGA, Soledad (Madrid, 1956). Ha sido nombrada secretaria general de Políticas de Igualdad por el Gobierno socialista, un cargo de nueva creación con el que José Luis Rodríguez Zapatero ha querido trasmitir que, aparte de gestos, su interés por las mujeres tendrá reflejo en políticas concretas dentro del Ejecutivo. Para tal puesto no ha optado por ninguna de las veteranas feministas del partido sino por una conocida luchadora por los derechos de la mujer pero llegada del ámbito universitario y académico.

Soledad Murillo es doctora en Sociología por la Universidad de Salamanca, donde también es profesora, y ha desarrollado la mayor parte de su trabajo enfocado a la defensa de los derechos de la mujer. Son numerosos sus informes, libros e investigaciones sobre el ámbito femenino, desde *Perfil rural de la mujer* o *Situación de la mujer andaluza* hasta *Las relaciones de poder entre el hombre y la mujer*, publicado en 2001 a instancias de la Federación de Mujeres Progresistas. Es una defensora acérrima de la Ley Integral contra la Violencia de Género y su llegada a la Administración de Zapatero vino de la mano de Jesús Caldera, ministro de Trabajo, de quien depende su Secretaría de Estado y al que conocía de las proximidades del PSOE castellano-leonés.

NARBONA RUIZ, Cristina (Madrid, 1951). La ministra con mayor trayectoria dentro del PSOE de las nombradas por Zapatero para su primer Gobierno. Cristina Narbona es la titular de Medio Ambiente, área de la que ha sido responsable dentro de la ejecutiva federal socialista desde que el joven líder de Nueva Vía consiguiera la Secretaría General.

Narbona tiene un veterano currículo en el partido y es de las pocas mujeres, si no la única, que se puede adscribir en la denominada «vieja guardia» con las que la nueva dirección ha contado desde el primer momento para la primera línea. Hija de periodistas y economista, también doctora —por la Universidad de Roma— y profesora universitaria en sus inicios —en la Universidad de Sevilla—, tuvo su primer cargo público en 1982 cuando fue nombrada viceconsejera de Economía de la Junta de Andalucía. Tras su primera etapa andaluza fue llamada a Madrid, conocida su eficacia técnica, como subdirectora de Planificación y Estudios del Banco Hipotecario cuando esta entidad era todavía pública y en su sillón de presidente se sentaba el socialista Julio Rodríguez. Después de una ascendente carrera en el banco es nombrada directora general de Vivienda y, tras ingresar en el PSOE, secretaria de Estado de Medio Ambiente y Vivienda siendo ministro de Obras Públicas José Borrell, su actual compañero sentimental.

Después de su paso por la Secretaría de Estado entra en las candidaturas al Congreso en las elecciones de 1996, que ganó el PP, e inicia su recorrido como diputada por Almería aunque le dura poco ya que es reclamada para fortalecer la candidatura al Ayuntamiento de Madrid, convirtiéndose en concejal, nuevamente en la oposición, hasta que Zapatero gana el 35 congreso y entra en la ejecutiva federal. Su llegada al equipo de los de Nueva Vía se debe a Borrell y los «borrellistas», grupo minoritario surgido tras la breve condición del ex ministro como candidato a la presidencia del Gobierno. Estos seguidores de Borrell, entre los que se contaba Narbona, se agrupaban en la corriente Iniciativa por el Cambio y jugaron un cierto papel en el complejo mapa de negociaciones que se desarrolló en el 36 congreso. Fue Narbona, personalmente, la que negoció esas noches congresuales con la gente de Zapatero y fue a ella a la que el nuevo líder garantizó que incluiría en su equipo si salía elegido.

Los cuatro años de compañeros en Ferraz hicieron el resto para que el presidente del Gobierno quisiera contar con ella para su primer gabinete.

NAVARRO GARZÓN, Micaela (Andújar, Jaén, 1956). Ha sido la silente protagonista del asalto final al poder de las mujeres socialistas. Como secretaria federal de Igualdad desde 1997 hasta 2004 esta dirigente, captada desde el movimiento vecinal por el PSOE, ha conseguido restañar parte de las heridas abiertas en las socialistas durante el desgarro entre la renovación y el guerrismo y es considerada por ambos grupos como una de las principales responsables de que la paridad total sea un hecho.

Navarro fue captada para las municipales de Andújar en 1991, año en el que, también, solicitó el carné socialista. Desde sus primeros pasos en política se encontraba en su equipaje la defensa de los derechos femeninos: como concejala fue delegada de Mujer y Asuntos Sociales y en la ejecutiva provincial del partido, secretaria de Participación de la Mujer.

Después de esa legislatura Gaspar Zarrías y Manuel Chaves ya tenían confianza en ella y la incluyeron en la lista para el Senado por Jaén. Con su escaño de senadora casi recién estrenado, llega por primera vez a un congreso federal en 1997, y en él el presidente andaluz la coloca como secretaria federal de Igualdad para frenar intentos como los de Cristina Alberdi por hacerse con el puesto.

Sus primeros tiempos en Ferraz tienen la dureza de la derrota. Oposición, bicefalia y nueva derrota en 2000. Durante el 35 congreso Micaela se mantuvo aparentemente fiel a la disciplina de su federación andaluza, que optaba por Bono, pero, a pesar de ello, su nombre entró en los pactos suscritos por el nuevo líder con los barones territoriales para confeccionar su inesperado equipo. Sólo ella y Consuelo Rumí —ésta sí que, a pesar de ser andaluza, había colaborado con Nueva Vía en el pre-congreso— repitieron puesto en la dirección. Su talante y su serio activismo feminista la acercaron al nuevo líder, con quien logró conectar e, incluso, situarse cerca de su núcleo duro.

Ella fue quien pergeñó el proyecto de Ley integral contra los malos tratos y, aunque Zapatero no ha querido contar con ella para su primer gabinete nadie lo descarta en un futuro. Tras las elecciones, Chaves la recuperó y la nombró consejera de Igualdad y Servicios Sociales de la Junta.

NELKEN MAUSBERGER DE PAUL, Margarita (Madrid, 1896). Fue la primera diputada que tuvo el PSOE en las Cortes de la Segunda República. Consiguió su acta en 1931 y la mantuvo durante las tres legislaturas hasta que la Guerra Civil destruyó la legalidad republicana. Fue la única mujer que ocupó su escaño durante tanto tiempo.

Pero su lugar en la historia de la lucha feminista en España señala un hito en su vida anterior a su llegada al Parlamento. En 1919 esta hija de alemanes, inquieta y culta, escribió una obra que supuso un aldabonazo sobre la situación de las españolas de la época, *La condición social de la mujer en España*, en la que, además de denunciar la desigualdad femenina frente a los hombres, tanto en el campo laboral como en el legal, exponía revolucionarias teorías para el momento sobre la sexualidad femenina y el matrimonio.

Se acercó al PSOE desde la Federación de Trabajadores de la Tierra y como colaboradora del periódico *Claridad*, fundado por socialistas. Aunque se opuso a conceder el voto a la mujer en 1931 porque consideraba que, dada su escasa formación de entonces, era dar un triunfo a la derecha, continuó peleando por los derechos femeninos dentro del PSOE. Con el estallido de la contienda se radicaliza, se aleja del socialismo y milita durante un tiempo en el PCE. Murió en México en 1968.

PAJÍN IRAOLA, Leire (San Sebastián, 1976). Es una de las mujeres más cercanas al presidente del Gobierno. Y, sin duda, la más joven de las que forman su núcleo de fieles. Leire Pajín ha sido nombrada secretaria de Estado de Cooperación Internacional con apenas veintisiete años dentro de un Ministerio, como el de Asuntos Exteriores, controlado por diplomáticos, lo que da una idea de la confianza que Zapatero tiene en ella.

Esta peleona donostiarra, que habla euskera como lengua materna y catalán con acento alicantino por residencia y formación, estudió Sociología y ya dio muestras de su inquietud política en la Universidad de Alicante, donde formó parte del Consejo de Alumnos. Su opción política siempre fue el PSOE, con el que su padre, Chema Pajín, ha sido concejal de Benidorm durante más de una década y su madre, Maite Iraola, secretaria general de la Agrupación local. Del Consejo de la Juventud y las plataformas estudiantiles pronto pasó a las listas electorales dentro del sector afín a Joan Ignasi Pla, actual secretario general del PSPV, y en marzo de 2000 se convirtió en la diputada más joven del Congreso. Allí entró en contacto con Rodríguez Zapatero, quien en su día también fuera el diputado más joven de la legislatura, y se enroló rápidamente en el grupo de Nueva Vía.

Después de la inesperada victoria sobre Bono, el nuevo secretario general no dudó en incluirla en su novato equipo del que, una vez más, fue la más joven. Se hizo cargo de la Secretaría de Relaciones con las ONG y Movimientos Sociales desde la que ejerció un entusiasta activismo para tratar de conectar de nuevo al partido con los colectivos que se movían en la izquierda de la España de 2000. Su premio llegó tras las elecciones de 2004.

PARDO ORTIZ, Josefa (Murcia, 1951). Fue la primera secretaria de Participación de la Mujer de la ejecutiva federal socialista. Aunque anteriormente otras compañeras se habían encargado del área femenina, hubo que esperar al congreso de 1990 para que ésta se convirtiera en un departamento independiente y con la misma categoría y medios que los demás. Por este motivo Pardo fue, también, la primera mujer que formó parte de la Comisión Federal de Listas, órgano fundamental a la hora de que las cuotas de participación que iban consiguiendo las socialistas en cada congreso se aplicasen de verdad.

Josefa Pardo es una sindicalista cuya trayectoria está muy ligada a la de la ex ministra Matilde Fernández. Mujer de su equipo, siendo la secretaria general de la Federación de Químicas de la UGT, fue su sucesora en el cargo cuando ésta entró en el Gobierno de Felipe González. Licenciada en Ciencias Políticas y diplomada en Sociología, Pardo fue elegida diputada por Murcia en las elecciones de 1989. Al entrar en las Cortes es cuando conoce a Zapatero, un joven y desconocido diputado que se había estrenado en la legislatura anterior.

Miembro inequívoco del sector guerrista del partido, su influencia va declinando a la par que la del vicesecretario general.

En el congreso del 94 ya sólo es vocal dentro de la ejecutiva y en el 97 deja de pertenecer a ella. Actualmente trabaja cerca de Alfonso Guerra, en la Fundación Pablo Iglesias.

PERIS CERVERA, Rosa (Benaguasil, Valencia, 1969). Directora del Instituto de la Mujer después de la victoria del PSOE en 2004. Joven abogada laboralista en Valencia, los socialistas la fichan, como a tantas otras profesionales progresistas, para entrar de concejala en el ayuntamiento de su ciudad. Ejerce como tal sin aún haber entrado al partido pero se afilia cuando la proponen formar parte de la candidatura a las elecciones generales de 2000.

Se estrena como diputada en la oposición y, aunque no se embarcó en el grupo Nueva Vía antes del congreso que eligió a Zapatero como nuevo líder, tras su triunfo conecta rápidamente con la nueva dirección del grupo parlamentario dirigido por Jesús Caldera. Se convierte en una de las jóvenes diputadas a las que se les hace hueco dentro de una estrategia de mostrar caras nuevas y forma parte del grupo de diputados de confianza de la nueva dirección.

A pesar de ello, Peris queda fuera de las siguientes listas, las de las elecciones de 2004, por ubicarse dentro del sector más afín a Ciprià Ciscar dentro de la turbulenta vida del Partido Socialista de la Comunidad Valenciana, ahora controlado por su secretario general Joan Ignasi Pla y sus cercanos. Fuera ya del Parlamento y preparada para retornar a su bufete, Jesús Caldera la recupera desde su Ministerio de Trabajo y le encomienda la dirección del Instituto de la Mujer.

PUERTA OROZ, Ángeles (Lérida, 1955). Escasamente conocida, esta periodista que lleva desde 1982 formando parte del equipo electoral del PSOE ha conseguido la confianza del nuevo líder hasta el extremo de que dirigió —con notable éxito a la vista de los resultados— su campaña personal en las elecciones de 2001.

Veterana conocedora del aparato del partido, tras unos primeros trabajos en el sector privado —es licenciada en Ciencias de la Información por la Universidad Complutense de Madrid—, enseguida se convirtió en una pieza fundamental del aparato de comunicación de Ferraz. Su currículo no deja lugar a dudas: ha sido directora de comunicación de los comités electorales del partido en las elecciones municipales, autonómicas y europeas de 1987, europeas de 1989, municipales y autonómicas de 1991 y generales de 1993.

Sus tiempos de mayor influencia coincidieron con los de mayor gloria del guerrismo, durante los que fue jefa de prensa de Ferraz. Sus posiciones, por tanto, y al igual que las del ex vicesecretario general y sus fieles, fueron decayendo a partir del 93. Continuó, no obstante, trabajando para el PSOE aunque en un puesto alejado del cuartel de decisiones como directora de *El Socialista* hasta que, tras la crisis de la inesperada marcha de Felipe González y la llegada de Joaquín Almunia a la Secretaría General, Alfredo Pérez Rubalcaba, que es nombrado secretario de Relaciones con los Medios, la rescata y la convierte en su número dos en 1997.

Junto a Rubalcaba, Puerta parece redimir su pasado cercano al guerrismo y su competencia profesional la lleva a mantenerse desde entonces en primera línea. Tras la victoria de Zapatero se le encarga la creación de un «observatorio de medios» a las órdenes de José Blanco y, ya cercanas las elecciones, el líder le encomienda coordinar su campaña. Desde entonces Ángeles Puerta pasa a formar parte del núcleo más cercano a Zapatero. Esta posición se confirma después de la victoria del 14-M: es nombrada directora de Comunicación de la vicepresidenta, María Teresa Fernández de la Vega.

RENAU I MANEM, Dolors (Barcelona, 1936). Ha sido la primera y única española que ha presidido la Internacional Socialista de Mujeres. Fue elegida por socialistas de todo el mundo en noviembre de 1999, una década después de que ocupara el área de participación de la mujer en la ejecutiva federal del PSOE entre 1988 y 1990, lo que avala su trayectoria dentro del feminismo no sólo español sino más allá de nuestras fronteras.

Psicóloga y pedagoga, Renau se hizo cargo del área de la mujer en el partido después de Matilde Fernández y antes de que Josefa Pardo la asumiera ya con rango de Secretaría federal. Ha sido diputada desde 1982 hasta 1986, año en que cambió el escaño en Madrid por el de Estrasburgo. Volvió al Congreso en Madrid en las elecciones del 89 aunque tras finalizar esa legislatura en el 93 ya no ha vuelto a tener cargos de representación en la política española. También ha desempeñado cargos públicos de gestión, como el de directora general de Protección al Menor.

Durante sus años de diputada promovió dentro del PSOE la modificación de la ley reguladora del aborto sin conseguirlo. En la etapa de Rodríguez Zapatero no ha retornado a la política nacional, aunque sigue siendo un referente al ser considerada una de las socialistas catalanas con mayor historia y representatividad en la lucha por los derechos de la mujer.

RICO CARABIAS, Mercedes (Madrid, 1945). No sólo fue una de las primeras españolas en ingresar en la carrera diplomática, sino también la primera mujer designada embajadora por el Gobierno español. Con el Gobierno de Rodríguez Zapatero, se ha convertido, además, en la primera mujer en ocupar la dirección general de Asuntos Religiosos, asumiendo la interlocución del Ejecutivo con la cúpula episcopal española, una jerarquía en la que, obviamente, no figura mujer alguna.

Licenciada en Ciencias Políticas en París y en Económicas en Madrid, hija de José Rico, un abogado y profesor de Economía que no pudo obtener la cátedra a causa de sus ideas republicanas, y de la famosa periodista Josefina Carabias, es hermana de la también periodista Carmen Rico (conocida como Rico-Godoy por el segundo apellido de su madre). Esta diplomática progresista colaboró con el PSOE desde sus primeros gobiernos ocupando distintos cargos en el Ministerio de Asuntos Exteriores, desde la subdirección del gabinete del ministro, cuando éste era Fernando Morán, hasta la dirección general de Política Exterior para Iberoamérica y para Europa. Estancada su carrera profesional durante el periodo de gobierno del PP, el PSOE de Zapatero ha querido contar de nuevo con ella poniéndola al frente de un despacho de alto contenido político.

ROBLES FERNÁNDEZ, Margarita (León, 1957). Fue secretaria de Estado de Interior en el último Gobierno de Felipe González y, como tal, se convirtió en la mujer que más alta posición de mando ha ocupado en las Fuerzas de Seguridad del Estado. Su ministro, Juan Alberto Belloch, además, era titular tanto de Interior como de Justicia, una inédita fusión de departamentos que no ha vuelto a realizarse, por lo que Robles adquirió pronto una categoría de cuasi-ministra.

Magistrada y, por tanto, no afiliada al PSOE, su trayectoria la llevó a colaborar con los socialistas desde 1993, cuando fue nombrada subsecretaria del Ministerio de Justicia. Hasta entonces había desarrollado una sólida carrera profesional nada habitual en la judicatura para una mujer. Con tan sólo veinticuatro años ingresó en la carrera judicial como número uno de su promoción y como una de las primeras mujeres que lo hacía. Tras varios destinos como juez de primera instancia accedió a la Audiencia de Barcelona donde hizo historia por sus cargos. Primero se convirtió en la primera mujer que presidía una sala de lo penal en España y, en 1991, también en la primera que presidía una Audiencia provincial.

Cuando asumió la Secretaría de Estado de Interior se convirtió en la «bestia negra» de los mandos involucrados en la denominada «guerra sucia» contra ETA que durante el mandato de Juan Alberto Belloch provocó no pocos conflictos dentro del PSOE. Después de pasar los socialistas a la oposición, retomó su carrera judicial y ya en julio de 2004, después de la victoria de José Luis Rodríguez Zapatero, quien no contó con ella para ningún puesto de su Administración, el Consejo General del Poder Judicial la designó magistrada de lo contencioso-administrativo del Tribunal Supremo pasando a ser la tercera mujer que accede a la más alta instancia judicial española.

ROMERO LÓPEZ, Carmen (Sevilla, 1947). Antes que nada, y a pesar de su personal carrera política, es la mujer de Felipe González, el líder más carismático del socialismo español. A su influencia, siempre discreta, se atribuye parte del primer triunfo de las mujeres dentro del PSOE: el logro de la cuota del 25 por ciento para cargos internos. Era 1988 y

Felipe llevaba seis años en La Moncloa. Aunque fueron muchas las socialistas que empujaron hacia ese objetivo, el que Felipe González no se opusiera resultó definitivo y en ese logro todas reconocen la labor de Carmen Romero.

Aunque siempre a la sombra de su esposo, esta hija de militar, licenciada en Filosofía y Letras y profesora de Secundaria, militó activamente en el PSOE y la UGT desde los años de la clandestinidad. En 1969 se casó con Felipe González y se instalan en Sevilla donde empieza su carrera de profesora.

En 1975, el año de la muerte de Franco, la familia se traslada a Madrid, donde también consigue plaza de profesora de instituto y donde trabaja activamente en el sindicato de enseñanza de UGT. Su vida cambió radicalmente en 1982 cuando el PSOE gana las elecciones por mayoría absoluta. La familia se muda entonces a vivir al Palacio de La Moncloa donde crecerán sus tres hijos y pasará catorce años de su vida.

Después de unos años en los que intenta que ser la mujer del presidente no determine su trayectoria —sigue dando clases, aunque sus cursos se salpican de excedencias temporales y sólo asiste a los viajes y actos oficiales estrictamente imprescindibles— da un paso adelante en la vida pública y se presenta a las elecciones de 1989. Ese año consigue su acta de diputada por Cádiz que mantendrá hasta las elecciones de 2004 en las que rechaza, al igual que su marido, figurar en las candidaturas.

Abandonada su vida de diputada está actualmente volcada en las relaciones España-Marruecos como impulsora y responsable del denominado Círculo Mediterráneo, foro de encuentro entre las culturas y las sociedades de los países del Magreb y España y con el que ya ha organizado algunos actos en Madrid.

RUBIAL CACHORRO, Leonor (Bilbao, 1945). Hija del histórico presidente del PSOE, Ramón Rubial, *Lentxu*, como es conocida entre sus compañeros, ha desarrollado buena parte de su actividad política dentro del partido en Euskadi. Ha sido miembro de la comisión ejecutiva de Vizcaya y del Consejo Político de la ejecutiva del PSE y se ha ubicado siempre cerca de las posiciones más intransigentes con el abertzalismo dentro de los socialistas vascos.

Entró en la política nacional en 2000, cuando fue elegida senadora por Vizcaya y, sobre todo, al formar parte de la primera dirección encabezada por Rodríguez Zapatero tras su sorpresiva elección como secretario general en el 35 congreso. Rubial entró en la lista en los últimos momentos como sugerencia del PSE.

Tras la victoria de 2004 y el 36 congreso, ha dejado su puesto en Ferraz aunque mantiene su escaño como senadora y sigue siendo presidenta de la Fundación Ramón Rubial y vicepresidenta de la Fundación Españoles en el Mundo, dedicada a ocuparse de los presos españoles en el extranjero, vinculada al PSOE.

RUBIALES TORREJÓN, Amparo (Madrid, 1945). Aunque nacida en Madrid, reside en Sevilla desde los cinco años y, pese a que su primera militancia política fue en el PCE, desde 1982 unió su destino al PSOE a algunos de cuyos dirigentes conocía —fue actriz de un grupo de teatro vanguardista que dirigía Alfonso Guerra.

Se afilió, entró en las listas y fue elegida diputada autonómica y designada senadora en representación de la cámara regional. En

1982 entró en el primer gobierno autónomo andaluz, con Rafael Escuredo de presidente, como consejera de Presidencia. Activa feminista, dentro del partido fue responsable de Participación de la Mujer en la ejecutiva andaluza en 1987, cargo que alternó con otros en la dirección del PSOE regional hasta llegar a ejercer de portavoz del mismo.

En la década de los 90 ha sido concejala en el Ayuntamiento de Sevilla, diputada en Madrid, delegada del Gobierno en Andalucía y gobernadora civil de Sevilla. También en estos años se hizo popular fuera de su tierra al asistir como participante habitual en las tertulias de las nuevas televisiones privadas, especialmente las que puso en marcha Jesús Hermida en Antena 3, donde también se dieron a conocer algunas de las mujeres que luego ayudarían al PP a conseguir el poder, como Celia Villalobos o Loyola de Palacio. En las listas electorales de 2004 no encontró hueco y en marzo abandonó su escaño de diputada.

RUBIO CEREZALES, Angélica (Toreno, León, 1964). Puede que sea la mujer que mayor tiempo pasa cerca del Presidente. Es la directora general de Coordinación Informativa de Moncloa pero, además, es asistente personal y de prensa de Zapatero desde que éste se convirtió en líder del PSOE.

Periodista e independiente hasta 2003, esta joven conoció al Presidente catorce años antes de que La Moncloa lo reclamara como inquilino. Tras unos inicios profesionales en *La Crónica de León*, Radio Lugo o la Agencia Gallega de Noticias, en 1991 fue nombrada directora de Radio Bierzo para pasar posteriormente a la Cadena Ser en León, primero como redactora y luego como jefa de Informativos.

Es a lo largo de esta trayectoria como informadora política en León cuando coincide con Rodríguez Zapatero con el que establece una relación de mutua confianza. Después del congreso de 2000, que Angélica Rubio cubrió como informadora de la Ser, el nuevo secretario general socialista la ofrece acompañarlo a Madrid. A la periodista le acababan de ofrecer en la cadena hacerse cargo de los informativos de toda Galicia en lo que se suponía un ascenso dentro de su carrera, pero se arriesga y se embarca en el proyecto del leonés.

Durante esos cuatro años se convierte en una discreta sombra del líder, al que acompaña en todos sus desplazamientos. Sólo después de la traición de Tamayo y Sáez en la asamblea de Madrid la indignación la mueve a pedir el carné del partido. Llegada la campaña de 2004, la periodista continúa en primera línea junto a Zapatero del que no se despega en todos sus actos. Tras la victoria, el ya Presidente la sigue queriendo a su vera y le designa un despacho en la oficina del portavoz como directora general. Continúa ejerciendo de asistente y asesora personal y viaja con él en todos sus desplazamientos oficiales. Aunque prefiere definir su trabajo como el de un técnico, su influencia es notoria para todo el que transita por Moncloa y a ella, por ejemplo, se atribuye haber dado vía libre a la propuesta de la revista *Vogue* de fotografiar a todas las ministras con ropa de marca, que tanta polémica levantó el verano de 2004.

RUMÍ IBÁÑEZ, Consuelo (Almería, 1957). Es uno de los escasísimos dirigentes del PSOE andaluz que apostaron por Zapatero desde el primer momento e hicieron campaña por su candidatura antes del crucial 35 congreso en tierras andaluzas. De entre ellos, desde luego, la única mujer.

Éste es un valor atesorado por Rumí y que el presidente del Gobierno tiene muy en cuenta, ya que abrir brecha en la federación más importante del partido cuando ésta se había decantado claramente por Bono era algo fundamental en su estrategia antes de alcanzar la Secretaría General.

Socióloga y maestra, inició su militancia en el PSOE en 1980 y dos años más tarde en la UGT, donde asume sus primeros cargos de relieve. En la Federación Española de Trabajadores de la Enseñanza (FETE), alcanza la Secretaría General de Almería para pasar después a la ejecutiva regional como responsable de acción institucional.

Y del sindicato, al partido. Es en el difícil congreso de la despedida de Felipe González, en el que resulta elegido Joaquín Almunia, cuando Consuelo Rumí pasa a formar parte de la ejecutiva federal. Llegadas las elecciones de 2000, es propuesta para encabezar la lista del PSOE por Almería y estrena acta de diputada con una de las mayores derrotas de su partido en unas generales. Almunia ha dimitido la misma noche electoral y, en los primeros movimientos de Nueva Vía, la andaluza Rumí se descuelga de su federación y apuesta por el joven leonés que parece traer aires nuevos a la organización.

Llegado el congreso y victorioso Zapatero, Rumí es, junto con Micaela Navarro, la única persona que repite puesto en la ejecutiva federal. Ella, por ser mujer de confianza del nuevo líder; Navarro, por cuota de Andalucía. Designada responsable de Ocupación, Políticas Sociales e Inmigración, se convierte en la fustigadora del Gobierno de Aznar en materia sanitaria y de servicios sociales. Cuando llegan las elecciones de 2004 su nombre suena como posible ministra de Sanidad. Antes de las elecciones vuelve a encabezar la lista de su provincia y sale reelegida diputada.

Sin embargo, los encajes del nuevo Gobierno la dejan fuera del primer gabinete de su líder. Ya hay dos andaluzas, Carmen Calvo y Magdalena Álvarez, fruto de acuerdos previos con Chaves, y Rumí, que se ha distanciado del aparato del partido en su región, ha de conformarse con un puesto en la segunda fila. No obstante, el Presidente le reserva una Secretaría de Estado de las de mayor relieve dentro del Ministerio de Trabajo que lidera Jesús Caldera. Rumí es nombrada secretaria de Estado de Inmigración y Emigración. Nunca formó parte del *lobby* femenino que se gestó en torno a Micaela Navarro, y su influencia se nutre más de su relación directa con Zapatero.

SALGADO MÉNDEZ, Elena (Orense, 1949). Ministra de Sanidad y Consumo en el primer Gobierno de José Luis Rodríguez Zapatero, es una de las ministras con un perfil más técnico. Ingeniera industrial y economista en unos años en los que las mujeres no solían poblar semejantes facultades universitarias, Salgado ha destacado siempre por su alto nivel profesional y ha ocupado a lo largo de su carrera puestos no siempre reservados a mujeres dentro de la empresa. Dio su primer paso hacia la Administración en 1984, cuando desempeñó el cargo de subdirectora general de Análisis y Coordinación de la dirección general de Gastos de Personal del Ministerio de Economía, con Miguel Boyer como titular del mismo. Tres años después era la titular de la Dirección General, con Carlos Solchaga de ministro.

Su puesto más relevante dentro de los gobiernos del PSOE lo consiguió en 1991, cuando fue nombrada secretaria general de Comunicaciones por José Borrell, entonces ministro de Obras Públicas y Transportes, cargo en el que se mantuvo hasta que el PP expulsó a los socialistas del poder en 1996. El puesto llevaba aparejada una presencia importante en distintas empresas públicas, así también fue presidenta del consejo de administración de Correos y Telégrafos, presidenta de la sociedad Hispasat y representante del Estado en el consejo de Telefónica.

Poco antes de las elecciones que perdió el PSOE, había sido nombrada directora general de la Fundación Teatro Lírico, encargada del Teatro Real y del de la Zarzuela, fruto de un acuerdo entre la ministra de Cultura, entonces Carmen Alborch, y el presidente de la Comunidad de Madrid, el popular Alberto Ruiz-Gallardón. Al llegar Esperanza Aguirre al Ministerio de Cultura le pidió la dimisión pero ella se negó provocando una crisis en la institución y una polémica política que no fue entendida en muchos sectores del PSOE que la acusaban de dar la imagen de que los socialistas se aferran al cargo aun después de perder las elecciones.

Cuando finalmente, y después de no pocas tensiones y requerimientos ante los tribunales laborales, fue cesada, se incorporó al sector privado como consejera delegada de Vallehermoso Telecom y presidenta de la filial de la multinacional alemana Telegate AG en España «11811». En este último despacho se encontraba cuando fue requerida por el Presidente para hacerse cargo del Ministerio de Sanidad. Dentro de su trayectoria pública hay que destacar que fue la primera mujer galardonada con la Gran Cruz de la Orden del Mérito Militar, debido a su colaboración en la reorganización del personal del Ministerio de Defensa durante los primeros años ochenta.

SAN SEGUNDO GÓMEZ DE CADIÑANOS, María Jesús (Medina del Campo, Valladolid, 1958). Doctora en Ciencias Económicas por la Universidad del País Vasco y profesora titular de Economía en la Universidad Carlos III de Madrid, ha sido nombrada ministra de Educación y Ciencia por Rodríguez Zapatero, quien ya contó con ella previamente como parte del denominado comité de notables que lo asesoró en su campaña.

Es una de «las catedráticas» que han aterrizado en la Administración del PSOE directamente desde su puesto académico, sin previa experiencia política, y a las que el Presidente ha querido hacer un hueco especial dentro de su mensaje a favor de la regeneración educativa del país.

San Segundo es considerada una mujer de entera confianza del rector de la Carlos III, Gregorio Peces Barba, socialista y ex presidente del Congreso de los Diputados, a través del cual llegó a Zapatero. Premio Nacional de Terminación de Estudios en su licenciatura, máster en Economía y doctora por la Universidad de Princeton, San Segundo es considerada una experta en Economía de la Educación, materia a la que ha dedicado buena parte de sus investigaciones, entre ellas la obra de la que ha sido coordinadora *La financiación de las universidades: un análisis por comunidades autónomas*, publicada en 2003.

Estuvo a punto de ser la número dos en la lista del PSOE por Madrid que encabezaba Rodríguez Zapatero, puesto que él mismo anunció iba a ocupar una «mujer de prestigio» pero un problema de salud la hizo declinar la oferta. No obstante, se mantuvo dentro del comité de notables y, tras la victoria y superada su crisis, aceptó hacerse cargo del Ministerio.

SÁNCHEZ DÍAZ, María del Carmen (Jerez de la Frontera, Cádiz, 1968). Fue una de las jóvenes diputadas estrellas de la legislatura 2000-2004 en la que Zapatero y su equipo se hicieron cargo del partido y del grupo parlamentario. Después de la victoria del 14-M ha pasado a formar parte de la dirección del grupo como secretaria general adjunta a las órdenes de Diego López Garrido y Alfredo Pérez Rubalcaba.

Mamen, como gusta que la llamen dentro del grupo, llegó al Congreso con experiencia de activista en distintas ONG de Jerez y con puesto ya en la ejecutiva provincial del partido, pero nunca pensó que de diputada novata pasaría a formar parte de la dirección del grupo en la siguiente legislatura. Su oportunidad se la dio la comisión a la que la asignaron, la de Defensa, por aquello de que Cádiz, su circunscripción, tiene mucho que decir en ella por sus muchos militares residentes.

Sin embargo, la joven diputada no se quedó en los problemas gaditanos y pronto comenzó a lanzar iniciativas contra el entonces ministro Trillo, preguntándole desde por problemas de mujeres soldados hasta por cómo se realizaban los desplazamientos de militares españoles al extranjero. Ahí dio en la diana. Ella fue la primera que preguntó en el pleno del Congreso por los aviones que trasladaban a nuestros soldados y la que, después del trágico accidente del Yakolev, fue consiguiendo más cotas de responsabilidad dentro del grupo parlamentario.

Zapatero ya la conocía de las primeras reuniones de diputados de Nueva Vía, a las que acudió a pesar de la presión de su federación andaluza que apoyaba a Bono. «Oye, muy bien, sigue así», le dijo el líder tras oírla en una de esas sesiones de control en las que atacaba a Trillo. Después del 14-M Rubalcaba la ha retenido para el grupo parlamentario pero es una de las mujeres «en reserva» para futuros puestos si los socialistas continúan gobernando tras las siguientes elecciones.

TORRE, Matilde de la (Cabezón de la Sal, Santander, 1884). Periodista y escritora, fue una de las cinco diputadas que tuvo el Partido Socialista en las Cortes de la Segunda República. Diputada por Oviedo tanto en las elecciones de 1933 como en las de 1936 —sólo la superó Margarita Nelken, que obtuvo escaño en las tres legislaturas republicanas— también participó en la Administración durante el Gobierno de Largo Caballero quien la nombró directora general de Comercio y Política Arancelaria, el primer cargo público ocupado por una socialista. Su primer destino de exilio fue Marsella, donde siguió ejerciendo su antigua actividad periodística publicando artículos en algunos periódicos. Finalmente, se trasladó a México, donde murió en 1946.

TRUJILLO RINCÓN, María Antonia (Peraleda del Zaucejo, Badajoz, 1960). Es ministra de Vivienda en el primer Gobierno de Rodríguez Zapatero adonde llegó de la mano del presidente extremeño, Juan Carlos Rodríguez Ibarra, de quien fue consejera de Presidencia, primero, y de Vivienda, después.

Procedente del mundo de la universidad, esta doctora en Derecho daba clases de Derecho Constitucional en la Universidad de Extremadura cuando la fichó el PSOE regional. Primero fue nombrada miembro del Consejo Económico y Social de Extremadura en 1996, para, cuatro años después, pasar a formar parte del gobierno de Rodríguez Ibarra como consejera de Presidencia, un departamento que tiene un perfil más técnico que político en la Junta extremeña.

Trujillo no se decidió a solicitar el carné del partido hasta que no entró en el gobierno de Ibarra. En su familia, de conocida tradición progresista, sin embargo, la situación es otra. Su padre, cuentan quienes lo conocen, era quien afiliaba al partido a todos los del pueblo pero no lo había conseguido nunca con su hija. Mientras formó parte de los equipos de Ibarra no ocupó cargo alguno dentro de la organización socialista pero, tras convertirse en ministra, el barón extremeño la incluyó como vocal en el comité ejecutivo regional en el congreso de julio de 2004.

Rodríguez Ibarra, al contrario que Bono, declinó la oferta del líder socialista de convertirse en ministro en su primer Gobierno pero reclamó ese puesto para uno de los suyos. Las combinaciones para la formación del Ejecutivo requerían una mujer y el presidente extremeño propuso a la que hacía apenas unos meses se había hecho cargo de la consejería de Vivienda, cuyo principal desarrollo correspondía, sin embargo, a su anterior titular, Javier Corominas.

Trujillo ha recibido varios premios académicos por obras suyas dentro de su especialidad de Derecho Constitucional y Autonómico.

VALCARCE GARCÍA, Amparo (Fabero del Bierzo, León 1956). Secretaria de Estado de Servicios Sociales, Familia y Discapacidad del Gobierno de Zapatero y una de las mujeres de su círculo político más cercano. Catedrática de Geografía e Historia e inspectora de Educación está afiliada al PSOE desde 1991, momento a partir del que realiza una activa vida orgánica en la que coincide con el entonces líder del partido en León y hoy presidente del Gobierno.

Ha sido consejera comarcal del Bierzo y concejal del ayuntamiento de su localidad natal hasta que en 1996 Zapatero la incluye en las listas al Congreso y sale elegida diputada. El detalle que la descubrió a ojos del resto de socialistas como una de las mujeres del secretario general de León tuvo lugar tras la dimisión de Almunia. La comisión gestora que había de llevar al partido al 35 congreso bajo la presidencia de Manuel Chaves se eligió intentando equilibrar fuerzas para garantizar su neutralidad: Valcarce fue la propuesta de Zapatero, quien ya se apuntaba como uno de los que tendría algo que decir en el crucial congreso.

Después del triunfo sobre Bono, Valcarce no pasó a formar parte de la nueva ejecutiva federal pero sí fue designada portavoz en el Congreso para temas de Educación, Cultura y Deportes, abandonando la comisión de control parlamentario de RTVE para centrarse en su nueva tarea.

En las elecciones de 2004 salió reelegida diputada y Jesús Caldera no tuvo ninguna duda de que ella debía ser quien se encargara del área más social de su ministerio, la Secretaría de Estado de Servicios Sociales.

VALENCIANO MARTÍNEZ-OROZCO, Elena (Madrid, 1960). Eurodiputada y una de las clásicas dentro del feminismo socialista que, por edad, se encuentra más cerca de la nueva generación de dirigentes del partido. Apostó decididamente por José Borrell cuando se convocaron primarias para elegir al candidato a la Presidencia del Gobierno tras la renuncia de Felipe González; precisamente desde este grupo entra en relación con el equipo de Rodríguez Zapatero.

Sus inicios en el PSOE están marcados por su activismo feminista y por el ámbito internacional. Ya en 1975 ingresa en las Juventudes Socialistas, donde fue coordinadora de Relaciones Internacionales hasta 1982. En 1986, con veintiséis años, funda la asociación Mujeres Jóvenes, heredera, en parte, del Frente de Liberación de la Mujer puesto en marcha en los albores de la transición por mujeres como Carlota Bustelo, primera directora del Instituto de la Mujer y a la que Valenciano se sentía muy cercana, entre otras.

Su trayectoria está repleta de puestos siempre relacionados con la liberación femenina, como directora de centros de empleo Mujeres Jóvenes, miembro de la comisión consultiva de ONG del Ministerio de Asuntos Sociales, coordinadora española del Lobby Europeo de Mujeres, directora de la Fundación Mujeres, creada en 1995, y vicepresidenta de la Asociación de Mujeres de la Europa Meridional.

En 1999 consiguió su escaño en Estrasburgo, que ha mantenido en las siguientes convocatorias electorales, centrándose, a partir de entonces, en el ámbito europeo aunque sin descuidar una también activa vida orgánica dentro del PSOE. Tras la dimisión de Almunia, formó parte de la comisión gestora presidida por Chaves para organizar el congreso decisivo en el que Zapatero resultaría elegido nuevo líder, como representante del sector borrellista.

Como tal ha jugado algunas bazas en la nueva etapa de Zapatero manteniendo su escaño en Estrasburgo e influyendo dentro del *lobby* femenino liderado por Micaela Navarro en Ferraz. Su nombre llegó a barajarse como posible secretaria federal de Igualdad en el último congreso, el realizado tras la victoria del 14 de marzo, pero, finalmente, no consiguió hacerse un hueco en la nueva dirección.

VALENTÍN NAVARRO, Matilde (Casa de Lázaro, Albacete, 1956). Es una de las mujeres de confianza del ministro de Defensa, José Bono, que ha pasado a ocupar un hueco en la nueva dirección del partido en Madrid. En el 36 congreso celebrado cuatro meses después de conseguir el Gobierno de la nación en 2004, fue elegida secretaria federal de Bienestar Social.

Se la considera una de las mujeres «fuertes» de la nueva ejecutiva, diezmada considerablemente en sus puestos más ejecutivos tras la marcha al Gobierno de muchos de sus responsables. Es diplomada en Derecho y atesora una dilatada trayectoria política en Castilla-La Mancha desde cuyo gobierno autónomo ha aterrizado en la ejecutiva de Madrid.

Ha sido concejala de Hacienda del Ayuntamiento de Albacete y, entre 1995 y 2000, consejera de Sanidad en el Ejecutivo de José Bono. En ese año, el de la victoria por mayoría absoluta de Aznar, Valentín estrena escaño como diputada ejerciendo de portavoz de Sanidad y Consumo del grupo parlamentario.

Después de las elecciones locales y autonómicas de 2003 Bono la recupera y la nombra consejera de Administraciones Públicas de su nuevo gobierno. Sin embargo, tras la victoria en las generales y la renuncia de Bono a la presidencia autonómica para convertirse en ministro, Valentín es requerida de nuevo en Madrid para formar parte del núcleo duro de la nueva ejecutiva federal.

VÁZQUEZ ALBERTINA, María Enriqueta (A Coruña, 1944). Es una de las veteranas y precursoras del feminismo socialista pero enmarcado en el ámbito municipal como escenario de lucha. *Mariqueta*, como la conocen dentro del partido, tiene menos nombre que otras luchadoras de su momento porque no llegó a ocupar cargos en la Administración del Estado, pero su larga trayectoria desde los ayuntamientos la hace figurar, sin duda, en un lugar relevante entre las que empujaron hacia la conquista femenina del poder.

Gallega de origen, se traslada a la capital para completar estudios, y en el Madrid de los años setenta entra en contacto con los movimientos de izquierda y con el PSOE, al que se afilia en 1975 cuando se traslada a vivir a Villalba, un municipio serrano en la zona norte madrileña. Enfermera y licenciada en Historia, entra de lleno en política con las primeras elecciones municipales democráticas, convirtiéndose en concejala de Urbanismo del pueblo donde reside. En esos primeros 80 las concejalas del PSOE eran muy activas en los temas de la mujer. Fueron esos ayuntamientos los primeros que montaron los centros de planificación familiar que en la sanidad pública no existían.

Vázquez Albertina formó parte de las primeras comisiones de la Mujer que se crearon en la Federación Española de Municipios y fue la primera enviada por esta entidad a la Unión Europea en representación de las mujeres concejalas. Veinte años estará Mariqueta en la corporación de Villalba ocupando distintos cargos en el Gobierno y en la oposición, manteniéndose durante toda su militancia dentro del sector guerrista-acostista del partido en Madrid.

En 2000 ya no apareció en las listas y retornó a su trabajo de enfermera aunque no ha dejado su activismo político y feminista. Ha sido secretaria general de la Coordinadora Española para el Lobby Europeo de Mujeres (CELEM) como representante de la asociación Mujeres Concejalas '79 y, más recientemente ha montado otra organización denominada Asociación de Mujeres por un Envejecimiento Saludable, AMES.

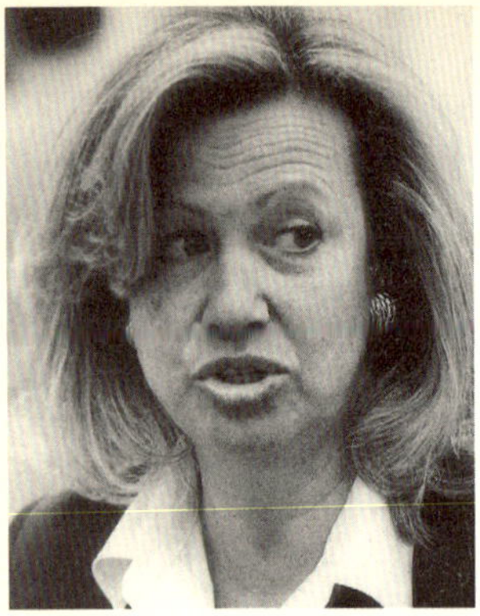

VICENTE-TUTOR GUARNIDO, Ana María (Zaragoza, 1946). Más conocida como Ana Tutor, tras su fallecimiento a consecuencia de una leucemia en 1998 la Federación Socialista Madrileña puso su nombre a los premios que concede cada 8 de marzo, día de la Mujer Trabajadora.

Licenciada en Política y Sociología, su trayectoria política se circunscribió básicamente al ámbito madrileño en cuyo ayuntamiento ingresó, primero como funcionaria y en 1979 como jefa de gabinete del entonces alcalde, Enrique Tierno Galván, cargo que mantuvo con su sucesor, Juan Barranco.

En 1986 fue nombrada delegada del Gobierno en la Comunidad de Madrid, un puesto poco habitual en mujeres y que ocupó hasta 1991 para incorporarse a la candidatura socialista al Ayuntamiento de Madrid. El Ministerio del Interior la condecoró en su despedida, convirtiéndose en la primera mujer que recibía en España la medalla de plata al Mérito Policial.

Se mantuvo como concejala en el consistorio madrileño hasta su fallecimiento.

Índice onomástico